Retos del constitucionalismo pluralista

BIBLIOTECA JOSÉ MARTÍ

Justicia & Conflicto
Grupo de Estudios de Derecho Penal y Filosofía del Derecho

Directores de la Colección

Gloria María Gallego García
Juan Oberto Sotomayor Acosta

Consejo Editorial

Retos del constitucionalismo pluralista

Gloria Amparo Rodríguez
Gloria Patricia Lopera Mesa
Editoras

Siglo
del
Hombre
Editores

UNIVERSIDAD
EAFIT®

Universidad del
Rosario

RE
LA
TU
RED
LATINOAMERICANA
DE ANTROPOLOGÍA
JURÍDICA

Rodríguez, Gloria Amparo
Retos del constitucionalismo pluralista / Gloria Amparo Rodríguez, Gloria Patricia Lopera, Esther Sánchez Botero. – Bogotá: Siglo del Hombre Editores, EAFIT, Universidad del Rosario, Relaju, 2017.

352 páginas; 21 cm. – (Colección justicia y conflicto)

1. Derecho constitucional - Colombia 2. Derechos de los indígenas - Colombia 3. Pluralismo jurídico 4. Antropología jurídica I. Lopera, Gloria Patricia, autora II. Sánchez Botero, Esther, autora III. Tít. IV. Serie.

342 cd 21 ed.

A1559816

CEP-Banco de la República-Biblioteca Luis Ángel Arango

La presente edición, 2016

© Siglo del Hombre Editores
http://libreriasiglo.com

© Universidad EAFIT
www.eafit.edu.co

© Universidad del Rosario
www.urosario.edu.co

© Red Latinoamericana de Antropología Jurídica (Relaju)
www.relaju.alertanet.org

Diseño de carátula
Amarilys Quintero

Diseño de la colección y armada electrónica
Precolombi, David Reyes

ISBN: 978-958-665-424-1
ISBN ePub: 978-958-665-425-8
ISBN PDF: 978-958-665-426-5

Impresión
Nomos Impresores
Diagonal 18Bis n.º 41-17, Bogotá D. C.

Impreso en Colombia-Printed in Colombia

The Challenges of Pluralist Constitutionalism

Editors: Gloria Amparo Rodríguez and Gloria Patricia Lopera
Authors: Rosembert Ariza Santamaría, Ana Cecilia Betancur Jiménez, Manuel José García Martínez, Milena González Piñeros, Gloria Patricia Lopera, Juan Pablo Muñoz Onofre, Gloria Amparo Rodríguez and Esther Sánchez Botero

Summary
This text seeks to promote the public's knowledge of fundamental law as it affects the population, and legal pluralism in general, and their knowledge of the theoretical and practical problems that result from the interaction between the Law and the State. In addition, it seeks to make a constructive contribution to resolving these problems and to the future of indigenous peoples and social groups subject to national and international law in the modern world. This work, primarily focused on the legal aspects of the Colombian case, had its origin in the multicultural conception of the Colombian State codified in its 1991 Constitution.

As a State based on the Rule of Law, Colombia must guarantee a decent existence to all its people, and promote their social well-being by ensuring satisfactory social, cultural, environmental, and economic conditions of life. The Constitution establishes rights and responsibilities for the State and for private parties in order to fulfill these goals and protect the country's ethnic and cultural diversity. This nature of this commitment benefits from the study of concrete situations and the granting of rights to these groups.

Key words: Pluralist constitutionalism; legal anthropology; indigenous rights; prior consent; indigenous justice; indigenous territories.

Retos del constitucionalismo pluralista

Editoras: Gloria Amparo Rodríguez y Gloria Patricia Lopera
Autores: Rosembert Ariza Santamaría, Ana Cecilia Betancur Jiménez,
Manuel José García Martínez, Milena González Piñeros, Gloria Patricia Lopera, Juan Pablo Muñoz Onofre, Gloria Amparo Rodríguez
y Esther Sánchez Botero.

Abstract
Este texto pretende impulsar el conocimiento del derecho popular,
el pluralismo jurídico en general y los problemas teóricos y prácticos que son el resultado de la interacción entre el derecho y el
Estado en particular. Finalmente, trata de ofrecer una contribución
constructiva a estos problemas, con miras al futuro de los pueblos
indígenas y grupos sociales que están expuestos al derecho nacional
e internacional en el mundo moderno. El resultado de este trabajo,
enfocado de forma prioritaria en el caso colombiano y sus aspectos
jurídicos, partió de la concepción multicultural del Estado adoptada
en la Constitución Política de 1991.

Colombia, como un Estado social de derecho, debe garantizar
una existencia digna para todos y promover el bienestar social de
los ciudadanos mediante el aseguramiento de una situación social,
cultural, ambiental y económica adecuada. En este mismo sentido,
la carta política establece unos derechos y unos deberes tanto para
el Estado como para los particulares, mediante los cuales pretende
proteger la diversidad étnica y cultural, tema que es asumido por
medio del estudio de situaciones concretas y la aplicación de derechos de estas colectividades.

Palabras clave: constitucionalismo pluralista; antropología
jurídica; derechos indígenas; consulta previa; justicia indígena; territorios indígenas.

Autores

Rosembert Ariza Santamaría
Abogado por la Universidad Santo Tomás, magíster en Estudios Políticos por la Pontificia Universidad Javeriana y doctor en Sociología Jurídica e Instituciones Políticas por la Universidad Externado de Colombia. En la actualidad cursa un posdoctorado en Derecho en la Universidade de Brasilia.

Ana Cecilia Betancur Jiménez
Abogada por la Universidad de Antioquia (Medellín, Colombia). Durante los últimos veinte años ha apoyado las organizaciones indígenas de Colombia y Bolivia en la reivindicación y defensa de derechos de los pueblos indígenas. Fue asesora de la Asamblea Nacional Constituyente de Colombia de 1991.

Manuel José García Martínez
Abogado egresado de la Universidad del Rosario, con especialización en Estudios Europeos en la misma Universidad, y magíster en Derechos Humanos y Democratización por la Universidad Externado de Colombia en convenio con la Universidad Carlos III de Madrid (España).

Milena González Piñeros
Abogada por la Universidad Nacional de Colombia, especialista en Derechos Humanos por la Universidad Andina Simón Bolívar (Ecuador), magíster en Economía Social por la Universidad Nacional de General Sarmiento (Argentina) y en Investigación Social Interdisciplinaria por la Universidad Distrital Francisco José de Caldas (Colombia) y candidata al doctorado en Ciencia Política por la Universidad Nacional de San Martín (Argentina).

Gloria Patricia Lopera
Abogada por la Universidad de Antioquia (Medellín, Colombia), magíster en Antropología por la Universidad de Antioquia

y doctora en Derecho por la Universidad de Castilla-La Mancha (España). En la actualidad cursa estudios de doctorado en Historia en la Florida International University (FIU).

Juan Pablo Muñoz Onofre

Abogado y magíster en Derecho Administrativo por la Universidad del Rosario (Bogotá). Actualmente es consultor e investigador independiente en temas ambientales y derechos territoriales étnicos y campesinos.

Gloria Amparo Rodríguez

Abogada, especialista en Derecho Ambiental, Negociación, Conciliación y Arbitraje y Derecho Médico y Sanitario por la Universidad Colegio Mayor de Nuestra Señora del Rosario (Bogotá), magíster en Medio Ambiente y Desarrollo con énfasis en Gestión Ambiental por la Universidad Nacional de Colombia y doctora en Sociología Jurídica e Instituciones Políticas por la Universidad Externado de Colombia.

Esther Sánchez Botero

Antropóloga por la Universidad de los Andes (Bogotá), con diploma en Hermenéutica Jurídica por la Universidad del Rosario (Bogotá) y doctora por la Facultad de Derecho de la Universidad de Ámsterdam (Holanda).

ÍNDICE

Presentación.. 17
    Gloria Amparo Rodríguez
    Gloria Patricia Lopera
    Referencias 25

Mucho derecho y poca antropología: el impacto negativo
en sociedades étnicas del derecho globalizado 27
    Esther Sánchez Botero
    Introducción 27
    La antropología busca un espacio 30
    ¿Qué es lo cultural? 33
    Pero ¿cómo realizarlo? 36
    La coexistencia de sistemas de derecho 38
    El pluralismo y sus implicaciones en el ámbito
        de "el otro" 41
    La aplicación del derecho en sinergia
        con el reconocimiento cultural 42
    Conclusiones 50
    Referencias 51

La participación indígena en el derecho internacional
y el sistema de Naciones Unidas 53
Manuel José García Martínez
Introducción 53
Concepto de participación en derecho internacional 55
Niveles de participación indígena en organismos
internacionales 58
Cooperación institucionalizada en la ONU:
mecanismos de participación de tipo político 64
Consejo Económico y Social (Ecosoc) 65
Participación indígena en el Ecosoc 65
Foro Permanente sobre Cuestiones Indígenas
de las Naciones Unidas 66
Participación indígena en el Foro 67
Comisión de las Naciones Unidas sobre Desarrollo
Sostenible (CDS) 68
Participación en la CDS 69
Foro de las Naciones Unidas sobre los Bosques 69
Participación de los pueblos indígenas 70
Asamblea General de la ONU 71
Consejo de Derechos Humanos de la ONU 71
Examen periódico universal 72
Mandatos especiales y mecanismos del Consejo
de Derechos Humanos 73
Relator especial sobre la situación de los derechos
humanos y las libertades fundamentales
de los indígenas 74
Mecanismo de Expertos sobre los Derechos
de los Pueblos Indígenas 75
Participación indígena en el Mecanismo 75
Cooperación institucionalizada en la ONU: organismos
especializados de las Naciones Unidas 76
Organización Mundial de la Propiedad Intelectual
(OMPI) 76

Comité Intergubernamental sobre Propiedad
Intelectual y Recursos Genéticos,
Conocimientos Tradicionales y Folclore 77
Participación indígena en la OMPI 78
Grupo Banco Mundial (BM) 78
Los pueblos indígenas y la participación en los
programas del BM 79
Cooperación institucionalizada en la ONU: mecanismos
de participación contenciosa en la ONU 80
Procedimientos contenciosos relativos a los
convenios de la Organización Internacional
del Trabajo (OIT) 80
Comités convencionales de protección de los
derechos humanos 82
Cooperación inorgánica: participación en conferencias
y reuniones multilaterales organizadas por la ONU 84
Conferencia de las Naciones Unidas sobre el Medio
Ambiente y el Desarrollo (CNUMAD) 85
Declaración de las Naciones Unidas sobre
el Medio Ambiente y el Desarrollo 85
Programa 21 86
Participación indígena durante la CNUMAD 87
Cumbre Mundial sobre Desarrollo Sostenible 87
Conferencia de las Naciones Unidas sobre
el Desarrollo Sostenible (CSD) 88
Declaración de las Naciones Unidas sobre los
derechos de los pueblos indígenas 88
Participación de los pueblos indígenas en la
Declaración 89
Convenio sobre la Diversidad Biológica (CDB) 90
Participación indígena en la CDB 91
Convención Marco de las Naciones Unidas sobre
el Cambio Climático 92
Participación indígena en la Convención 93
Conferencia Mundial de los Pueblos Indígenas 97

Conclusiones 97
Referencias 99

La consulta previa a los pueblos indígenas: de la
participación democrática a la expropiación de territorios .. 107
  Ana Cecilia Betancur Jiménez
  Origen y evolución —involución— de la consulta previa.... 107
  Los derechos colectivos de los pueblos indígenas
    como marco para identificar los alcances de la
    consulta previa 110
  La consulta como mecanismo de participación
    democrática 111
  La consulta previa en el marco de los derechos
    territoriales 112
  Auscultando la realidad de la consulta previa en
    Colombia 115
  La consulta como mecanismo de resistencia para
    los indígenas 116
  Un modelo de consulta basado en el engaño
    y la cooptación 118
    Inexistencia de comunidades 119
    Consulta fraudulenta 120
  Consultas legitimadas por las comunidades indígenas
    involucradas 123
  La consulta sobre medidas generales que pueden
    afectar al conjunto de pueblos indígenas................. 125
  Conclusiones 127
  Referencias 129

"Aquí llegaron comprando, no consultando". Los retos
de la consulta previa en proyectos de gran minería:
una mirada desde el caso Marmato 133
  Gloria Patricia Lopera
  Introducción 134
  El proyecto de gran minería en Marmato................. 137

Consulta, ¿previa a qué?.. 150
Y en contextos pluriétnicos, ¿a quién se consulta?............ 161
Conclusiones.. 166
Referencias.. 167

Pluralismo y propiedad: una mirada al escenario
constituyente boliviano.. 171
Milena González Piñeros
Introducción.. 172
Las raíces sociohistóricas del derecho a la propiedad.......... 174
Los inicios republicanos.. 174
La perspectiva indigenista.. 177
La revolución de 1952.. 182
La Constitución de 1967... 186
La perspectiva clásica: el Código Civil boliviano.......... 193
La nueva Constitución de 2009... 197
Conclusiones.. 209
Referencias.. 212
Normas y decretos.. 218
Anexos... 219
Anexo 1. Tabla comparativa del derecho a la propiedad
privada en las constituciones americanas.................... 219
Anexo 2. Resumen comparativo de los repertorios
culturales de los movimientos sociales en Bolivia..... 228

Justicia indígena y justicia de paz urbana: de la política
pública y otros enredos de la experiencia de Bogotá, D. C. .. 239
Rosembert Ariza Santamaría
Introducción.. 239
Jurisdicción especial indígena y jurisdicción especial
de paz: dos justicias en la realidad distrital.................... 242
La política pública en materia indígena en Bogotá.......... 244
La interculturalidad en la vida citadina......................... 249
La jurisdicción indígena en el distrito capital............... 252

La política pública en materia de jueces de paz
  en Bogotá.. 254
Itinerario de lo normativo y la acción legal 255
  La puesta en funcionamiento.................................... 256
  Fortalecimiento formal de la figura 261
  Las esquizofrenias de la política de justicia
    en Bogotá.. 262
Conclusión. Los jueces de paz y la jurisdicción indígena:
  parte de todo y de nada.. 266
Referencias 268

Aproximación histórica al reconocimiento y configuración
normativa del derecho al territorio de los pueblos
indígenas·· 273
  Juan Pablo Muñoz Onofre
  Gloria Amparo Rodríguez
  Introducción 274
  Las tierras indígenas en el periodo colonial 275
    Las tierras comunales.. 280
    Rasgos de una política colonial de tierras indígenas 285
  Las tierras indígenas durante el periodo republicano......... 287
    La disolución de resguardos y las políticas
      asimilacionistas.. 287
    El posicionamiento de la causa indígena..................... 293
      Ámbito internacional 293
      Ámbito nacional.. 296
  Las tierras indígenas a partir de los años noventa............... 299
      Ámbito internacional 300
      Ámbito nacional.. 312
  Conclusiones 336
  Referencias 338
    Jurisprudencia.. 346
    Normatividad 347

PRESENTACIÓN

Gloria Amparo Rodríguez[1]
Gloria Patricia Lopera[2]

[1] Abogada, especialista en Derecho Ambiental, Negociación, Conciliación y Arbitraje y Derecho Médico y Sanitario por la Universidad Colegio Mayor de Nuestra Señora del Rosario (Bogotá), magíster en Medio Ambiente y Desarrollo con énfasis en Gestión Ambiental por la Universidad Nacional de Colombia y doctora en Sociología Jurídica e Instituciones Políticas por la Universidad Externado de Colombia. Actualmente se desempeña como profesora titular y directora de la especialización y de la línea de investigación en Derecho Ambiental de la Facultad de Jurisprudencia de la Universidad del Rosario. Cuenta con diferentes publicaciones sobre temas ambientales y étnicos y ha sido editora académica de diversas obras.

[2] Abogada por la Universidad de Antioquia (Medellín, Colombia), magíster en Antropología por la Universidad de Antioquia y doctora en Derecho por la Universidad de Castilla-La Mancha (España). Se desempeñó como profesora de la Escuela de Derecho de la Universidad Eafit (Medellín, Colombia) en el área de Teoría del Derecho y Argumentación Jurídica (2005-2015) y como magistrada auxiliar de la Corte Constitucional (2013-2015). Ha desarrollado investigaciones en el ámbito de la relación entre derecho estatal y derechos indígenas. En la actualidad cursa estudios de doctorado en Historia y es asistente de docencia en la Florida International University (FIU).

En una lúcida columna publicada en octubre de 2008, con ocasión de los enfrentamientos entre los indígenas y la fuerza pública ocurridos en el marco de la Minga de los Pueblos realizada ese año, el profesor Juan Fernando Jaramillo lamentaba que con esas batallas campales poco a poco desaparecía el arreglo constitucional con los pueblos indígenas alcanzado en la Constitución de 1991, del que tan orgullosos nos sentíamos los colombianos.

Su diagnóstico mantiene plena vigencia en la actualidad, cuando esas "batallas campales" ya no se libran solo en las barricadas o en el emblemático cerro de Berlín, sino que se trasladan cada vez más al debate público, donde crece el coro de voces biempensantes que descalifican como un "exceso de democracia" el reconocimiento de derechos como la consulta previa, que concibe el ejercicio del autogobierno y de la jurisdicción indígena como una amenaza a una soberanía nacional entendida, a la manera clásica, como *potestas legibus solutus*, y se oponen al reconocimiento y garantía de los derechos territoriales, señalando que ya buena parte de la tierra disponible ha sido titulada a indígenas y negros.

Pero estas voces, que dan pábulo a políticas estatales y prácticas cotidianas que niegan los derechos reconocidos a los grupos étnicos, no se escuchan solo en Colombia, sino que se extienden por toda Latinoamérica, donde el creciente auge de economías extractivistas ha ido de la mano con la ratificación del Convenio 169 de la Organización Internacional del Trabajo, OIT, y con varios ciclos de "constitucionalismo pluralista" (Yrigoyen, 2011).

Esta paradójica coexistencia entre una retórica multicultural y un modelo de desarrollo que se alimenta de los recursos naturales casi siempre ubicados en los territorios habitados por los grupos étnicos ha hecho que el alcance de los derechos de estos últimos se convierta en una cuestión cada vez más disputada.

Así las cosas, consideramos no solo oportuno, sino necesario convocar a una reflexión a quienes, desde la Academia y los movimientos sociales, han sido testigos cercanos de la suerte que, tras la aprobación del Convenio 169 de la OIT y las sucesivas oleadas de constituciones pluralistas en América Latina, ha tenido el arreglo constitucional fraguado con los pueblos indígenas, afrodescendientes y demás poblaciones que, como resultado de experiencias de colonialismo externo e interno, han devenido en los "otros" de la nación (Segato, 2007). El objetivo es recordar y, acaso, reconsiderar el sentido y las razones de ese constitucionalismo pluralista, hacer un balance de sus resultados e indagar sobre las posibilidades de hacerlo efectivo en un contexto en el que, pese a la retórica multicultural, la relación con esos "otros" sigue transitando la senda de la colonialidad.

Sobre estos postulados, con esta publicación pretendemos fortalecer el capítulo colombiano de la Red Latinoamericana de Antropología Jurídica (Relaju), que agrupa a antropólogos, juristas y sociólogos de Latinoamérica, y latinoamericanistas de diversas partes del mundo, interesados en la realidad y la reflexión teórica sobre la pluralidad jurídica, tanto en países con minorías étnicas y pueblos autóctonos como en sociedades industrializadas.

Es así como aparece la visión de la justicia y el reconocimiento del derecho indígena o consuetudinario, tanto en las constituciones como en los tratados y convenios internacionales, tema que ha logrado abrir discusiones sobre las posibilidades e implicaciones del pluralismo jurídico —es decir, la coexistencia de diversos órdenes normativos—. El mero hecho de que exista más de un sistema no asegura siempre que exista justicia adecuada y apropiada; tampoco asegura una consideración de la real complejidad de la diversidad —tanto étnica como de género, clase social, ubicación geográfica, etc.—, ni un cambio inmediato en las creencias y actitudes de la gente (Walsh, 2002).

El documento responde al interés de la Relaju de impulsar el conocimiento del derecho popular o del pluralismo jurídico en general, y de los problemas teóricos y prácticos, que son el resultado de la interacción entre el derecho y el Estado en particular; y finalmente, tratar de ofrecer una contribución constructiva a estos problemas, así como hacia el futuro de los pueblos indígenas y grupos sociales que están expuestos al derecho nacional e internacional en el mundo moderno.

Es así como aparece el concepto de los sistemas normativos de los pueblos indígenas, que hace referencia a una noción que da centralidad al reconocimiento. Lo que en realidad se reconoce no es la potestad de impartir justicia, sino la existencia de los sistemas jurídicos propios y específicos de los pueblos indígenas y la potestad que ellos mismos les confieren a algunas personas de su comunidad para impartir justicia. Con el reconocimiento de la jurisdicción, lo que se acepta es la existencia real y jurídica de la autonomía diferencial de los sistemas jurídicos de los pueblos indígenas, respecto del sistema jurídico nacional que lo reconoce, con base en las siguientes características propias: un sistema cultural, una trayectoria histórica, una forma jurídica y una configuración política; vale decir, son sistemas jurídicos que dependen de sus propios sentidos de espiritualidad, resistencia, justicia y autonomía, y que tiene normas, autoridades y procedimientos que no necesariamente se encuentran definidos por el sistema jurídico nacional (Ariza Santamaría, 2012).

Bajo estos postulados y los trabajos que han venido haciendo los autores, consideramos pertinente mencionar que la idea inicial de la publicación surgió del interés de compilar algunas de las ponencias presentadas en el congreso de la Relaju, realizado en Sucre, Bolivia, en octubre de 2012, pero consideramos oportuno extender la invitación a otros colegas de Colombia y del extranjero, cuyas voces pueden enriquecer esta obra.

En su gran mayoría, los textos corresponden a las ponencias presentadas por los autores en los diferentes coloquios o paneles en el VIII Congreso Internacional "El pluralismo jurídico en América Latina: visiones críticas desde la teoría y la práctica", efectuado en Sucre (Bolivia) en octubre del año 2012, el cual tenía como objetivo intercambiar, compartir y debatir experiencias que permitieran el desarrollo de herramientas teóricas y relacionarlas con las prácticas jurídicas en el marco de contextos sociopolíticos más amplios. Adicionalmente, se buscaba contar con un estado de la cuestión de investigaciones y sistematizaciones en las líneas temáticas, como también promover espacios de intercambio entre la academia, dirigentes indígenas, operadores de la justicia y hacedores políticos que posibilitaran una mejor comprensión de la realidad, los diálogos interculturales y la incidencia en los cambios sociales, para así incentivar debates sobre temas polémicos y de interés desde diversas visiones y miradas críticas.

Este trabajo, enfocado de forma prioritaria al caso colombiano y los aspectos jurídicos, partió de la nueva concepción multicultural del Estado, adoptada en la Constitución Política colombiana de 1991. Colombia como un Estado social de derecho, debe garantizar una existencia digna para todos y promover el bienestar social de los ciudadanos mediante el aseguramiento de una situación social, cultural, ambiental y económica adecuada. En este mismo sentido, la Carta Política también establece unos derechos y unos deberes tanto para el Estado como para los particulares, mediante los cuales pretende proteger la diversidad étnica y cultural, tema que es asumido en el presente texto, que recoge el estudio de situaciones concretas y la aplicación de derechos de estas colectividades.

Los artículos que contiene la presente publicación incluyen el análisis no solo de derechos, sino también de temáticas complejas que son vistas de una manera crítica y propositiva. La estructura del texto que ponemos a consideración es la que sigue a continuación.

En primer lugar, la doctora Esther Sánchez Botero se propone presentarnos sus reflexiones en torno a su preocupación por la tendencia que actualmente se evidencia en el ámbito de la defensa de los derechos de los pueblos indígenas desde una visión jurídica que no tiene en cuenta categorías culturales propias de estos sujetos colectivos, lo cual quiere decir que, en un Estado multiétnico y pluricultural, se establece la protección de los derechos de los indígenas sin tener en cuenta su diferencia étnica y cultural reconocida en nuestro marco jurídico, situación que termina por generar procesos de litigio con base en la capacidad de valerse únicamente en las leyes nacionales o internacionales, sin valorar elementos propios de esta sociedad particular.

En la defensa de los derechos indígenas, se considera entonces la importancia de que los defensores y los operadores jurídicos tengan en cuenta términos de la antropología jurídica para lograr así la justicia, sobre la base del derecho propio, que es parte de todo un sistema cultural que posibilita encontrar referentes culturales definitivos. Ese texto hace referencia a la importancia de promover y hacer justicia en clave cultural para concebir otras maneras de ejercer la política de reconocimiento y hacer eficaces los derroteros formales expresados en el bloque de constitucionalidad.

En segundo lugar, el profesor Manuel José García Martínez se refiere a la participación de los pueblos indígenas en el derecho internacional como un fenómeno relativamente reciente, ya que hace poco tiempo empezó a plantearse la posibilidad de incorporar el punto de vista indígena en las discusiones de algunas organizaciones internacionales, que lentamente han empezado a considerarlos como interlocutores válidos.

Este artículo es resultado de los proyectos de la Cátedra Viva Intercultural, de la Línea de Investigación en Derecho Ambiental de la Universidad del Rosario, cuyo objeto es analizar cómo se ha manifestado el fenómeno de la participación de los pueblos indígenas en el derecho internacional, donde conceptos de autogobierno indígena como la consulta previa y el consentimiento libre, previo e informado, que se han planteado en estas instancias para aplicarse en el derecho interno de los Estados, los organismos internacionales difícilmente los tienen en cuenta a la hora de realizar sus intervenciones.

En el escrito se analizará específicamente el papel indígena en la Organización de Naciones Unidas, con la intención de determinar los avances y las restricciones que aún se presentan en esos ámbitos.

La experta indigenista Ana Cecilia Betancur Jiménez analiza la consulta previa a pueblos indígenas teniendo en cuenta los aspectos históricos, la evolución de este derecho y sus repercusiones en el ejercicio a la resistencia y el goce efectivo del derecho al territorio. Señala que la consulta previa es un elemento importante de la participación democrática y ausculta la realidad de su ejercicio en Colombia, presentando los problemas de la aplicación efectiva y sus implicaciones para el conjunto de pueblos indígenas, para terminar señalando que la consulta previa no ha servido para garantizar la integridad, la cultura, la autonomía o la autodeterminación ni la propiedad territorial de estas colectividades.

Seguidamente, la profesora Gloria Patricia Lopera Mesa examina los retos que plantea la consulta previa como herramienta de gestión de los conflictos socioambientales en el caso de proyectos de gran minería, tomando como punto de partida una aproximación sociojurídica al conflicto que en la actualidad suscita el proyecto de gran minería que la multinacional canadiense Gran Colombia Gold se propone desarrollar en el municipio de Marmato (Caldas, Colombia). A partir del análisis de este caso, se indaga por la dinámica específica que adopta la consulta previa en el caso de proyectos de gran minería que pretenden llevarse a cabo en zonas donde tradicionalmente ha existido actividad minera a una escala menor. Adicionalmente, se explora la manera en que operan los derechos a la consulta y al consentimiento libre, previo e informado en proyectos que se adelantan en territorios habitados por poblaciones pluriétnicas, esto es, donde población indígena y afrodescendiente, con derecho a ser consultada, comparten territorio con población que no moviliza una identidad étnica, pero que también se ve perjudicada por el proyecto y, en consecuencia, reclama el derecho a participar en las decisiones relativas a su ejecución.

Posteriormente, la profesora Milena González Piñeros hace mención del tema del pluralismo y la propiedad en el caso boliviano, especificando que en las más recientes reformas constitucionales ocurridas en América Latina se ha puesto en evidencia el resurgimiento de un nuevo constitucionalismo, que se ha caracterizado por la inclusión, en el mundo del derecho, de sujetos, relaciones y dinámicas que, si bien hacían parte de la realidad social, no habían sido considerados fundamentales en los textos constitucionales. Es el caso del derecho a la propiedad en Bolivia. Durante varios siglos, la propiedad como derecho ha sido uno de los cimientos del marco republicano liberal que reguló las relaciones sociales, políticas y económicas, y ha privilegiado el derecho a la propiedad privada como la principal forma de propiedad reconocida por la ley; sin embargo, en el proceso de reforma constitucional (2006-2009), con la agudización de las demandas sociales y políticas por un reconocimiento de otras formas de propiedad en el campo del derecho, fue posible una constitucionalización pluralista del derecho a la propiedad en la que se reconocieron formalmente, por lo menos, cinco formas del derecho a la propiedad. En ese sentido, este artículo propone analizar cómo se dio el proceso de constitucionalización de una perspectiva pluralista del derecho a la propiedad en Bolivia, como un rasgo de lo que hoy se ha denominado *nuevo constitucionalismo latinoamericano*.

Inmediatamente, el profesor Rosembert Ariza Santamaría, en su texto, busca revisar los alcances de la política pública distrital de Bogotá en materia indígena y de justicia de paz. En ambos casos la política pública distrital no alcanza la primera década; no obstante, los dos temas dan cuenta del ejercicio del pluralismo y de una administración de justicia local y sus bemoles, aprendizajes y, sobre todo, las búsquedas de la inclusión en espacios urbanos. Se revisa el panorama general de la política pública indígena, y con mucho más detalle, la experiencia de los jueces de paz en Bogotá.

En la parte final, Juan Pablo Muñoz Onofre y Gloria Amparo Rodríguez abordan lo concerniente al derecho de los pueblos indígenas al territorio, efectuando un acercamiento a las implicaciones históricas y jurídicas de este derecho fundamental y destacando la importancia que tiene para las culturas y su pervivencia como pueblos. El texto señala las tensiones que se presentan tanto en el reconocimiento como en el ejercicio efectivo de esta garantía, y los procesos de lucha en torno al derecho fundamental al territorio.

De esta forma, se espera aportar al debate que permanentemente se está dando con relación al constitucionalismo pluralista, que representa avances y retrocesos, dilemas y encuentros alrededor de los derechos y de la importancia de proteger la diversidad étnica y cultural que caracteriza nuestros países.

REFERENCIAS

Ariza Santamaría, R. (2012). Derecho aplicable. En: *Elementos y técnicas de pluralismo jurídico. Manual de pluralismo jurídico para operadores de justicia* (pp. 45-60). México, D. F.: Grupo por el Pluralismo Jurídico Prujula y KAS.

Segato, R. L. (2007). *La nación y sus otros. Raza, etnicidad y diversidad religiosa en tiempos de Políticas de la Identidad.* Buenos Aires: Prometeo.

Walsh, C. (2002) Interculturalidad, reformas constitucionales y pluralismo jurídico. En: *Justicia indígena. Aportes para un debate* (pp. 23-35). Quito: Ediciones Abya Yala, Universidad Andina Simón Bolívar.

Yrigoyen, R. (2011). El horizonte del constitucionalismo pluralista: del multiculturalismo a la descolonización. En C. Rodríguez Garavito (coord.), *El derecho en América Latina: un mapa para el pensamiento jurídico del siglo XXI* (pp. 139-159). Buenos Aires: Siglo XXI.

MUCHO DERECHO Y POCA ANTROPOLOGÍA: EL IMPACTO NEGATIVO EN SOCIEDADES ÉTNICAS DEL DERECHO GLOBALIZADO

Esther Sánchez Botero[1]

INTRODUCCIÓN

Cada día aparecen más y más personas de diferentes profesiones que escriben y actúan con miras a proteger los derechos de los pueblos indígenas en Colombia y otros países. Sin duda,

---

[1]   Antropóloga por la Universidad de los Andes (Bogotá), con diploma en Hermenéutica Jurídica por la Universidad del Rosario (Bogotá) y doctora por la Facultad de Derecho de la Universidad de Ámsterdam (Holanda). Se ha desempeñado como docente en universidades colombianas y latinoamericanas. Ha promovido el peritaje antropológico en América Latina en las cortes constitucionales de Colombia, Ecuador e Interamericana de Derechos Humanos. Instituciones como la Procuraduría General de la Nación, Unicef e Instituto Colombiano de Bienestar Familiar y las universidades de Ámsterdam, Andes, Nacional de Colombia, Flacso Ecuador, Católica de Chile y de Perú han publicado su extensa obra sobre temas de derecho, justicia y cultura.

debe haber mucho de grandeza en estas personas sensibles a la injusticia, discriminación y abandono, aunque la verdad es que ellas y todos hemos incidido para que casi un millón y medio de indígenas en Colombia, y cincuenta millones de descendientes de los pueblos prehispánicos en toda América Latina, vivan en las críticas condiciones actuales.

No obstante, cuando se indaga un poco, y esto lo manifiesto sin la menor arrogancia, muchas de las actuaciones para contribuir a transformar positivamente la realidad indígena y para apoyar las causas que permitan que estos pueblos puedan seguir vivos como colectividades con identidad diferenciada, se emprenden a partir de argumentos, propuestas y soluciones que parten de criterios y enfoques que, desafortunadamente, no tienen siempre presente la diferencia cultural y, por ello, no aportan a su existencia cultural diferenciada. Se sigue pensando en defender a estos pueblos aplicando de manera técnica el derecho positivo estatal, que forma parte precisamente de un conjunto de categorías culturales occidentales, y se asumen argumentos generalizados que, si bien pueden lograr resultados positivos y conseguir un determinado objetivo "justo", no necesariamente arrojan resultados positivos para estos pueblos si se los evalúa en términos de proteger y fortalecer su distintividad cultural, que es la esencia de un pueblo indígena, sujeto colectivo portador de un sistema de referentes cognitivos particulares.

Además, algunos abogados vienen siguiendo el camino trazado por no pocas instituciones foráneas, entre ellas las de cooperación internacional, que definen causas y programas orientados a proteger a los indígenas en general, y a veces, y de manera particular, a sus mujeres, jóvenes, niños y ancianos, para que accedan a la justicia "nacional", o, en otras ocasiones, para litigar en su defensa, y por diversas causas, ante las cortes nacionales e internacionales.

Este panorama evidencia que se pasan por alto los aspectos culturales que definen la distintividad y lo propio de estos pueblos indígenas. En este sentido, y para comenzar, es importante plantear tres preguntas:

• ¿Existen argumentos que determinan que en un Estado multicultural y pluriétnico los derechos humanos de los pueblos indígenas deban realizarse en el contexto de culturas determinadas?

• ¿La protección de los derechos fundamentales de los pueblos indígenas debe salvaguardarse en clave cultural?

• ¿Existen criterios en clave cultural aplicables a la defensa jurídica y el litigio estratégico, que es fundamental conocer y promover para lograr una eficaz protección de los pueblos indígenas, en cuanto sujetos de derecho colectivo?

Procurar asegurar el éxito de un proceso jurídico que permita la defensa de derechos humanos y fundamentales amenazados o vulnerados, aunque pensado este proceso únicamente desde el derecho y la cultura de los litigantes, determina estructuralmente una estrategia jurídica en la que se identifica a los indígenas simplemente como sujetos titulares de derechos humanos universales. Esta mirada va acompañada de una táctica, la de "capacitar" a la comunidad y a sus autoridades, pensadas como sujetos pasivos, a fin de que puedan comprender, en un nuevo papel de aliadas y mediante la transferencia de contenidos, lo que deben saber sobre sus derechos, y determinar los mecanismos que se aplicarán para hacerlos valer en su defensa. Se establece así la protección de los derechos de los indígenas como si fueran estos un estamento genérico y, por lo tanto, sin tener en cuenta su diferencia étnica y cultural. Todo ello ocurre en medio de una nación constitucionalmente multiétnica y pluricultural que inauguró de manera legal y oficial un pluralismo jurídico, y que adoptó tratados internacionales de derechos humanos específicos para los indígenas, con carácter vinculante para el Estado.

Por tanto, se litigan y se ganan disputas con base en la capacidad de valerse únicamente de las leyes nacionales o internacionales; es decir, mediante aplicaciones técnicas del derecho que, en general, no incluyen la investigación y exposición de contextos cuyo fin sea reconocer elementos culturales propios de una sociedad particular. Esta actitud contrasta radicalmente con la de la antropología jurídica, sustentada también en normas internacionales y nacionales, pero que sostiene que estos elementos se deben reconocer y valorar siempre, sin importar si, bajo esta forma de argumentación utilizada en su defensa, se llega a un resultado coherente con el modelo cultural dominante.

LA ANTROPOLOGÍA BUSCA UN ESPACIO

Desde 1970, el análisis de los fallos de casos indígenas que salieron a la jurisdicción ordinaria en Colombia muestra que, en las décadas de los setenta y ochenta, aunque mayormente a partir de la presencia de la Corte Constitucional, desde 1991, se visibilizó el papel fundamental cumplido por los antropólogos y se consolidó la prueba judicial aportada por estos especialistas, porque produjo nuevos argumentos para pensar el derecho estatal como limitado para hacer justicia. Estos hechos generaron nuevas y sucesivas alineaciones, dado el conocimiento que los jueces y magistrados tienen hoy sobre la importancia del contexto cultural, el cual da otro sentido a ciertos hechos.

Los objetivos y las definiciones que traen los tratados y convenios internacionales también hablan de lo cultural como fundamental, y ello ha resultado en aplicaciones edificantes que permiten dar cuenta de procesos virtuosos, como el fortalecimiento del conocimiento en los jueces, magistrados, defensores, servidores públicos y los indígenas mismos, que van enriqueciéndose —todos— con el tratamiento jurídico-antropológico producto de experiencias concretas que aportan a la comprensión de circunstancias diferenciadas de violación de derechos humanos y fundamentales; también hay que destacar la articulación a otras importantes dimensiones de circulación, que contribuyen a la eficacia simbólica de una acción legal, tratada bajo principios y procedimientos hermenéuticos constitucionales.

Promover y hacer justicia en clave cultural va más allá, entonces, de servir como único fin para restablecer derechos, pues vigoriza la capacidad de servir de ejemplo a actores estatales y no estatales, para concebir otras maneras de ejercer la política de reconocimiento y de hacer eficaces los derroteros formales expresados en el bloque de constitucionalidad. Junto con el examen y la vigilancia sobre las medidas que asume el Estado, esta forma de hacer justicia tiene la capacidad de fortalecer los deberes vinculantes del Estado mismo.

En términos de la antropología jurídica, defender causas indígenas (en muchas ocasiones en conflicto con la sociedad no indígena) significa que se realice lo justo teniendo en cuenta el derecho propio de los pueblos indígenas implicados, que es parte de todo un sistema cultural, para encontrar qué referentes de la cultura son definitivos en el caso particular.

La petición que en 1977 realizara un puñado de antropólogos colombianos a los abogados, con el fin de lograr la protección de los derechos humanos de los pueblos indígenas a la distintividad y a lo propio,[2] puede considerarse una actividad pionera, ya que desde sus inicios buscaba superar la aplicación técnica y formal del derecho, y se planteaba construir en cambio un nuevo derecho permeado por los diferentes contenidos culturales que se manifestaban en los casos y que eran expuestos por miembros indígenas calificados, con un conocimiento particular de la cultura propia, o por el antropólogo cultural, siempre que fuera llamado para actuar como competente. A partir de esta perspectiva, en un caso han sido primordiales para los abogados dos cuestiones: en primer lugar, definir las

---

[2] Tarea vinculante para el Estado, ostensible en los mecanismos internacionales y nacionales de protección.

variables que operan en el momento del esclarecimiento de los objetivos de la acción jurídica; y en segundo término, la demanda que hacen del aporte cultural, que les permite prever la incidencia que pueda tener la relación entre el reclamo legal y los indígenas como actores-víctimas, debido a la vulneración de derechos humanos y fundamentales, pero de todos modos en el marco de la cultura a la que pertenecen.

Es posible advertir entonces una práctica profesional distinta, aunque orientada igualmente a fortalecer el ámbito de la justicia. En este nuevo tipo de práctica, el objetivo central es la trayectoria, la capacidad para enfrentar una disputa mediante la puesta en escena de los elementos culturales que deben ser reconocidos y valorados por el abogado. De hecho, esta puesta en escena puede ser considerada parte de una importante orientación para enfrentar, de una determinada manera, las acciones judiciales. A partir del proceso contencioso para llevar y sacar adelante un caso, el refuerzo realizado desde lo cultural para explorar la protección de derechos humanos y fundamentales indígenas es una variable que incide directamente en la definición de los objetivos de la acción legal.

Para comprobar los objetivos de la propuesta de acción legal es fundamental centrarla en la búsqueda de argumentos culturales orientados al logro de los objetivos en el momento de la proyección y ejecución de la sentencia. En otras palabras, se trata de prever de qué manera la conclusión del proceso judicial que se inicia, sustentado en argumentos culturales relacionados con la distintividad y lo propio de un pueblo indígena particular, podrá dar respuesta a la situación que se intenta resolver.

Al tener ese conocimiento particular, es central para un juez visualizar y determinar los posibles efectos de su fallo judicial. Por ejemplo, debe comprender el daño y la reparación que recaen sobre un pueblo determinado; o debe valorar un principio y un procedimiento culturales orientados a la sanación, desde un derecho propio particular, cuando es aplicado a un transgresor de las normas, que es pensado como "castigo" por el derecho estatal o "contra derechos humanos universales"; en otros casos, el juez debe ser consciente de qué daños se ocasionaron al vulnerar el derecho de consulta. Con las demostraciones en clave cultural, los antropólogos jurídicos aumentan las posibilidades de eficacia de la política de reconocimiento para la protección de los derechos humanos y fundamentales indígenas, y por ello saben que la información debe estar directamente vinculada a los objetivos que se propone la acción judicial. Otro aspecto de suma importancia es el de la interacción que se genera entre el perito y el individuo o pueblo indígena —como sujeto víctima de vulneración de derechos humanos o fundamentales—, que se encuentra frente a un poder judicial externo a su sociedad. Así, las intercomunicaciones en una causa deben trascender con el fin de informar sobre el conflicto cultural y normativo que se presenta y sobre los mecanismos propuestos para resolverlo. Hacer visibles para los indígenas, en clave cultural, los derechos vulnerados forma parte de la agenda del cambio hacia el reconocimiento de la diversidad étnica y cultural, como tema que trasciende el caso y la eficacia de la acción legal.

¿QUÉ ES LO CULTURAL?

Al analizar los argumentos expuestos para la defensa legal de casos indígenas en los que se hace referencia a la cultura, se encuentran algunos problemas: en primer lugar, se relega la cultura a una posición secundaria, ya que frente a las posibilidades de entender o actuar sobre ciertas realidades, ella es pensada como un universal. La razón por la cual se le ha asignado a la cultura una posición secundaria es el hecho de que enfocarse en los referentes cognitivos portados por otras sociedades, su acervo cultural, pondría un énfasis en las *diferencias*, cuando se ha creído, en cambio, que era posible argumentar sobre derechos humanos o fundamentales *iguales*. Este argumento —que supuestamente protege el derecho a la igualdad— va

33

en detrimento del *derecho a la desigualdad*, que primaría efectivamente en la mayoría de los casos, excepto si se trata de los mínimos jurídicos establecidos.

El riesgo mayor de desestimar la cultura como elemento primordial, indiferentemente de cuáles sean las aproximaciones, es que el abogado que lleva un proceso busque, para ganar el caso, que la parte indígena involucrada condescienda a la estructura mental del abogado acerca de lo que es el derecho, con lo cual este no solo ignoraría, sino que suprimiría el elemento de mayor importancia para un pueblo, asentado en el derecho a la vida del sujeto colectivo de derecho y en la integridad étnica y cultural, y mucho más si no se conoce y no se reconoce su cultura.

Otro aspecto que resulta del análisis consiste en que las descripciones de cultura se limitan a los estereotipos. Estos se centran en cuestiones de tolerar al otro, de cultura como sinónimo de "usos y costumbres" o de cultura como "tradición", es decir, de algo que se puede ver y fotografiar y que es pensado como "lo que está fuera". Se cree también que eso que nació un día como cultural debe permanecer en el tiempo, y que tal como se manifestó se puede observar como "lo tradicional". Según esta concepción, la cultura se reduce a comportamientos o a fenómenos visibles, y sería el elemento que permitiría diferenciar y nombrar a distintos grupos de personas, porque unos se ponen cinta verde en la cabeza, porque otros riegan el maíz así, unos más entierran a los muertos asá, o porque las mujeres no pescan.

En los casos de defensa legal, la perspectiva de la antropología jurídica acerca del papel de la cultura radica, en cambio, en conocer y exponer los conceptos de la vida social en los que la cultura, que es una fuerza fundamental de la conciencia humana, un lente o una gramática que produce y estructura toda acción de importancia, permita comprender el significado de las acciones de la gente; es decir, entender la gramática que se utiliza y da sentido a esas acciones. La gramática de una lengua particular se deduce de lo que la gente habla y, por ello, todo conocimiento cultural que se aprende en el proceso de socialización está organizado en proposiciones y prescripciones, en mandatos y órdenes, con distintos niveles de complejidad y generalidad. Por ejemplo: "un padre no puede tener relaciones sexuales con su hija", "se puede abortar en tres situaciones", "la placenta se entierra al lado izquierdo de la puerta de la casa", "somos hijos de la danta"... Estos son conocimientos estandarizados y normalizados que se encuentran en el cerebro de las personas pertenecientes a una determinada sociedad, y que, muchas veces, resultan contradictorios e ilógicos si son examinados por los miembros de otra sociedad. Por ejemplo, entre los andoques, en Caquetá, Colombia, una garza engendra un perro, y una canoa procrea el hacha de metal. Como punto de comparación, entre nosotros los mestizos, y entre 1038 millones de católicos del mundo, existe una mujer que siendo virgen es la madre de Dios... ¿Ambas creencias no son expresiones de determinadas culturas y no tienen ambas igual valor?, ¿no fueron socializados los miembros de una y otra sociedad mediante proposiciones y prescripciones que determinan asertos de verdad?

Lo que pensamos (referentes cognitivos) se basa en cómo fuimos afectados para representar ideas en el cerebro o en cómo, con base en esas ideas, sentir de una determinada manera. Nociones sobre el agua, el diablo, los animales, el subsuelo, la mujer, los gemelos, el dinero, la naturaleza, el derecho, las responsabilidades, son resultado de esos procesos que nos fueron afirmados mediante palabras y que corroboramos con cientos de acciones. Por ello, cuando las partes son de distintas culturas, uno nunca puede estar seguro de que se comparte un mismo entendimiento sobre múltiples aspectos que aparentemente son iguales.

Dado que la cultura proporciona una manera de ver y comprender el mundo, en los litigios pueden presentarse situaciones que cierta y determinada lógica clasifica como extrañas o inexistentes, y que a partir de un sentido moral se evalúan como buenas o malas. Según esa lógica, no se asegura ni se les da validez a muchas afirmaciones, porque no se puede aseverar que sean verdaderas. Cuando se presenta incomprensión sobre afirmaciones extrañas, se utilizan términos cargados de juicio según los propios valores: así, no se dice, por ejemplo, que los indígenas piensan y actúan distinto, sino que están equivocados. Y entonces, para el abogado que forma parte de un contencioso, ¿qué es el análisis cultural?, ¿qué es concebir al otro como culturalmente distinto y tenerlo presente en un proceso argumentativo? Puede resumirse diciendo que es entender como reglamentarias y lúcidas otras señales que suelen verse como distintas y extrañas. Obvio que lo primero es buscarlas y encontrarlas, y por ello se debe recurrir a un indígena (o a un no indígena), a condición de que conozca la realidad cultural de la sociedad determinada. Cuando se ha de trabajar con los miembros de una sociedad cuya cultura no es la propia, el análisis se orienta hacia la búsqueda de otros significados, lentes, lógicas o gramáticas. Es una tarea especializada que aplica determinados criterios, con el fin de hacer visible el significado de ciertas realidades que no se presentan a simple vista y que constituyen precisamente la clave cultural. Así, un análisis cultural es la búsqueda del significado, del orden y clasificación de estos referentes que están en la mente de otros, distintos. Los ejemplos son muchos. Preguntan los magistrados, por ejemplo: ¿Qué es el fuete para los nasas?, ¿quiénes son parientes consanguíneos para los wayuus?, ¿cómo se maneja la rabia entre los andoques?

PERO ¿CÓMO REALIZARLO?

Para Geertz (1996), la esencia de un análisis cultural consiste en una descripción profunda, que sitúa un evento y a sus protagonistas en un contexto en el que las capas —a las que él llama "estructuras de significación"— se vuelven cada vez más profundas y ricas, aunque aparentemente sean las más extrañas y opacas. Por ello es necesario analizar los hechos con profundidad y en el contexto de marcos de referencia diferentes y complejos, para ver lo que está detrás del fenómeno y comenzar a hacer una traducción, y en ese proceso las razones verdaderas o interpretadas comienzan a surgir. Todo análisis interpretativo debe ser validado a fin de confirmar si un determinado asunto es o no cultural, es decir, si forma parte de los referentes que porta un colectivo social.

Así, se puede comprender entonces que para los andoques, en sus mitos, la garza representa a los caucheros que trajeron a su sociedad el hacha de metal; las canoas quemadoras representan a los caucheros que introdujeron la tala y la quema para hacer agricultura, práctica inexistente en los procesos de horticultura y recolección. Siempre que se está haciendo una investigación sobre determinados aspectos culturales, el proceso debe ser interactivo, y se sabe que lo interpretado es válido porque ese otro, portador de otra cultura, lo avala. En este sentido, el análisis cultural hace posible encaminar el sentido de los problemas para resolverlos. El significado no solamente les da estructura a los patrones del pensamiento humano, sino que define lo que es la verdad. La categoría de *verdadero* varía de cultura a cultura; por lo tanto, es posible que en una cultura un silogismo conduzca a una conclusión válida y verdadera, como "La garza de La Bocana engendró el perro y el hacha de metal", cuando se piensan el perro y el hacha de metal como "lo que llegó de fuera". En esta afirmación, el perro y el hacha de metal son los comprometidos con el cambio y manejo de la selva, en un proyecto extractivista del caucho, desconocido hasta entonces en el pueblo andoque.

En otras sociedades, estas aseveraciones —verdaderas para los andoques— resultan falsas: según estas otras visiones, una garza, que es un ave, no puede engendrar un perro, que es un mamífero, ¡y menos un hacha de metal! Sin embargo, estas sociedades sí aceptan como verdadero que un niño rubio con alas, el Ángel de la Guarda, tenga el poder de proteger...

LA COEXISTENCIA DE SISTEMAS DE DERECHO

Con base en el reconocimiento del pluralismo jurídico legal, y con un marco de nación multiétnica y multicultural, se hace necesario, para el ejercicio de la justicia, saber leer los contenidos de los distintos derechos legales que coexisten en el territorio nacional. Hay que saber, entonces, que en esta nación conviven referentes, normas y explicaciones distintas que, como ya se expresó, muchas veces se hallan ocultas. Cuando ya tengamos esto claro, podemos sopesar dos aspectos: el tamaño y la proporción de la negación que se ha dado y la transición hacia un reconocimiento que no termine siendo trivial. En otras palabras, no se trata solo de corregir las proposiciones que desconocían estos sistemas de derecho, sino fundamentalmente de *comprenderlas*. Así, esta orientación no apunta a determinar lo real, lo visible, para afirmar que dichas proposiciones existen, sino, ante todo, a valorar lo que representan en sociedades que, efectivamente, las contienen como mundos reales.

En los procesos judiciales o de relaciones interculturales, es claro que lo cultural no es un "relleno exótico" para informarnos sobre los elementos "extraños" que existen en un determinado grupo social, y que no tiene ninguna otra incidencia. Por el contrario, lo cultural es el elemento esencial que debe ser comprendido en función de establecer el daño a la existencia cultural de un pueblo, que el Estado tiene que proteger, y determinar los mecanismos de restauración de derechos para una sociedad particular.

Para aproximarse a este fenómeno de mundos *simbólicos reales* no compartidos universalmente, que entran en conflicto cultural y normativo, es conveniente dar algunos ejemplos.

Así, existen pueblos en cuya lengua no existe el concepto de propiedad privada; lingüísticamente no se puede hablar de *mi* mujer o de *mi* tierra, de *mi* fuego o de *mis* herramientas, de *mi* agua. En cambio, sí se puede expresar *mi* ojo. De allí que la noción hegemónica de propiedad no pueda extenderse como derecho a quienes no lo viven.

Igualmente, pisar el pasto o levantarlo para instalar ciertos aparatos de medición con el fin de encontrar petróleo representa un impacto negativo a la Madre Tierra. Este elemento —el pasto— la capa más superficial de la Madre Tierra, es, para los miembros del pueblo u'wa, el vello púbico. El derecho propio u'wa define normas específicas obligatorias para pisar o "rasurar" el pasto, como también —en caso necesario, y de manera justificada— para saber cómo actuar.

Otro ejemplo más proviene de los tikunas, que tienen un sistema de clasificación según se provenga de un antepasado común, simbolizado en un animal totémico. De acuerdo con ese sistema, los deberes y derechos son distintos para quienes provienen de determinado antepasado y para otros que provienen de antepasados diferentes.

Un caso más: la mujer, en la etapa de posparto, deberá cuidarse de pisar charcos de agua amarilla, pues allí puede estar asentado el arcoíris, que es considerado peligroso por su capacidad de hacer daño a la mujer que, como parturienta, tiene más posibilidades de que el arco entre en su cuerpo. Si se presentan situaciones de calamidad es porque una mujer parturienta ha infringido esta restricción.

Los anteriores ejemplos, que representan manifestaciones de cultura, no pueden verse, como ya se expresó, como "exotismos", "cuestiones raras", "populares", o simplemente "salvajes". Aunque nuestro sistema cultural sea *diferente* de esos marcos referenciales en cuanto a simbolizar y actuar sobre realidades, ofrece —en contraste para ellos— *mundos simbólicos y mundos reales,* que los indígenas solo conocen y aceptan respetuosamente como *mundos posibles*, llámense el cielo o el infierno, o los niños blancos con alas que protegen a los humanos. Este tipo de creencias, que pueden trascender a normas y procedimientos en el marco de derechos propios, constituye las realidades que deben ser interpretadas, reconocidas y valoradas a la luz de los parámetros multiculturales en que se ha involucrado la nación.

No todos estos *mundos posibles* plasmados en los diferentes derechos propios pueden ser probados empíricamente y, sin embargo, existen, son reales y delimitan los ámbitos de lo cultural, algo que resulta fundamental para lograr una interpretación sustantiva intercultural, ya que permiten establecer los núcleos fundamentales de la diversidad, necesarios para su reconocimiento. Para lograr este propósito es preciso trascender la extensión unidimensional del mundo, o sea, esa visión propia que conduce a una única explicación sobre lo que contiene y el modo como están organizados todos los elementos.

De ahí que se evidencie la necesidad de un trabajo en términos interculturales y multidisciplinarios para construir sistemas lógicos estructurados que permitan controlar, con la precisión adecuada, aspectos parciales de un determinado orden, a fin de hacer posible la definición de las motivaciones que orientan a un sujeto culturalmente distinto, ya que los sistemas culturales diversos se erigen como marcos de argumentación, a manera de amplios repertorios para el análisis de la formalización de enunciados y de inferencias.

Se da por entendido que no se cuenta con una única y plena perfección omnicomprensiva, y que hay una gama de sistemas que corresponde, con aproximaciones diversas, a los aspectos que manejan distintas perspectivas disciplinarias en términos de verdad o de falsedad. También resulta apenas obvio que es posible hacer inferencias entre normas, y que ello se traduce en consideraciones sobre una lógica particular de carácter específicamente normativo (Peña, 2008, p. 11).

Encontrar lo cultural significa en la práctica comprender y explicar un hecho, marcado como diverso, a partir de hallar el criterio o la regla que revele su importancia preexistente para una sociedad determinada, y que esa importancia pueda ser explicada retroactivamente. Se parte de un hecho, actuado por un individuo o por varios, que debe ser revelado a la luz de una cultura particular.[3] Así, es preciso destacar el campo de la cultura que orienta un comportamiento y que es su causa, porque la hipótesis tiene que ser contrastada para explicar el hecho analizado. El proceso que *relaciona* un hecho debe ser verificado para confirmar o refutar la hipótesis antes de que se deduzcan las conclusiones, lo cual corresponde a una inferencia desde hechos observados hasta hechos no observables u ocultos, acaecidos o que acaecerán (Peña, 2008, p. 11). Estas argumentaciones son expresión concreta del reconocimiento de la diversidad cultural, que se manifiesta en referentes cognitivos particulares, es decir, que sirve de guía para los comportamientos y que otorga significaciones compartidas.

EL PLURALISMO Y SUS IMPLICACIONES EN EL ÁMBITO DE "EL OTRO"

Los sucesos orientados a lograr la construcción de una nación multicultural sobre otras bases constitucionales y humanistas obligan a cambiar tanto la mentalidad como los referentes y actitudes racistas y etnocéntricos, porque estos no admiten análisis científico alguno. Adicionalmente, aunque se cree que este tipo de mentalidades es el más común en la sociedad mayoritaria, también hay visiones indígenas culturalmente aceptadas como costumbres, que aunque se tengan y practiquen en una sociedad por mucho tiempo, no necesariamente son expresión de la norma. Por tanto, así como es importante que los miembros de la sociedad hegemónica acepten que existen diferentes concepciones de hombre, sociedad y maneras particulares de organizar el mundo, y que no hay seres humanos con condiciones biológicas superiores o inferiores, es indispensable también que algunos pueblos indígenas inicien procesos mentales y ejercicios de enfoque, para poder ver de otra manera los referentes que

---

3 Véase Corte Constitucional, Sentencia T-496 de 1996. M. P.: Carlos Gaviria Díaz.

definen su cultura, lo que solo se logra mediante una dinámica de diálogo que permita ir aprendiendo por fuera del propio referente (Sánchez Botero, 1999).

El reconocimiento de la diversidad étnica y cultural en una sociedad multicultural implica entonces *la captación interpretativa del sentido de las señales* que cada sociedad diferente emite, entre otros aspectos de la vida armónica, y del límite para evaluar el peso de las acciones dañinas sobre su universo personal, natural y animal.

LA APLICACIÓN DEL DERECHO EN SINERGIA CON EL RECONOCIMIENTO CULTURAL

En la introducción de su libro *Estado, derecho y luchas sociales*, Boaventura de Souza Santos (1991) trata sobre las características de la ciencia aplicada técnicamente y de la que lo hace "de modo edificante". Inspirada en este extraordinario texto de no más de quinientos caracteres se sustenta la primera aplicación, también edificante, de la Corte Constitucional —la constitucionalización del uso del fuete— (Sánchez Botero, 2010), que permitió demostrar la trascendental diferencia con las aplicaciones técnicas contenidas en las primeras once sentencias, sobre casos indígenas, de esa misma corte.

Algunos postulados basados en la aplicación del derecho positivo informan y dimensionan los resultados que se obtienen, de manera técnica, ortodoxa, de modo que se puedan comparar con situaciones y casos que cuentan con una perspectiva cultural que trasciende *de modo edificante* a las aplicaciones técnicas.

La aplicación del *saber hacer* técnico vuelve dispensable, y hasta absurda, cualquier discusión sobre un *saber hacer* ético. Los conocimientos y valores culturales preexistentes de una sociedad no siempre son académicos, y por ello son excluidos, aunque incluyen otra información y otras teorías. Mencio[4] (en chino, Mengzi o Meng-Tsê; ca. 372-289 a. C.) concibe la posibilidad de lo ético como un proceso que depende de la capacidad de percibir claramente y de identificar, por un lado, las *correspondencias*, concepto que en el ámbito de la matemática constituye una *relación binaria entre dos conjuntos* (la *correspondencia* es un subconjunto del producto cartesiano de dichos conjuntos),[5] y, por otro, las *afinidades*. Se conoce como *afinidad* aquella *proximidad, analogía o semejanza que un individuo o una sociedad comparte con otro u otras*.[6] Por ejemplo, cuando dos personas o dos sociedades comparten gustos, pensamientos, ideologías, e incluso representaciones, se dice que esas dos personas o sociedades son afines entre sí. Estas características, expresadas en contenidos vivenciales, se oponen a la noción, propugnada por el monismo, de que el razonamiento ético implica sobre todo la aplicación de reglas o principios estandarizados. Para Mencio, las reglas pueden hacerse manifiestas a las personas solo después de una reflexión cuidadosa o en situaciones en que la coacción obliga a hacer una evaluación. La divergencia más significativa está en la importancia que se le conceda a una descripción verdadera de determinada situación, que se hace desde los referentes culturales de una sociedad y, específicamente, si se plasman en normatividades obligatorias, es decir, en derecho. Para poder captar una situación como norma que obliga en otra sociedad, esta se debe describir en términos de categorías cognitivas. Si se trata de ver correspondencias y afinidades, la situación que se enfrenta permite ver todos los aspectos relevantes y no los reduce a la dimensión de análisis

---

4   Ji Meng-Tsê, llamado en Occidente Mencio, fue un filósofo chino, el más eminente seguidor del confucianismo. Ver Varela (s. f.).

5   "Definición de *correspondencia*" (qué es, significado y concepto), en http://definicion.de/correspondencia/#ixzz2vlTWxcm.

6   En Definición ABC: http://www.definicionabc.com/social/afinidad.php#ixzz2Yvmf2iTZ.

de categorías, sino de mundos reales, existentes en la mente de quienes las portan. Se puede incluso decir que cuando somos incapaces de ver correspondencias y afinidades, necesitamos una nueva descripción categorial de la búsqueda de similitudes inmediatas. Se busca atender, así, a la naturaleza del otro para descubrir el tipo de acontecimiento del que se trata y permitir, entonces, que la comprensión y valoración adecuadas surjan como consecuencia.

Para poder distinguir la virtud de sus apariencias, Mencio identifica cuatro tipos de actos humanos, de los cuales solo uno es expresión de una verdadera conducta ética, producto de permanentes transformaciones personales en procura del entendimiento del otro; los demás son meras apariencias o evidentes falsificaciones. Estos cuatro tipos de actos son, en su orden, los que surgen de 1) un deseo de ganancia; 2) esquemas de respuesta habituales; 3) el cumplimiento de reglas, y, 4) actos que son fruto de la extensión.

La extensión se aplica en derecho cuando se desconoce el significado,[7] para el otro, del contenido mental que se les da a ciertas realidades. Para lograr una comunicación será necesario que, por convención, el significado o imagen mental que se asocia a una palabra sea igual para las personas que se comunican; igualmente, para determinar el orden social y el significado que se les da a ciertos actos. Como parte especializada de la lingüística, la pragmática se ocupa del modo como el contexto influye en la interpretación del significado lingüístico (por ejemplo: mesa no es asiento ni perchero) y situacional (mesa para comer, mesa para decir misa, o para operar).

Los otros tipos de actos que propone Mencio están dispuestos en un orden de excelencia ascendente: *en el cuarto nivel la ganancia es material, y también puede estar relacionada con la posibilidad de subyugar e imponerse.* Se trata de una motivación

---

7   Definición ABC: http://www.definicionabc.com/general/significado.php#ixzz2YvxRBfj2.

que está orientada a ganar el litigio sin examinar ni ponderar las consecuencias de los medios aplicados para lograr los resultados, porque el principal objetivo es vencer al adversario. Bajo esta postura, se desconoce el significado de una situación concreta, en la cual quien aplica el derecho no está existencial ni social ni éticamente comprometido con el impacto de las orientaciones y decisiones que toma. Por ejemplo, en el caso "Achagua Piapoco" (Sentencia T-693 de 2011), el abogado de los indígenas demandaba un pago individual para ciertos sujetos indígenas participantes en la consulta posterior ordenada por la Corte Constitucional, para indemnizar el daño por no haber realizado consulta previa y por los impactos negativos que provocó la construcción de un oleoducto en territorio tradicional. El objetivo único del abogado era lograr recursos económicos, sin importar el impacto que estos traerían sobre el sujeto colectivo —pues implicaban la monetarización y la conversión de algunos indígenas en grandes capitalistas, dados los altos montos solicitados—, la exclusión de las formas propias para lograr la subsistencia y los impactos producto de la individuación y ruptura del sentido de cuerpo de este pueblo.

En el tercer nivel, *los tratos que surgen de esquemas de respuesta habituales, insertados en un mundo cultural explícito, determinan, según Santos que los fines se presuponen definidos y no pueden estar separados de los medios, pues la aplicación incide sobre ambos.* Los fines solo se concretan en la medida en que se discuten los medios adecuados para la situación específica. Dos ejemplos muestran bien este postulado: en uno se buscó indemnizar, en gramos oro, los estragos materiales causados por la construcción de una carretera, a pesar de que el daño inmaterial causado a los embera de Cristianía era irreparable en gramos oro, y consistió en la huida de su Jai, un pescado gigante que vivía debajo de la montaña. Este era un ser protector que se marchó como consecuencia de que la dinamita utilizada para abrirle paso a una carretera derrumbó su casa —la montaña— (Sentencia T-428 de 1992)[8]. En el otro ejemplo, el abogado de las víctimas solicitó a la Corte Interamericana de Derechos Humanos construir una efigie para recordar a Germán Escué, indígena nasa asesinado por el ejército. Esta petición es contraria a uno de los principios de la memoria nasa, por el cual determinados hechos no se deben recordar (Sentencia CIDH 20-8 de 2009).

Segundo nivel: *existe adhesión a las reglas, como es el caso de un principiante que aprende una destreza motriz. No existe mediación decisiva entre lo universal y lo particular. La aplicación procede de demostraciones necesarias que dispensan y eximen de la argumentación. Las reglas son externas, ya que difieren, por lo menos en algunos aspectos, de la inclinación interna del agente.* Mencio considera que solo aquellas personas que actúan a partir de disposiciones que son fruto de un largo proceso de autocultivo (búsqueda de la excelencia, para relacionarse adecuadamente con otro) merecen el nombre de verdaderamente virtuosas. Una persona así actúa por rectitud; ella no pone en sus actos benevolencia y rectitud; ella no actúa la ética, sino que la encarna. Un ejemplo que retrata bien este comportamiento es el de un hombre indígena que trabajó durante tres años en un puesto de trabajo y al retirarse reclamó prestaciones sociales, tal como lo establece el Código Laboral, que, según el juez, le da pleno derecho de lograr este derecho "universal". Contrasta esta visión con la particularidad cultural del pueblo indígena nasa, que tiene la institución denominada "servicios y colaboraciones", que prestan obligatoriamente los miembros de ese pueblo y que ha de ser tenida en cuenta para establecer las razones que internamente aduce la autoridad indígena para

---

[8]   Producto del trabajo de campo en Cristianía se encontró que las transgresiones a las normas de su derecho propio fueron dos: hacer ruido con la pólvora y caldear, mediante calor, el lugar donde vivía el Jai. Ambos fenómenos, ruido y calor lo impulsaron a marcharse, lo cual generó daño. Comentario a la ST428 de 1992. Ver Sánchez Botero (2010, p. 178).

la competencia jurisdiccional y para actuar de modo diferenciado al juez laboral. Es evidente la diferencia de esta aplicación
técnica del derecho con la sentencia en instancia superior. Así,
esta aplicación del derecho es un proceso argumentativo, y la
adecuación, mayor o menor, de esa aplicación reside en el equilibrio mayor o menor de las competencias argumentativas entre
los grupos que luchan por la decisión, a su favor, del conflicto.
La providencia del juzgado señala en el caso expuesto que "las
normas de carácter laboral son de orden público, y por lo tanto
constituyen un límite al ejercicio de la jurisdicción indígena".
Sin embargo, las normas de carácter laboral, a pesar de ser
normas de orden público, no protegen en este caso un valor de
superior jerarquía a la diversidad étnica y cultural, ni pueden
ser asimiladas a ninguno de los límites mencionados. Por tanto,
imponer dicha limitación al ejercicio de la jurisdicción indígena
contraviene los derechos colectivos fundamentales de la comunidad indígena desarrollados por la jurisprudencia de la Corte
Constitucional, al separarse del principio de maximización de
la autonomía de las comunidades indígenas y de los mínimos
fijados como únicas restricciones legítimas a dicha jurisdicción
(Sentencia T-009 de 2007).

Se asumen entonces argumentos que no tienen importancia
como única definición de la realidad, establecida por el grupo
dominante, que además están separados del valor y el deber
de proteger la diversidad étnica y cultural. Ocurre, por ejemplo, que la primera decisión en el ámbito laboral silencia otras
definiciones alternativas, como sucedió con el impacto directo
de un proyecto impulsado por la Nación sobre un territorio,
proyecto que entra en conflicto cultural con la definición de
territorio de los pueblos de la Sierra Nevada de Santa Marta,
que no coincide con la que determina la norma. También se
impulsa, incluso, la inseguridad física, como ocurrió cuando se
aplicaron meros estándares de ingeniería para la construcción
de un oleoducto a veinte metros debajo de un río. Sin embargo, como consecuencia de la mezcla de agua y tierra cuando

se removió el terreno para introducir el tubo, el Gobierno del Agua (Chawaliwali) de los achaguas y los piapocos, molesto por la transgresión a la prohibición de mezclar agua y tierra por las actividades realizadas por los seres humanos, que les están prohibidas, se llevó ahogados a un chamán y a dos niños (Sentencia T-693 de 2011).

El panorama cambia totalmente con la aplicación del derecho si se tiene presente el contexto cultural. Es por ello que se cuestiona la importancia de la aplicación de la antropología para proveer ese contexto cultural particular, puesto que esta disciplina vigoriza las definiciones alternativas de la realidad cultural y tiene la capacidad de alterar las formas establecidas y cuestionar lo razonable para el derecho, ya que ella entiende que tales formas y razones promueven la hegemonía y no el reconocimiento de lo diverso.

Es imprescindible, entonces, una mayor participación en una visión multicultural de la sociedad y, por ende, del pluralismo jurídico, y es el *saber hacer* ético el encargado de brindarla, por lo cual este tiene prioridad en la argumentación. Adicionalmente, los límites y las *deficiencias de los saberes locales nunca justifican su rechazo, porque eso significaría nada menos que arrebatarles a los pueblos su capital cultural, argumentativo y social, que ha sido eficaz para que ellos puedan existir.*[9] Dos ejemplos: entre los wayuu, aunque un padre biológico haya muerto, sus hijos no le heredan, ya que esos niños no son sus parientes, según lo define el derecho propio, que dispone otra forma para clasificar y entender el papel que cumplen el hombre y la mujer en la procreación, y los elementos que aportan a la nueva vida, lo que implica también deberes y derechos completamente distintos. En el segundo ejemplo, aunque se demostró que el cambio climático ocasionó el calentamiento del nevado del Huila y la

---

[9] Otro elemento de la aplicación edificante según Boaventura de Sousa Santos.

tragedia de 1994, el pueblo nasa aduce mal comportamiento de sus miembros.

Asimismo, si el objetivo es ampliar el espacio de comunicación que permita comprender lo cultural, y a partir de esta posibilidad fortalecer las competencias argumentativas de los sujetos culturalmente diversos, esa ampliación de la comunicación y del equilibrio de las aptitudes apunta hacia la creación de sujetos socialmente más competentes. Los mecanismos de poder tienden, en cambio, a alimentarse de lo que definen como *incompetencia social*, y por ello es importante que los pueblos indígenas y sus defensores prevean riesgos: por esta razón deben saber que el derecho tiene objetivos limitados que no son alcanzables exclusivamente con base en la argumentación ortodoxa de sus principios, ya que hay intereses y luchas entre los diferentes grupos sociales que buscan imponer solamente aquello que les beneficia.

Partir de la realidad cultural local resulta en esclarecimiento de lo socialmente necesario y, ante todo, de lo justo. Esta actitud logra la ampliación del espacio de comunicación y el ensanchamiento cultural, ético y político a partir de los argumentos definidos por el grupo. Afortunadamente, la aplicación edificante del derecho prospera dentro de la misma comunidad de profesionales abogados perteneciente al aparato de justicia; se lucha por el aumento de la comunicación y de la argumentación en el seno de esta comunidad. La sociedad multicultural se fortalece con la transformación del abogado, cuando este incorpora como fundamental el conocimiento del contexto cultural en el que se desarrolla un caso. Esta transformación no puede ser exigible en pleno y sin contradicciones: la reflexión, para tener algún peso, debe ser colectiva; además, la transformación es propiciada por nuevas formas de organización de la investigación desde los incomparables derechos, como partes de las culturas diferenciadas.

La disputa debe entenderse entre dos paradigmas culturales, sociales, jurídicos y éticos: el de la aplicación del derecho edificante, que es simultáneamente el de una sociedad que vuelva posible la vida en la diversidad y maximice su vigencia, o, en cambio, el de la preponderancia del *statu quo*. Aquí parece importante señalar, además, la necesidad de demostrar que el derecho y la práctica social se constituyen mutuamente y que solo por esa vía es posible evitar el activismo desorganizado, siempre vulnerable a la frustración y al abandono, así como el teoricismo indeterminado, con su permanente evasión del desarrollo social en las tareas de transformación emancipatoria de la sociedad.

CONCLUSIONES

Frente a las preguntas iniciales sobre si *existen argumentos que determinan que en un Estado multicultural y pluriétnico los derechos humanos de los pueblos indígenas deban realizarse en el contexto de culturas determinadas*, sobre si *la protección de los derechos fundamentales de los pueblos indígenas debe salvaguardarse en clave cultural*, sobre si *existen criterios en clave cultural aplicables a la defensa jurídica y el litigio estratégico, que son fundamentales de conocer y promover para una eficaz protección de los pueblos indígenas, en cuanto sujetos de derecho colectivo*, puede concluirse que sí.

La defensa en clave cultural ha sido reconocida y es transformadora en la construcción, no solamente de la nación multicultural, sino de un pluralismo jurídico igualitario, en los términos de André Hoekema (2002), porque 1) promueve la valoración y protección efectiva de la integridad étnica y cultural de cada pueblo en su condición de sujeto colectivo de derecho distinto; 2) activa las justificaciones para dar un trato diferenciado, mediante otros principios y otros procedimientos, a individuos y pueblos indígenas culturalmente distintos; 3) revela a servidores públicos, jueces, magistrados y defensores, los patrones culturales expresados en órdenes legales indígenas diversos (derechos propios), y por lo tanto existentes en las estructuras cognitivas que se deben conocer para poder reconocerlos y valorarlos, a fin de no violar los derechos humanos a la distintividad y a lo propio; 4) controvierte visiones liberales y universales de los derechos humanos, cuando quebrantan los derechos particulares de los pueblos indígenas, con excepción de los mínimos jurídicos; 5) demuestra la importancia de incumplir, en contextos culturales determinados, estándares internacionales homogéneos de protección porque su contenido o forma de implementación afecta derechos humanos; 6) incluye en la agenda del poder judicial (y administrativo) temas ausentes, que contribuyen a dar paso a nuevos temas relacionados con los derechos humanos de estos pueblos.

REFERENCIAS

Avruch, K. y Black, P. (1989). La resolución de conflictos en marcos interculturales: problemas y perspectivas. Disponible en http://scar.gmu.edu/intercultu.pdf.
Geertz, C. (1991). Géneros confusos: la refiguración del pensamiento social. En C. Reynoso (ed.). *El surgimiento de la antropología posmoderna*. Barcelona: Gedisa.
Geertz, C. (1996). *Anti-relativismo en los usos de la diversidad*. Barcelona: Paidós.
Hoekema, A. J. (2002). Hacia un pluralismo jurídico formal de tipo igualitario. En *Pluralismo jurídico y alternatividad judicial: El otro derecho* (pp. 26-27). Bogotá: Ilsa y Dupligráficas.
Peña, J. I. (2008). *Prueba judicial: análisis y valoración*. Bogotá: Escuela Judicial Rodrigo Lara Bonilla, Consejo Superior de la Judicatura, Universidad Nacional de Colombia.
Sánchez Botero, E. (1999). Peritaje antropológico rendido a la Honorable Corte Constitucional de manera oral. Caso de protección de los mellizos u'wa. ICBF. Inédito. Bogotá.
Sánchez Botero, E. (2010). Justicia y pueblos indígenas de Colombia: la tutela como medio para la construcción del

entendimiento intercultural (3.ª edición). Bogotá: Unidad de Investigaciones Jurídico-Sociales y Políticas Gerardo Molina, Facultad de Derecho, Ciencias Políticas y Sociales, Universidad Nacional de Colombia.

Santos, B. de S. (1991). Estado, derecho y luchas sociales. Bogotá: Ilsa y Dupligráficas.

Varela, F. (s. f.). Ética y acción. Primera conferencia: "Know how y know what". Disponible en http://nuevasformaspara-viejosproblemas.blogspot.com.co/p/etica-y-accion.html.

LA PARTICIPACIÓN INDÍGENA EN EL DERECHO INTERNACIONAL Y EL SISTEMA DE NACIONES UNIDAS

Manuel José García Martínez[1]

INTRODUCCIÓN

El derecho internacional, como disciplina, surge en el continente europeo como un derecho destinado a regular exclusivamente las relaciones entre los Estados. Con el paso del tiempo comenzó un proceso de ampliación que les permitió a nuevos sujetos y actores participar en este escenario (Bederman, 2006, pp. 1-4). En este proceso se tuvieron en consideración nuevos

---

[1]   Abogado egresado de la Universidad del Rosario, con especialización en Estudios Europeos en la misma Universidad y magíster en Derechos Humanos y Democratización por la Universidad Externado de Colombia en convenio con la Universidad Carlos III de Madrid (España). Se ha desempeñado como docente en la Facultad de Jurisprudencia de la Universidad del Rosario y en el Programa de Derecho de la Universidad Jorge Tadeo Lozano, y como asesor de la línea de investigación en Derecho Ambiental de la Universidad del Rosario.

actores no estatales, como las organizaciones intergubernamentales o internacionales (Brownlie, 2008, pp. 675 y ss.), las organizaciones no gubernamentales (ONG), los individuos, y más recientemente se ha discutido la necesidad de que participen los pueblos indígenas.

En la evolución de las relaciones internacionales, los Estados han ido reconociendo la existencia de una serie de intereses comunes para cuya satisfacción se desarrollaron mecanismos basados en la cooperación, y que han encontrado dos fórmulas para su desarrollo.

La primera ha sido la denominada *cooperación inorgánica*, realizada por medio de conferencias y tratados que pretenden, mediante su celebración, solucionar un problema específico relevante para la comunidad internacional. La segunda fórmula es la cooperación institucionalizada a través de la figura de las organizaciones intergubernamentales, que es una fórmula permanente de cooperación entre los Estados (Díez de Velasco, 2003, p. 38), fenómeno a través el cual se canalizó el proceso de ampliación de los participantes del derecho internacional.

Estas instituciones se empezaron a formar durante el siglo XIX, al crearse organizaciones de cooperación y, posteriormente, de integración, que buscaban una respuesta a las transformaciones que se presentaban en las relaciones internacionales, debidas a los avances en la ciencia, el transporte, la economía y el comercio (Aust, 2005, p. 196). A nivel de organizaciones de cooperación existen organismos de tipo universal creados en el siglo XX, como la Organización de Naciones Unidas (ONU), y regionales como, por ejemplo, la Organización de Estados Americanos (OEA), en donde los Estados encuentran un foro de debate y cooperación para la resolución de problemas comunes.

En la ampliación del espectro de participantes se ha venido hablando de otros actores relevantes, como, por ejemplo, los individuos, y más recientemente se ha incluido a los pueblos indígenas. Estos estuvieron totalmente excluidos de las relaciones internacionales hasta hace relativamente poco tiempo, cuando, primero, se empezó a plantear el tema indígena en las discusiones de los organismos internacionales, para después abrir oportunidades de participación e incidencia en las organizaciones, que han empezado a considerarlos en el proceso de toma de decisiones en su interior (Boyle, 2007, p. 48).

El objeto de este escrito es analizar cómo se ha manifestado el fenómeno de la participación de los pueblos indígenas en el escenario internacional, específicamente en la principal organización intergubernamental de cooperación de carácter universal, que es la ONU. Así pues, se analizará el acceso a sus instancias y a las conferencias y reuniones multilaterales organizadas por esta, con la intención de determinar los avances y las restricciones que aún se presentan en el ámbito internacional respecto a los pueblos indígenas.

El plan de trabajo articulará el tema indígena, primero, con los antecedentes del concepto de *participación* en el derecho internacional y de los niveles de participación a escala de organismos intergubernamentales. En la segunda parte se estudiarán la participación en la ONU, ya sea por medio de mecanismos de tipo político o contencioso, y en la tercera parte, la participación en conferencias y reuniones multilaterales en el seno de la ONU.

CONCEPTO DE PARTICIPACIÓN EN DERECHO INTERNACIONAL

En la historia del derecho internacional, los pueblos indígenas siempre habían estado totalmente excluidos y se los había considerado en una situación de inferioridad que debía superarse con el progreso de la civilización occidental. Una visión amplia sobre esta historia del tema indígena la desarrolla el relator especial sobre la situación de los derechos humanos y las libertades fundamentales de los indígenas, James Anaya:

Modelado por perspectivas europeas y por consideraciones de poder político, el derecho internacional desarrolló una relación de complicidad con las fuerzas, a menudo brutales, que arrebataron las tierras a los pueblos indígenas, reprimieron sus culturas e instituciones y los convirtieron en los más pobres de los pobres. (2005, p. 70)

Esta exclusión se mantenía entrado el siglo XX, debido a la influencia de la filosofía liberal, que proponía una política *asimilacionista* (Ordóñez Cifuentes, 2009, p. 12) que buscaba integrar a los pueblos indígenas para que se adaptaran a la sociedad dominante, y que era la postura asumida tanto por las constituciones de los Estados, como por las distintas esferas internacionales (Assies, 2009, p. 93).

La participación internacional de los pueblos indígenas fue muy restringida en los inicios del siglo XX. Se encuentran algunos intentos en la década de 1920, cuando un portavoz del Consejo de la Federación Iroquesa, conformada por pueblos que habitaban el nororiente de los Estados Unidos y el suroriente de Canadá, ensayó sin éxito exponer los problemas de su pueblo, con el Gobierno canadiense, ante la Sociedad de Naciones (García-Alix y Borraz, 2006, p. 222).

A finales de la década de 1940, en la ONU se llevó el tema ante la Asamblea General (AG), mediante la Resolución 275 de 1949, que buscaba estudiar la condición de los indígenas en los Estados Unidos de América, tema que fue objetado en medio de discusiones sobre la evolución de la guerra fría (Ordóñez Cifuentes, 2009, p. 12).

En 1957, en la Organización Internacional del Trabajo (OIT) se aprobó el Convenio n.° 107 sobre poblaciones indígenas y tribales, que planteó la protección de los derechos de los indígenas, aunque en su momento recibió críticas por su perspectiva etnocentrista e integracionista (Anaya, 2005), que mantenía rasgos de la visión occidentalizada imperante hasta ese momento y que distaba de las expectativas que tenían muchos pueblos indígenas. Este convenio fue modificado años más tarde, en 1989, por el Convenio n.° 169 de la OIT (Rodríguez-Piñero, 2005, pp. 53 y ss.). Sin embargo, no fue sino hasta la década de los setenta cuando los esfuerzos de los indígenas empezaron a hacerse sentir en la ONU. En esa época, el Consejo Económico y Social (Ecosoc) de la Organización autorizó a la Subcomisión de Prevención de Discriminaciones y Protección a las Minorías[2] para que iniciara estudios sobre el tema. Así, se encargó al experto de la ONU José Martínez Cobo, quien a lo largo de varios años realizó el "Estudio del problema de la discriminación contra las poblaciones indígenas", que contribuyó a la creación del Grupo de Trabajo sobre Poblaciones Indígenas en 1982 (Burger, 2006, pp. 110 y ss.).

Otro aporte importante fue la Conferencia de las Organizaciones no Gubernamentales sobre la discriminación de las poblaciones indígenas en las Américas, celebrada en Ginebra en 1977, que produjo el "Proyecto de declaración de principios para la defensa de las naciones y los pueblos indígenas del hemisferio occidental" (Documento E/CN.4/Sub.2/476/Add.5, Annex 4 [1981]). En esa conferencia se plantearon los lineamientos para la formulación de demandas en los escenarios internacionales, así como un modelo de coordinación para que los pueblos indígenas empezaran a participar. Este proceso condujo a que un primer grupo de organizaciones indígenas obtuvieran el estatus consultivo ante el Ecosoc (García-Alix, Borraz, 2006, p. 223).

---

[2]   En 1999 pasó a llamarse Subcomisión de Promoción y Protección de los Derechos Humanos y la Resolución del Consejo de Derechos Humanos 5/1, los sustituyó por el Comité Asesor del Consejo de Derechos Humanos.

NIVELES DE PARTICIPACIÓN INDÍGENA EN ORGANISMOS INTERNACIONALES

Para establecer estos niveles habría que plantearse primero qué implica para los pueblos indígenas la posibilidad de participar en los escenarios internacionales.

En los procesos sociales, la participación es un acto colectivo que busca tomar una posición frente a las situaciones en las que los actores sociales son protagonistas, con el fin de "incidir en el proceso vivido por una actividad pública (es decir, gestación, discusión, formulación, de respuestas, de ejecución de las mismas, control del proceso), intentando transformarla para que esta responda a sus intereses colectivos" (Vargas Velásquez, 1994, p. 26).

La participación se convierte en una necesidad importante para los individuos y las comunidades cuando existe algo que afecta sus intereses o cuando se tiene un sentido de pertenencia respecto a una situación específica, que motiva la actuación para buscar un beneficio o la solución de problemas colectivos (Rodríguez y Muñoz Ávila, 2009, p. 20).

En el derecho internacional, los pueblos indígenas han buscado fundamentar la posibilidad de controlar su propio destino mediante el principio de autodeterminación, que busca revertir la situación de subyugación cultural y discriminación a las que han estado expuestos, y que se sustenta en valores compartidos, así como en los derechos humanos de las personas (Anaya, 2005, p. 137). Esta autodeterminación brinda la posibilidad de decidir sobre su organización política, sus instituciones jurídicas, sus relaciones con otras organizaciones sociales y políticas, así como sus condiciones de desarrollo (Aparicio, 2006, p. 409).

Para el Centro de Investigaciones de Desarrollo Social de las Naciones Unidas, "La participación popular es el intento organizado de aumentar el control sobre los recursos y de regular instituciones en ciertas situaciones sociales por parte de grupos y miembros de los que hasta el momento quedaron excluidos de tal control" (Alianza Internacional de los Pueblos Indígenas-Tribales de los Bosques Tropicales, 1997, p. 10). De acuerdo con esta definición, la participación tiene que ver no solamente con el acceso a determinadas instancias, sino que también se relaciona con el consentimiento libre y la toma de decisiones, por lo que es necesario diferenciar entre los distintos alcances de la participación y precisar entre la consulta y el consentimiento libre, previo e informado.[3] La consulta corresponde a la etapa de preparación de una actividad, cuando se buscan opiniones en un proceso sobre el cual aquellos a quienes se consulta no tienen el control sobre la toma de decisiones, lo que en la práctica ha llevado a que los gobiernos consideren que la potestad decisoria es exclusiva del Estado.

Los pueblos indígenas no están de acuerdo con este concepto, porque consideran que se debe permitir que las comunidades no solo reciban información, sino que sus pronunciamientos sean tenidos en cuenta con sus percepciones, propuestas y argumentaciones (Alianza Internacional de los Pueblos Indígenas-Tribales de los Bosques Tropicales, 1997, p. 11).

Este concepto ha evolucionado hacia una noción de consentimiento libre e informado, que encuentra su fundamento en la noción de control, que implica la posibilidad real de decisión sobre los asuntos, que se materializa en el derecho de veto, del cual carece la consulta. Los elementos del consentimiento han sido abordados por el Foro Permanente para las Cuestiones Indígenas al señalar sus características:

• Libre: debería implicar que no hay coerción, intimidación ni manipulación.
• Previo: debería implicar que se ha tratado de obtener el consentimiento con suficiente antelación a cualquier autorización o

---

[3] Para profundizar sobre este tema se sugiere ver *De la consulta previa al consentimiento previo, libre e informado* (Rodríguez, 2014).

comienzo de actividades y que se han respetado las exigencias cronológicas de los procesos de consulta/consenso con los pueblos indígenas.

• Informado: debería implicar que se proporcione información que abarque (por lo menos) los siguientes aspectos:

a. La naturaleza, envergadura, ritmo, reversibilidad y alcance de cualquier proyecto o actividad propuesto;
b. la razón o razones o el objeto u objetos del proyecto y/o actividad;
c. la duración de lo que antecede;
d. los lugares de las zonas que se verán afectados;
e. una evaluación preliminar del probable impacto económico, social, cultural y ambiental, incluidos los posibles riesgos y una distribución de beneficios justa y equitativa en un contexto que respete el principio de precaución;
f. el personal que probablemente intervendrá en la ejecución del proyecto propuesto (incluidos los pueblos indígenas, el personal del sector privado, instituciones de investigación, empleados gubernamentales y demás personas);
g. procedimientos que puede entrañar el proyecto.
(Foro Permanente para las Cuestiones Indígenas, 2005, p. 13)[4]

---

[4] En fallo de la Corte Constitucional Colombiana (Sentencia T-766/15) se menciona que el consentimiento, libre, expreso e informado, como garantía reforzada del derecho general de participación de las comunidades indígenas o afrodescendientes, debe producirse al terminar un procedimiento consultivo. Por ello, las reglas de la consulta son también aplicables en estos eventos, pero es importante destacar que algunas adquieren mayor trascendencia, pues son condición de que este sea *libre e informado*. Entre esas medidas, deben mencionarse: 1) la realización del procedimiento consultivo con representantes legítimos de la comunidad; 2) la realización de estudios de impacto ambiental y social y su apropiada divulgación y discusión con las comunidades concernidas; 3) la concertación con las comunidades sobre la participación (utilidad) en los beneficios derivados del proyecto.

En este procedimiento, la participación adecuada es un elemento determinante para llegar al consentimiento, en medio de un ambiente que privilegie la buena fe y una participación plena, equitativa y efectuada con el suficiente tiempo. El Foro Permanente especifica que los pueblos indígenas deben poder participar mediante sus representantes libremente elegidos y sus instituciones consuetudinarias o tradicionales en los procesos en los que ellos se vean afectados.

A partir del Convenio n.° 169 de la OIT se ha utilizado en varios escenarios internacionales el término *participación*, tanto en su sentido limitado, que hace referencia a la participación y la consulta, como en el sentido "pleno y libre" que hace referencia al consentimiento libre e informado (Alianza Internacional de los Pueblos Indígenas-Tribales de los Bosques Tropicales, 1997, p. 11).

El Convenio n.° 169 explica el tipo de consulta que deben hacer los gobiernos a los pueblos indígenas. En los artículos 6, 7 y 15 señala que se les debe permitir expresar su punto de vista con el objeto de que puedan incidir en la toma de decisiones. Los pueblos indígenas normalmente se encuentran en situación de desventaja para lograr una participación equitativa, razón por la cual los gobiernos tienen la obligación de suministrar información apropiada y crear condiciones para que dicha participación sea activa y eficaz, lo cual incluye realizar acciones encaminadas a que los pueblos indígenas puedan adquirir el conocimiento y las capacidades que se requieren para la toma de decisiones (OIT, 2013, pp. 19-20).

La noción de *participación* se ha reforzado en los textos internacionales, y más recientemente la Declaración de las Naciones Unidas sobre los derechos de los pueblos indígenas ha procurado avanzar, de un derecho a la libre determinación, a un consentimiento libre, previo e informado, tal como se explica en los artículos 3, 19 y 20 de la Declaración.

Sin embargo, la Declaración no es un tratado internacional, y en ese sentido carecería de la misma fuerza vinculante que el Convenio n.º 169. Por eso algunos abogan por incorporar la noción de *consentimiento libre, previo e informado* en documentos internacionales que tengan carácter vinculante (De la Cruz, 2005, p. 16). Sobre el anhelo de los pueblos indígenas en esta materia merece citarse la opinión de Bartolomé Clavero al respecto:

> El requerimiento explícito de consentimiento libre e informado de los pueblos indígenas para cualquier medida que les interese es consecuente con su derecho a la participación plena y efectiva. No estamos ante una expresión o extensión del derecho constitucional de participación ciudadana, sino ante un título cualificado a la determinación propia como pueblo. Los pueblos indígenas no concurren a unas decisiones tomadas en común junto con otras partes o por una ciudadanía en la que se les incluya, sino que se pronuncian por sí mismos, mediante sus representantes elegidos conforme a sus propios procedimientos, respecto al objeto de la participación e incluso, previamente, en relación a la procedencia de la participación misma. (Clavero, 2005)

Para los pueblos indígenas el consentimiento previo debe entenderse como un derecho humano vital que promueve la participación plena y efectiva y el respeto de los derechos de los pueblos indígenas, y que tiene una intrínseca relación con los derechos territoriales, sociales y culturales, y forma parte del derecho a su libre determinación (De la Cruz, 2005, p. 15).

Este consentimiento es un anhelo de los pueblos indígenas por una mayor posibilidad de participación a la hora de decidir en los asuntos que son de su interés. Sin embargo, en los escenarios internacionales, aun cuando se ha empezado a consagrar la participación en las organizaciones intergubernamentales, esta continúa teniendo bastantes limitaciones, ya que en este nivel se ha reconocido como un derecho sustancial de los pueblos indígenas dentro de los Estados, pero no parece que las organizaciones internacionales quieran aplicar estos derechos a sus relaciones con los pueblos indígenas. Si los Estados, como sujetos del derecho internacional, se han comprometido a respetar y garantizar los derechos humanos, cabría preguntarse si las organizaciones internacionales deberían estar también obligadas por estos derechos. En este sentido, ¿serían los derechos humanos a la consulta y al consentimiento libre, previo e informado un límite a las actuaciones de las organizaciones internacionales?

Por ser sujetos del derecho internacional, las organizaciones deberían respetar el derecho a la consulta y al consentimiento, como lo hacen algunos Estados. Sin embargo, el marco decisorio de los Estados basado en leyes y actos administrativos no es del todo equiparable al proceso decisorio en las organizaciones internacionales, y en estas los niveles de participación son mucho más restringidos, y estos conceptos casi no aparecen en su vocabulario. En el marco de la ONU, los niveles de acceso varían desde los más amplios, como sucede en el Foro Permanente para las Cuestiones Indígenas, las reuniones para la Declaración de las Naciones Unidas sobre los derechos de los pueblos indígenas o ciertos procedimientos contenciosos, a cierto tipo de participación más restringida, como la calidad de observador que tienen, por ejemplo, los organismos con estatus consultivo ante el el Consejo Económico y Social (Ecosoc) o las organizaciones acreditadas ante conferencias internacionales, hasta áreas sin ningún tipo de participación, como sucede en la Organización Mundial del Comercio (OMC).

Para ilustrar estas inquietudes se analizarán los escenarios y el alcance de la participación indígena en la ONU, en su calidad de organización de cooperación más importante a escala universal, y en las siguientes secciones se analizará el marco general de las instituciones en su interior y las instancias en las que admiten algún grado de acceso de los pueblos indígenas en el proceso de toma de decisiones.

COOPERACIÓN INSTITUCIONALIZADA EN LA ONU:
MECANISMOS DE PARTICIPACIÓN DE TIPO POLÍTICO

El primer mecanismo de cooperación que se estudiará es el que se encuentra institucionalizado de manera permanente en las organizaciones internacionales (en este caso, la Organización de las Naciones Unidas [ONU]), que por contar con una estructura institucional propia, les permite a los pueblos indígenas tener un canal permanente de acceso mediante el cual pueden participar de manera limitada.

Esta entidad de carácter universal, creada el 24 de octubre de 1945, es la principal organización interestatal de cooperación, y de ella que hacen parte 193 Estados. Sus propósitos se encuentran establecidos en la Carta de las Naciones Unidas, que señala los objetivos de la organización, que son el mantenimiento de la paz y la seguridad internacional, el fomento de las relaciones de amistad entre las naciones, el impulso de la cooperación internacional para la solución de problemas internacionales de carácter económico, social, cultural o humanitario, y el desarrollo y estímulo del respeto a los derechos humanos y a las libertades fundamentales.

La ONU está compuesta por una serie de órganos principales, que son la Asamblea General, el Consejo de Seguridad, el Consejo Económico y Social (Ecosoc), la Secretaría General, el Consejo de Administración Fiduciaria (sin funciones desde 1994) y la Corte Internacional de Justicia. Igualmente, está conformada por una serie de organismos especializados, organizaciones conexas y fondos que contribuyen a la realización de las funciones encomendadas por los Estados miembros de la Organización. El tema indígena ha tenido un mayor o menor desarrollo en la mayoría de estos órganos principales; sin embargo, muchas de estas instancias, aunque pueden desarrollar temas relacionados con los indígenas, no admiten la posibilidad de que estos participen; por ello, los indígenas son vistos más como un objeto que como un sujeto. Este estudio se limitará a aquellas instancias relacionadas con la ONU en las que los indígenas tienen posibilidades de acceso.

CONSEJO ECONÓMICO Y SOCIAL (ECOSOC)

El Ecosoc, de acuerdo con lo establecido en el capítulo X de la Carta de las Naciones Unidas, es un órgano principal del sistema de la ONU, de participación restringida; ello explica que esté conformado solo por 54 países, elegidos por la Asamblea General (AG) por un lapso de tres años, y pueden ser reelegibles para el periodo subsiguiente. Sus funciones son muy amplias, e incluyen temas de carácter económico, social, cultural, educativo, sanitario y temas adicionales, como el del respeto de los derechos humanos.

Como se mencionó en los antecedentes históricos, fue en este organismo que empezó a tratarse el tema indígena, y aun cuando no hay un mecanismo exclusivo para tratar estos temas en el Consejo, este ha desarrollado el mecanismo general de participación para la sociedad civil en las distintas instancias de la ONU, que ha sido utilizado por los indígenas.

Participación indígena en el Ecosoc

La regulación de la participación de la sociedad civil en el sistema de Naciones Unidas se fundamenta en el artículo 71 de la Carta, que permite la participación de organizaciones no gubernamentales (ONG) para celebrar consultas en asuntos de la competencia del Consejo (http://www.cinu.mx/onu/organos/ecosoc). Por tanto, los pueblos indígenas no pueden participar directamente como tales, pero pueden acudir por intermedio de alguna ONG.

Desde 1946 el Ecosoc permite la participación de ONG con estatus consultivo, y a raíz de ello el número de organizaciones ha aumentado de manera paulatina hasta más de 3700 (http://csonet.org/content/documents/E2012INF6.pdf). Este estatus

65

MANUEL JOSÉ GARCÍA MARTÍNEZ

les permite acreditarse para la participación en conferencias internacionales en calidad de observadoras y en algunos procedimientos específicos ante el Consejo de Derechos Humanos Este es el mecanismo general de acceso con que cuenta la sociedad civil, y por medio de él los pueblos indígenas han podido hacer presencia en la ONU, pero como una concesión lejana al derecho a la autodeterminación, que es su aspiración.

La Resolución 1996/31 del Ecosoc establece los requerimientos para obtener el estatus consultivo, los derechos y obligaciones de las ONG, los procedimientos para retirarse o suspender el estatus consultivo.

FORO PERMANENTE SOBRE CUESTIONES INDÍGENAS DE LAS NACIONES UNIDAS

Mediante la Resolución 2000/22 del Ecosoc se creó este foro, que constituye uno de los avances más importantes para los pueblos indígenas en el ámbito internacional, y que establece un espacio de interlocución en el que los pueblos indígenas presentan sus opiniones como miembros de un órgano de la ONU. Su propósito es servir como asesor de todas las agencias y organismos de la ONU en cuestiones indígenas, y es el órgano más importante al que los pueblos indígenas tienen posibilidad de acceder.

Entre sus principales funciones se encuentran las siguientes:

• Examinar las cuestiones indígenas en el contexto de las atribuciones del Consejo relativas al desarrollo económico y social, la cultura, el medio ambiente, la educación, la salud y los derechos humanos.

• Prestar asesoría especializada y formular recomendaciones sobre las cuestiones indígenas al Consejo, así como a los programas, fondos y organismos de las Naciones Unidas.

• Difundir las actividades relacionadas con las cuestiones indígenas y promover su integración y coordinación dentro del sistema de la ONU. (https://www.un.org/development/desa/indigenous-peoples-es/sesiones-del-foro-permanente.html)

Participación indígena en el Foro

El Foro se encuentra conformado por dieciséis expertos independientes que actúan a título personal. Ocho de ellos son propuestos por los pueblos indígenas y ocho por los gobiernos. Los miembros de este foro son nombrados por periodos de tres años, reelegibles por el presidente del Consejo a partir de una serie de consultas con las organizaciones indígenas, en las que se tienen en cuenta los principios de transparencia, representatividad e igualdad de oportunidades para todos los pueblos indígenas. Para la elección de los miembros de los grupos indígenas se realizó una división entre siete regiones socioculturales que sirvieron de base para las consultas y la presentación de candidatos.

Los miembros presentados por los gobiernos se eligen de entre las cinco agrupaciones regionales de Estados que tiene en cuenta la Organización de las Naciones Unidas (África, Asia, Europa Oriental, América Latina y el Caribe, y Europa Occidental y otros Estados) y tres puestos están sujetos a rotación. Los miembros tienen un mandato de tres años y pueden ser reelegidos o nombrados para otro mandato (https://www.un.org/development/desa/indigenouspeoples/unpfii-sessions-2/current-members-of-the-permanent-forum-2014-2016.html).

En el Foro se permite, en calidad de observadoras, la participación de las organizaciones de pueblos indígenas inscritas, así como de los Estados, los órganos y organismos de la ONU, las organizaciones internacionales y ONG que tienen estatus consultivo ante el Ecosoc (http://social.un.org/index/indigenouses/Portada/SesionesUNPFII/Duod%C3%A9cimaSesion/

ComoParticipar.aspx). En este sentido, se aprecia una evolución en el sistema de las Naciones Unidas al consagrar un modelo de participación abierto, ya que se reconoce "el derecho de los pueblos indígenas a participar como representantes de los pueblos y organizaciones indígenas, y no únicamente como ONG" (García Alix y Borraz, 2006, p. 231).

La participación de las organizaciones en el Foro se regulan de acuerdo a la disponibilidad de tiempo en las sesiones (Asociación Latinoamericana para los Derechos Humanos, 2003, p. 19), donde anualmente participan alrededor de mil doscientas personas, de las cuales mil son indígenas, fuera de setenta Estados y más de treinta entidades internacionales (http://social. un.org/index/indigenouses/Portada/Nosotros.aspx).

En las reuniones del Foro Permanente se desarrolla el cónclave indígena, que funciona como un mecanismo de cooperación a través de regiones y agrupaciones. En reuniones anteriores, los cónclaves indígenas han presentado intervenciones conjuntas y han sometido recomendaciones a la consideración de los miembros del Foro Permanente (http://social.un.org/index/indigenouses/Portada/Nosotros.aspx).

La Asamblea General de la ONU, mediante la Resolución 56/140, del 19 de diciembre de 2001, estableció que el Fondo de Contribuciones Voluntarias para las Poblaciones Indígenas se ampliaría para prestar asistencia a los representantes de comunidades y organizaciones indígenas, para que pudieran participar como observadores en las sesiones del Foro (http://www.ohchr.org/SP/Issues/IPeoples/IPeoplesFund/Pages/Fondopoblacionesindigenas.aspx).

COMISIÓN DE LAS NACIONES UNIDAS SOBRE DESARROLLO SOSTENIBLE (CDS)

Este organismo es un foro de alto nivel sobre el desarrollo sostenible, creado mediante la Resolución 47/191 de la AG, en 1992, para asegurar el seguimiento eficaz a la Conferencia de las Naciones Unidas sobre el Medio Ambiente y el Desarrollo (CNUMAD) y para examinar y supervisar los progresos conseguidos en el ámbito nacional en la ejecución del "Programa 21", el "Programa de acción de Barbados para los pequeños Estados insulares en desarrollo" y el "Plan de aplicación de las decisiones de Johannesburgo sobre desarrollo sostenible", presentando informes al respecto (http://www.un.org/spanish/esa/desa/aboutus/dsd.html).

Participación en la CDS

La participación en las reuniones anuales de la CDS se puede realizar mediante la acreditación o de la participación por medio de una ONG. En 2012 y 2013, las discusiones de las CDS se centraron en los temas de bosques, biodiversidad, biotecnología, turismo y montañas (http://www.un.org/spanish/esa/desa/aboutus/dsd.html).

Los pueblos indígenas han criticado la situación general de tener que presentarse en determinadas situaciones como ONG y no como pueblos. Igualmente, en las reuniones la participación se ha visto limitada en cuanto a los tiempos para hablar, a la distribución de documentos, al relativo desconocimiento de la CDS por los indígenas y a las dificultades económicas de acceso. A partir de la CDS 5, de 1997, se empezó a apreciar una mejora en la participación indígena en cuanto al número de asistentes y a la incorporación de las opiniones de los indígenas (Alianza Internacional de los Pueblos Indígenas-Tribales de los Bosques Tropicales, 1997, pp. 24-28).

FORO DE LAS NACIONES UNIDAS SOBRE LOS BOSQUES

El tema de los bosques empezó a abordarse en el sistema de Naciones Unidas a raíz de las discusiones de la CNUMAD en torno a la "Declaración autorizada sin fuerza jurídica obligatoria de principios para un consenso mundial respecto de la ordenación, la conservación y el desarrollo sostenible de los bosques de todo tipo" y del capítulo 11 de la Agenda 21, "Combatiendo la deforestación".

Las discusiones en la materia continuaron posteriormente bajo la dirección de la CDS, al crear el Panel Intergubernamental de Bosques, para continuar el diálogo sobre una política intergubernamental enfocada en este tema, que funcionó entre los años 1995 y 1997. Una vez terminado el mandato del Panel Intergubernamental, se consideró pertinente continuar las discusiones sobre el tema mediante la creación del Foro Intergubernamental sobre los Bosques, con la intención de promocionar y facilitar la implementación de las propuestas de acción de dicho panel, y, además, de revisar, monitorear e informar del progreso en el manejo, la conservación y el desarrollo sostenible de todos los tipos de bosques, y de buscar arreglos internacionales y mecanismos para promover el manejo, la conservación y el desarrollo sostenible de todos los tipos de bosques (http://www.un.org/spanish/esa/sustdev/forests.htm).

Continuando con el desarrollo del tema, el Ecosoc, mediante la Resolución E/2000/35, determinó crear un foro de las Naciones Unidas sobre los bosques como órgano subsidiario del Ecosoc.

Participación de los pueblos indígenas

Los pueblos y organizaciones indígenas acreditados ante el Ecosoc y la CSD pueden participar en las reuniones del Foro. La Resolución E/2000/35 del Ecosoc regula el marco de participación, para lo cual establece una serie de nueve "grupos mayores", entre los que se tiene en cuenta a los pueblos indígenas.

En el Foro se ha planteado un diálogo entre múltiples interesados, en el que han participado los pueblos indígenas, que han expresado ante el Foro su punto de vista sobre la dimensión social de la ordenación sostenible de los bosques y el papel de estos para reducir la pobreza y mejorar los medios de subsistencia ("Documento de debate presentado por los grupos principales", 25 de octubre de 2010 E/CN.18/2011/9/Add.1).

ASAMBLEA GENERAL DE LA ONU

La Asamblea General es el principal órgano deliberativo de la ONU, al que pueden acceder los 193 miembros que la conforman. Los pueblos indígenas no pueden acudir directamente a esta instancia, pero la Asamblea ha creado diversas instancias a las que los pueblos indígenas pueden tener acceso limitado.

Consejo de Derechos Humanos de la ONU

Este órgano fue creado por resolución de la Asamblea General reemplazó a la Comisión de Derechos Humanos de la ONU en 2006, y tiene como objetivos el fortalecimiento de la promoción y la protección de los derechos humanos en el mundo.

La labor del Consejo se centra en las situaciones en que se violan de manera grave y sistemática los derechos humanos, en hacer recomendaciones sobre estas situaciones, y en promocionar la coordinación y la incorporación de los derechos humanos en la actividad general del Sistema de las Naciones Unidas (Resolución 60/251 de la Asamblea General de la ONU, 15 de marzo de 2006).

En el "paquete de construcción institucional" que se planteó en el primer año de su creación, se mantuvieron algunos procedimientos especiales de la antigua Comisión y se crearon nuevos instrumentos, como el "Examen periódico universal", por medio del cual se revisa la situación de los derechos humanos en los 193 Estados miembros de la ONU, y un comité asesor de tipo técnico y el mecanismo de método de denuncias permiten que individuos y organizaciones presenten ante el Consejo denuncias sobre violaciones de los derechos humanos (http://www.ohchr.org/EN/HRBodies/UPR/Pages/UPRMain.aspx)

Los pueblos indígenas pueden acceder a los siguientes procedimientos del Consejo:

Examen periódico universal

El examen fue reglamentado por la Resolución 5/1, del 18 de junio de 2007, que versa sobre la "Construcción institucional del Consejo de Derechos Humanos", en donde se plantea que el Consejo es un mecanismo cooperativo basado en información objetiva y fidedigna sobre el cumplimiento de cada Estado de sus obligaciones y compromisos en materia de derechos humanos.

De acuerdo con la Resolución, los objetivos del examen, que se realiza cada cuatro años, serán el mejoramiento de los compromisos adquiridos y de la situación de los derechos humanos, así como el fortalecimiento de la cooperación para promover y proteger los mismos.

Procedimiento del examen periódico universal

El primer paso para realizar el examen consiste en presentar de manera previa una serie de informes:

• El primero corresponde al Estado examinado, que podrá presentar la información de manera verbal o escrita.

• Una breve compilación de documentación del sistema de derechos humanos de la ONU, en la que se deben tener en cuenta los informes relevantes de los órganos de tratado y los relatores especiales.

• Un resumen de información adicional aportada por otros actores interesados, incluyendo ONG e instituciones nacionales de derechos humanos (http://ap.ohchr.org/documents/S/HRC/decisions/A_HRC_DEC_6_102.pdf)

Los pueblos indígenas no pueden participar directamente en el proceso; sin embargo, por intermedio de organizaciones que tengan estatus consultivo ante el Ecosoc tienen la oportunidad de presentar informes que pueden hacer parte del resumen del alto comisionado, que sirve de base para el estudio que se realiza en el examen.

Estos informes deben presentarse ante el Consejo de Derechos Humanos para que este organice las sesiones del grupo de trabajo. En el Consejo se nombran tres relatores (troika), procedentes de diferentes grupos regionales, para facilitar el examen. Dichos relatores tienen el apoyo de la Oficina del Alto Comisionado de las Naciones Unidas para los Derechos Humanos.

En el grupo de trabajo se realiza el diálogo interactivo entre el país examinado y el Consejo. Allí los relatores podrán compilar las cuestiones o preguntas que habrán de transmitirse al Estado examinado para facilitar su preparación.

Otros actores interesados pertinentes podrán asistir al examen en el grupo de trabajo, en el que participan las organizaciones con estatus consultivo ante el Ecosoc.

Sin embargo su alcance es limitado ya que este proceso se ve limitado a que algún país miembro del Consejo incluya en el diálogo alguna pregunta o sugerencia realizada por una organización que tenga estatus consultivo y que pueda conducir a la discusión del tema en la reunión y a una eventual recomendación dirigida al Estado concernido.

Mandatos especiales y mecanismos del Consejo de Derechos Humanos

Entre los mandatos se encuentran los procedimientos especiales retomados por el Consejo de Derechos Humanos de la antigua Comisión de Derechos Humanos, y son aquellos que pueden estar integrados por una persona denominada *relator especial*, *representante especial del secretario general*, *representante del secretario general* o *experto independiente*, o por un grupo de trabajo compuesto por lo general por cinco miembros. El carácter independiente de los titulares de mandatos es fundamental para desempeñar sus funciones con total imparcialidad. La definición del contenido de los mandatos de los procedimientos especiales varía en cada caso, dependiendo de la respectiva resolución que los ha creado (http://www.ohchr.org/EN/HRBodies/SP/Pages/Welcomepage.aspx).

Relator especial sobre la situación de los derechos humanos y las libertades fundamentales de los indígenas

Para atender el tema indígena, la antigua Comisión de derechos Humanos había creado en el año 2001 la figura del *relator especial sobre la situación de los derechos humanos y las libertades fundamentales de los indígenas*, quien cumple sus funciones a título personal y no recibe ningún salario o retribución financiera por su labor.

Entre las principales funciones del relator especial se encuentran, entre otras, examinar las formas de superar los obstáculos existentes, lograr la plena y eficaz protección de los derechos humanos y libertades fundamentales de los indígenas, así como trabajar en cooperación con otros organismos de Naciones Unidas que traten temas relacionados con los pueblos indígenas. (http://www.ohchr.org/EN/Issues/IPeoples/SRIndigenousPeoples/Pages/Mandate.aspx). Para conocer mejor la situación de los pueblos indígenas en el mundo, el relator especial ha venido realizando visitas a diferentes países para recibir información directamente de los pueblos indígenas. Esta iniciativa facilita el diálogo directo entre los pueblos indígenas y el relator, quien ha podido documentar los problemas de los indígenas, que consigna en sus informes y recomendaciones con el objeto de buscar medidas de protección de los derechos de los indígenas (García Alix y Borraz, 2006, p. 234).

MECANISMO DE EXPERTOS SOBRE LOS DERECHOS DE LOS PUEBLOS INDÍGENAS

Este es un nuevo mecanismo sobre los derechos de los pueblos indígenas, que reemplaza al Grupo de Trabajo sobre los Pueblos Indígenas como organismo encargado de proporcionar al Consejo los conocimientos temáticos especializados sobre los derechos humanos de los pueblos indígenas (http://www. ohchr.org/SP/Issues/IPeoples/EMRIP/Pages/EMRIPIndex.aspx).

Entre sus actividades figuran la de efectuar estudios y brindar asesoría basada en la investigación, así como hacer propuestas al Consejo sobre temas que este le plantee para que el Consejo examine y apruebe dichas propuestas (Resolución 6/36 Consejo de Derechos Humanos. Doc A/HRC/RES/6/36).

Participación indígena en el Mecanismo

En el proceso de selección y nombramiento de los miembros, el Consejo tendrá en cuenta las candidaturas de expertos de origen indígena. La Resolución 6/36, en su numeral 9, establece que la reunión del Mecanismo de Expertos sobre los Derechos de los Pueblos Indígenas estará abierta a su participación, en calidad de observadores, mediante un procedimiento de acreditación abierto y transparente, de conformidad con el reglamento del Consejo de Derechos Humanos.

En este mecanismo se amplía la participación indígena, ya que las reuniones admiten, en calidad de observadores, a representantes de organizaciones de pueblos indígenas y de ONG, a las que no se les exige estatus consultivo en el Ecosoc y a beneficiarios del Fondo de Contribuciones Voluntarias de las Naciones Unidas para los pueblos indígenas (http://www. ohchr.org/SP/Issues/IPeoples/EMRIP/Pages/Accreditation.aspx).

COOPERACIÓN INSTITUCIONALIZADA EN LA ONU: ORGANISMOS ESPECIALIZADOS DE LAS NACIONES UNIDAS

En la estructura de la ONU existe una serie de organismos especializados que tienen un funcionamiento autónomo y que abarcan diversos temas. Entre las organizaciones que han tratado el tema indígena cabe resaltar a la Organización de las Naciones Unidas para la Alimentación y la Agricultura (FAO), el Fondo Internacional de Desarrollo Agrícola (FIDA), la Organización Internacional del Trabajo (OIT), la Organización de las Naciones Unidas para la Educación, la Ciencia y la Cultura (Unesco), la Organización Mundial de la Salud (OMS), la Organización Mundial de la Propiedad Intelectual (OMPI), y el Grupo del Banco Mundial. Sin embargo, en varios de estos organismos, aun cuando tratan el indígena, el acceso al proceso de toma de decisiones no está implementado. A continuación se expondrá el caso de la OMPI y del Grupo del Banco Mundial, donde los pueblos indígenas han tenido algún nivel de acceso.

ORGANIZACIÓN MUNDIAL DE LA PROPIEDAD INTELECTUAL (OMPI)

Este organismo especializado de la ONU fue creado en 1967 con sede en Ginebra, Suiza. Su objetivo principal es la promoción de la protección de la propiedad intelectual en todo el mundo, mediante la cooperación con los Estados y organizaciones internacionales.

En el tema indígena, la protección de la propiedad intelectual incluye hoy en día el conocimiento, informaciones, prácticas, creencias e ideas filosóficas que caracterizan a cada cultura indígena, que se transmiten de una generación a otra dentro de la misma comunidad y que hacen parte de su identidad cultural y espiritual (http://www.wipo.int/tk/es/).

Comité Intergubernamental sobre Propiedad Intelectual y Recursos Genéticos, Conocimientos Tradicionales y Folclore

La Asamblea General de la OMPI creó este comité con el objeto de discutir temas relacionados con la propiedad intelectual en los que se incluye el acceso a los recursos genéticos (http://www.wipo.int/tk/es/genetic/) y el aprovechamiento compartido de los beneficios, la protección de los conocimientos tradicionales y la protección de las expresiones del folclor (http://www.wipo.int/tk/es/folklore) tales como la música, la danza, el arte, los símbolos, las interpretaciones, las ceremonias, las formas arquitectónicas, los objetos de artesanía y las narraciones u otras expresiones artísticas o culturales, entre otras.

Igualmente, se ha pronunciado sobre el consentimiento libre, previo e informado aplicable a esos temas, como conocimientos tradicionales y expresiones culturales tradicionales al señalar que

2. El principio del "consentimiento libre, previo e informado (o fundamentado)" ha sido un tema central en el debate político sobre la protección de los conocimientos y las expresiones culturales tradicionales en la OMPI desde que esta inició su labor en el área, y es el planteamiento que con mayor apoyo cuenta en los debates celebrados en el seno del Comité Intergubernamental sobre Propiedad Intelectual y Recursos Genéticos, Conocimientos Tradicionales y Folclore de la Organización. Así por ejemplo, muchas leyes, medidas y regímenes de protección nacionales y regionales sui géneris ya incorporan el principio del consentimiento libre, previo e informado. Además, los derechos de propiedad intelectual que ya existen pueden servir de fundamento jurídico para el ejercicio (o la negación) del principio del consentimiento libre, previo e informado.

3. Este principio de consentimiento libre, previo e informado puede suponer, por ejemplo, que los conocimientos tradicionales y expresiones culturales tradicionales de un pueblo indígena, así

como los productos derivados de tales conocimientos y expresiones, no puedan ser accedidos, fijados, adaptados, utilizados o comercializados sin el consentimiento informado previo del pueblo o comunidad que corresponda. Tal como algunos proponen, podría dar lugar a un mecanismo jurídico y práctico para negociar "condiciones mutuamente convenidas" a la hora de fundamentar acuerdos de participación en los beneficios en el punto de acceso a los conocimientos tradicionales y a las expresiones culturales tradicionales.

("Taller internacional sobre metodologías referentes al consentimiento libre, previo e informado de los pueblos indígenas", 17 a 19 de enero de 2005. Nota de información preparada por la Secretaría de la Organización Mundial de la Propiedad Intelectual [OMPI], 10 de enero de 2005)

Participación indígena en la OMPI

Se permite la participación de los pueblos indígenas como observadores en las reuniones del Comité Intergubernamental, siempre y cuando lo aprueben los Estados miembros. En este sentido, algunos Estados miembros han abogado por la participación directa de los representantes de los pueblos indígenas. y las comunidades locales (http://www.wipo.int/tk/es/igc/).

Con el objeto de promover los temas indígenas, en esta organización se han creado algunas facilidades económicas para permitir el acceso indígena, como el Fondo de Contribuciones Voluntarias y la Beca de Investigación en Cuestiones Indígenas Relacionadas con el Derecho de la Propiedad Intelectual (http://www.wipo.int/tk/es/igc/).

GRUPO BANCO MUNDIAL (BM)

Este organismo fue creado en 1944 y de él hacen parte 186 países miembros. Entre sus funciones se encuentran las de ofrecer a los países en desarrollo préstamos con bajas tasas de interés, créditos sin intereses y donaciones para temas relacionados con inversiones en educación, salud, administración pública, infraestructura, desarrollo del sector financiero y el sector privado, agricultura y gestión ambiental y de los recursos naturales. El Grupo de Banco Mundial está formado por dos instituciones principales que son Banco Internacional de Reconstrucción y Fomento (BIRF), que desarrolla actividades en los países de ingreso mediano y en los países pobres que tienen capacidad crediticia, y la Asociación Internacional de Fomento (AIF), que ayuda a los países más pobres del mundo.

Los pueblos indígenas y la participación en los programas del BM

A partir de la década de los ochenta el BM empezó a tratar de incluir a las poblaciones indígenas en sus manuales de operación para empezar a permitir la participación indígena (http://web. worldbank.org/WBSITE/EXTERNAL/TOPICS/EXTSOCIALDEVELO-PMENT/EXTINDPEOPLE/0,,menuPK:407808~pagePK:149018~p iPK:149093~theSitePK:407802,00.html).

En la duodécima reunión del Foro Permanente de Cuestiones Indígenas, celebrada en 2013, el BM planteó el inicio de un diálogo ampliado con los pueblos indígenas para actualizar la "Política operacional OP 4.10" de 2005.

En el proceso, el Banco consideró incorporar los preceptos establecidos por el Convenio n.° 169 de la OIT, la Declaración de Naciones Unidas sobre los Derechos de los Pueblos Indígenas y nociones como el consentimiento libre, previo e informado (http://www.worldbank.org/en/news/feature/2013/07/09/ stronger_engagement_with_indigenous_peoples).

79

COOPERACIÓN INSTITUCIONALIZADA EN LA ONU:
MECANISMOS DE PARTICIPACIÓN CONTENCIOSA
EN LA ONU

*PROCEDIMIENTOS CONTENCIOSOS RELATIVOS A LOS
CONVENIOS DE LA ORGANIZACIÓN INTERNACIONAL
DEL TRABAJO (OIT)*

La OIT es un organismo internacional creado en 1919, y fue la
primera organización en volverse organismo especializado del
sistema de la ONU, en 1946. Está constituida como una agencia
tripartita del sistema multilateral, y busca generar trabajo decente
y medios de sustento, seguridad laboral y mejores condiciones
de vida para las personas de todas las regiones.

Entre sus objetivos principales se encuentran la promoción
de las normas, principios y derechos fundamentales del trabajo,
generar mayores oportunidades laborales para los hombres y las
mujeres, mejorar la cobertura de la seguridad social y fortalecer
el tripartismo y el diálogo social (http://www.ilo.org/global/
about-the-ilo/mission-and-objectives/lang--es/index.htm).

La OIT ha creado dos convenios encaminados a la protec-
ción de los pueblos indígenas: el Convenio n.° 107, sobre la
Integración y Protección de Poblaciones Indígenas, Tribales y
Semitribales en Países Independientes, del 26 de junio de 1957,
y el Convenio n.° 169, sobre Pueblos Indígenas y Tribales en
Países Independientes, del 27 de junio de 1989.

La OIT contempla dos mecanismos para proteger los Convenios realizados por la Organización, de acuerdo a lo establecido
en los artículos 24 y 26 de la Constitución de la OIT, mecanismos que pueden ser utilizados en asuntos relacionados con los
pueblos indígenas y el Convenio n.° 169.

El artículo 24 permite que alguna organización profesional de
empleadores o de trabajadores presente reclamaciones dirigidas
a la Oficina Internacional del Trabajo en las que se alegue que
cualquiera de los Estados miembros no ha adoptado medidas

para dar cumplimiento satisfactorio, en su jurisdicción, a un convenio de la OIT.

Para investigar la situación, de acuerdo a lo establecido en el Reglamento relativo al procedimiento para la discusión de reclamaciones, se nombra un comité que examinará el asunto, y que estará compuesto por miembros del Consejo de Administración escogidos en igual número del seno del Grupo Gubernamental, del Grupo de los Empleadores y del Grupo de los Trabajadores. De este comité no podrá formar parte ningún representante nacional del Estado contra el cual se haya presentado la reclamación, ni ninguna persona que ocupe un cargo oficial en la organización de empleadores o de trabajadores que la haya presentado.

De acuerdo con el artículo 6 del Reglamento, en el momento de finalizar el examen de fondo sobre la reclamación se presentará un informe al Consejo de Administración, en el que se explicarán las medidas adoptadas para examinar la reclamación, así como las conclusiones y recomendaciones sobre la decisión que habrá de tomar el Consejo de Administración.

En el procedimiento establecido por este artículo, los pueblos indígenas no pueden acudir directamente a la OIT, pero en el caso del artículo 24 lo pueden hacer por intermedio de la organización profesional de empleadores o de trabajadores. Aun cuando estos mecanismos han sido poco utilizados,

Los casos del artículo 24 relacionados con el Convenio 169 fueron iniciados por reclamaciones presentadas por sindicatos de trabajadores, lo que muestra la facilidad con la que los sindicatos pueden representar los intereses de los pueblos indígenas, dados los solapamientos demográficos y las alianzas políticas tradicionalmente existentes entre el sector sindical e indígena. (Anaya, 2005, pp. 325-326)

En lo que respecta a la situación colombiana, se encuentran dos casos en los que organizaciones sindicales han utilizado el mecanismo del artículo 24 para buscar la protección de los pueblos indígenas: el primero presentado por la Central Unitaria de Trabadores (CUT) (Doc OIT GB 282/14/3, noviembre de 2001), y el segundo presentado también por la CUT y la Asociación Médica Sindical Colombiana (Asmedas) (Doc. OITGB.282/14/4, noviembre de 2001), por considerar que el Estado colombiano estaba violando el Convenio n.° 169 en cuanto al tema de la consulta previa regulada en el Decreto 1320 del año 1998, "por el cual se reglamenta la consulta previa con las comunidades indígenas y negras para la explotación de los recursos naturales dentro de su territorio". En su análisis, el Comité consideró que el Decreto 1320 contradice los artículos 2, 6, 7 y 15 del Convenio n.° 169, y por lo tanto le recomendó al Consejo de Administración que le pidiera al Gobierno que modifique el Decreto para que armonice con el Convenio n.° 169.

COMITÉS CONVENCIONALES DE PROTECCIÓN DE LOS DERECHOS HUMANOS

No se han acordado tratados internacionales que expresamente aborden la protección a los pueblos indígenas, pero existen algunos tratados relevantes para estos, como el Pacto Internacional de Derechos Civiles y Políticos y la Convención para la Eliminación de la Discriminación Racial, los cuales prevén la creación de comités encargados de vigilar su cumplimiento por los Estados.[5]

Además, algunos de estos tratados les confieren a los particulares la posibilidad, ya sea por medio de una cláusula facultativa

---

[5] Los tratados que prevén comités convencionales son el Pacto Internacional de Derechos Económicos, Sociales y Culturales, la Convención sobre la Eliminación de las Formas de Discriminación sobre la Mujer, la Convención sobre la Tortura y otros Tratos o Penas Crueles e Inhumanos, la Convención Internacional sobre la Protección de los Derechos de Todos los Trabajadores Migrantes y de sus Familiares, la Convención sobre los Derechos del Niño y la Convención para las Personas con Discapacidad.

del tratado o de un protocolo facultativo, de que interpongan quejas individuales ante el comité respectivo por violaciones al tratado que los protege. El más importante es el Comité de Derechos Humanos, un órgano de expertos independientes de la ONU encargado de supervisar la aplicación del Pacto Internacional de Derechos Civiles y Políticos por sus Estados partes, y que tiene su sede en la ciudad de Ginebra, en Suiza.

Entre los requisitos de admisibilidad, el Comité debe determinar su competencia para decidir sobre el asunto. Esta se basa en cuatro criterios:

• Los hechos denunciados deben haber sucedido en el respectivo Estado miembro después de que el Protocolo Facultativo hubiera entrado en vigor allí.

• El demandante debe ser la víctima de la violación o su representante legal.

• Los hechos deben haber ocurrido en un lugar que esté bajo la jurisdicción del Estado denunciado.

• Los hechos deben implicar una violación a alguna norma del Pacto Internacional de Derechos Civiles y Políticos (Villán Durán, 2002, pp. 471-473).

Además, las comunicaciones deben reunir otros requisitos, entre los que cabe señalar que estén presentadas por escrito (no existe fase oral), que el asunto no esté sometido a otro procedimiento de examen o arreglo internacionales (por ejemplo, un sistema regional de protección de los derechos humanos), y que el individuo haya agotado previamente todos los recursos de la jurisdicción interna (artículo 5 del Protocolo Facultativo del Pacto Internacional de Derechos Civiles y Políticos).

Una vez se realice el análisis sobre la admisibilidad, el Comité pasa a determinar los hechos, para lo que recibirá comentarios del Estado y de la víctima, emitirá una opinión sobre el fondo del asunto, que terminará con un dictamen de naturaleza confidencial para las partes, sobre si se considera o no que existe alguna violación al pacto. En la última fase se realiza la publicación y el seguimiento del dictamen realizado por el Comité (Villán Durán, 2002, pp. 472-480).

La labor de los comités ha tenido muchas limitaciones, y el alcance de sus decisiones es más bien restringido, ya que no profiere sentencias, como hacen algunos mecanismos de protección regionales de los DD. HH., como el Sistema Interamericano, y se encuentran algunos derechos, como el del medio ambiente o el de propiedad, que no son reconocidos por el Pacto Internacional de Derechos Civiles y Políticos (Berraondo López, 2005, p. 80).

En todo caso, el Comité ha hecho algunos pronunciamientos en los que se ha referido respecto a la vulneración de derechos de algunos miembros de etnias indígenas (Comité de Derechos Humanos [2001], Anni Äärelä y Jouni Näkkäläjärvi c. Finlandia, U. N. Doc. CCPR/C/73/D/779/1997. Comité de Derechos Humanos [1994], Länsmann y otros c. Finlandia, U. N. Doc. CCPR/C/52/D/511/1992; Comité de Derechos Humanos [2000], Apirana Mahuika y otros c. Nueva Zelanda, U. N. Doc. CCPR/C/70/D/547/1993).

COOPERACIÓN INORGÁNICA: PARTICIPACIÓN
EN CONFERENCIAS Y REUNIONES MULTILATERALES
ORGANIZADAS POR LA ONU

Un último punto que debe estudiarse es la evolución de la cooperación internacional por medio de los mecanismos de cooperación inorgánica realizada en las conferencias internacionales y en los tratados internacionales, en donde los principales actores siempre han sido los Estados. Recientemente, estos han empezado, con lentitud, a abrir estas discusiones a la participación de la sociedad civil, y allí los pueblos indígenas han encontrado un espacio bastante limitado para ingresar a las discusiones internacionales. A continuación se estudiarán algunas conferencias realizadas en el seno de la ONU.

CONFERENCIA DE LAS NACIONES UNIDAS SOBRE EL MEDIO AMBIENTE Y EL DESARROLLO (CNUMAD)

Esta conferencia, celebrada en Río de Janeiro, Brasil, entre el 3 y el 14 junio de 1992, vincula el desarrollo económico y social a la protección del medio ambiente y aprueba el Programa 21, los principios de la Declaración de Río sobre Medio Ambiente y Desarrollo, y la Convención sobre la Diversidad Biológica, entre los instrumentos más relevantes.

Declaración de las Naciones Unidas sobre el Medio Ambiente y el Desarrollo

Esta declaración (no es un tratado, y por tanto no tiene carácter vinculante) se realizó en la Conferencia de las Naciones Unidas sobre el Ambiente y el Desarrollo, entre el 3 y el 14 de junio de 1992. En esta los países participantes acordaron adoptar un enfoque de desarrollo que protegiera el medio ambiente, mientras se aseguraba el desarrollo económico y social. Igualmente, en la Cumbre de Río se aprobaron, además, el Programa 21, la Declaración de Principios sobre los Bosques y las convenciones sobre el Cambio Climático y la Diversidad Biológica.

En la declaración se incluyen principios como el número 10, en los que se tuvo en cuenta los derechos de los grupos indígenas, y que se refieren al reconocimiento de los conocimientos y prácticas tradicionales y a la participación en materia ambiental.

A pesar de que no tiene un carácter vinculante, este principio hace un aporte al tema de la participación en asuntos ambientales, en la medida que establece una serie de parámetros que los Estados deben garantizar a los individuos en los procesos de toma de decisiones, de acceso a la información en materia ambiental (Sands, 2003, p. 118). Este principio sirvió de inspiración para la Convención de Aarus de 1998 sobre el acceso a la información, la participación del público en la toma de decisiones y el acceso a la justicia en asuntos ambientales.

Programa 21

Es un plan de acción acordado en la CNUMAD, conferencia instaurada como un programa de las Naciones Unidas para promover el desarrollo sostenible, y que consagra acciones en diferentes frentes y áreas de trabajo para mejorar el medio ambiente y favorecer el desarrollo sostenible. En ella se incorporan pautas de acción detalladas que deben ser acometidas a escala mundial, nacional y local por entidades de la ONU, los gobiernos de sus Estados miembros y por particulares en aquellas áreas en las que ocurren impactos humanos sobre el medio ambiente.

El Programa se divide en cuatro secciones y cuarenta capítulos. Entre los principales temas que se estudian para la promoción del desarrollo sostenible se encuentran la lucha contra la contaminación de la atmósfera, el aire y el agua, la lucha contra la deforestación; la desertificación y la pérdida de terrenos agrícolas, el combate contra la reducción de las poblaciones de peces y la promoción del manejo seguro de los desechos sólidos (http://www.un.org/spanish/esa/sustdev/agenda21/agenda21toc.htm).

Igualmente, en el capítulo 23 del Programa se plantea el compromiso que debe existir entre todos los grupos sociales para implementar los objetivos, políticas y mecanismos en el campo del medio ambiente y del desarrollo, donde se incluyen distintas categorías de actores sociales, como grupos principales o grupos mayores. Los pueblos indígenas fueron incluidos entre estos grupos.

Entre los grupos principales se encuentran los granjeros, las mujeres, la comunidad científica y tecnológica, los niños y la juventud, las poblaciones indígenas (no se habla de *pueblos*) y sus comunidades, los sindicatos de trabajadores y de comercio, los negocios e industria, las organizaciones no gubernamentales y las autoridades locales (http://www.pnuma.org/sociedad_civil/grupos_principales.php).

Participación indígena durante la CNUMAD

La participación de los pueblos indígenas en estas reuniones fue limitada, pues su participación estaba condicionada a la acreditación especial ante la ONU o a actuar por medio de alguna ONG, por lo que la asistencia de los indígenas fue bastante reducida. Paralelamente, los pueblos indígenas realizaron la cumbre de Kari-Oca, donde se produjo una declaración de 109 artículos que incluyen temas como la conservación de la biodiversidad, derechos humanos, tierras, territorios, desarrollo y contaminación. Un representante de los indígenas habló ante la conferencia de la CNUMAD sobre los derechos inalienables de los pueblos indígenas. Sin embargo, el resultado de la Declaración y el Programa 21 fue pobre para los indígenas, ya que se sintieron más como observadores que como participantes (Alianza Internacional de los Pueblos Indígenas-Tribales de los Bosques Tropicales, 1997, pp. 18-19).

CUMBRE MUNDIAL SOBRE DESARROLLO SOSTENIBLE

Diez años después del proceso iniciado en Río de Janeiro, la Asamblea General de la ONU decidió realizar un examen de los progresos alcanzados hasta ese momento. Para ello, mediante la Resolución 55/199 de 2001 determinó organizar la Cumbre Mundial sobre Desarrollo Sostenible, que se llevaría a cabo en Johannesburgo en 2002.

En esa cumbre ya se incluyeron los grupos principales establecidos en el Programa 21, entre los cuales estaban presentes los pueblos indígenas, a los cuales se les permitió acreditarse como ONG ante la Comisión sobre el Desarrollo Sostenible, para participar desde las etapas del proceso preparatorio previo a la Cumbre. En la Decisión 2001/PC/3, la Comisión sobre el Desarrollo Sostenible definió los criterios de participación de los distintos tipos de organizaciones en la Cumbre.

Uno de los aspectos positivos de la participación indígena en la cumbre fue la incorporación de la importancia "de los pueblos indígenas en el desarrollo sostenible ". En la Declaración de Johannesburgo, específicamente en el párrafo 25, por primera vez en una cumbre de alto nivel de la ONU se utilizó el término *pueblos indígenas*. Este antecedente abrió las puertas para que se utilizara la expresión *pueblos indígenas* en la Declaración de las Naciones Unidas sobre los Derechos de los Pueblos Indígenas, que fue aprobada años más tarde por la AG de la ONU, en 2007.

CONFERENCIA DE LAS NACIONES UNIDAS SOBRE EL DESARROLLO SOSTENIBLE (CSD)

Siguiendo el avance de la ejecución del Programa 21 y del Plan de Aplicación de las Decisiones de Johannesburgo, la AG de la ONU, en su Resolución 64/236, decidió organizar una Conferencia de las Naciones Unidas sobre el Desarrollo Sostenible, 2012 en Río de Janeiro, Brasil, veinte años después de la Conferencia de 1992, por lo que también se la conoce con el nombre de Río + 20. Entre los principales objetivos que se plantearon en esta conferencia estuvo el desarrollo de la economía ecológica (*green economy*) en el contexto del desarrollo sostenible, y la erradicación de la pobreza en el marco institucional para el desarrollo sostenible (https://sustainabledevelopment.un.org/rio20).

DECLARACIÓN DE LAS NACIONES UNIDAS SOBRE LOS DERECHOS DE LOS PUEBLOS INDÍGENAS

La AG aprobó la Declaración el 13 de septiembre de 2007 con el voto de 143 países. Dicha declaración establece un marco universal de estándares mínimos para la dignidad, el bienestar y los derechos de los pueblos indígenas del mundo.

La Declaración incorpora, entre otros temas, los derechos individuales y colectivos, incluidos aspectos referentes a la identidad cultural, la educación, el empleo y el idioma. También condena la discriminación contra los pueblos indígenas y promueve su plena y efectiva participación en todos los asuntos que les atañen. De igual manera, garantiza el derecho a la diferencia y al logro de sus propias prioridades en cuanto al desarrollo económico, social y cultural. La Declaración estimula explícitamente las relaciones de cooperación entre los Estados y los pueblos indígenas (http://www.ohchr.org/SP/Issues/IPeoples/Pages/Declaration.aspx).

Participación de los pueblos indígenas en la Declaración

Esta declaración surgió de un estudio realizado por el Grupo de Trabajo sobre Poblaciones Indígenas, adoptado en 1994 por la Subcomisión sobre la Prevención y Discriminación de las Minorías, de la ONU, y que sería retomado más adelante por la hoy desaparecida Comisión de Derechos Humanos de la ONU, mediante la creación de un grupo de trabajo abierto (Resolución1995/32 del 3 de marzo de 1995 de la Comisión de Derechos Humanos y Resolución 1995/32 del Ecosoc), que se denominó Grupo de Trabajo para la Declaración de los Derechos de los Pueblos Indígenas. El mandato de este organismo se circunscribió a la duración del primer decenio de las poblaciones indígenas entre los años 1995 y 2005, y tuvo que ser ampliado un año más debido a la falta de consenso sobre su contenido.

Una de las principales aspiraciones de los pueblos indígenas era que se les permitiera participar en las reuniones del Grupo de Trabajo, independientemente de que el Ecosoc les reconociera el estatus consultivo. La Comisión reconoció este anhelo al establecer un procedimiento especial, que les permitió una participación plena, como sujetos de la negociación de la Declaración, a diferencia de lo que ocurría en los procedimientos tradicionales del sistema, donde su participación se aceptaba en calidad de observadores (García Alix y Borraz, 2006, pp. 226-230).

Las discusiones entre los pueblos indígenas y los Estados fueron complicadas debido a la falta de voluntad política de los Estados y a las dificultades internas por las que pasaba el movimiento indígena (García Alix y Borraz, 2006, pp. 226-230). El consenso final sobre el contenido de la Declaración se logró después de un arduo trabajo que finalizó una vez se produjo el cambio institucional de la Comisión al Consejo de Derechos Humanos de la ONU.

CONVENIO SOBRE LA DIVERSIDAD BIOLÓGICA (CDB)

Este tratado internacional promueve la cooperación internacional para gestionar, conservar e impulsar la utilización sostenible de los recursos biológicos del mundo. Sus objetivos fundamentales están definidos en el artículo 1 de la Convención, y son la conservación de la diversidad biológica, la utilización sostenible de sus componentes y la participación justa y equitativa en los beneficios que se deriven de la utilización de los recursos genéticos, teniendo en cuenta el acceso a los recursos y la transferencia de tecnología.

Igualmente, de acuerdo con este artículo del Convenio, las partes deben realizar programas para conservar y garantizar la utilización sostenible de la diversidad biológica asociada a las vías acuáticas internas, las zonas marinas y costeras, los bosques, los ecosistemas terrestres secos y las tierras agrícolas que son vitales para el bienestar humano y el medio ambiente mundial.

El tema indígena tiene una especial importancia en este convenio, como se puede observar en los artículos 8 j), 10 c), 17.2 y 18.4, que hacen referencia a los pueblos indígenas y a su relación con la protección de la biodiversidad.

Asimismo, el Convenio ha sido ampliado con la realización de dos protocolos: el Protocolo de Cartagena sobre Seguridad de la Biotecnología, del Convenio sobre la Diversidad Biológica, del

29 de enero de 2000, y el Protocolo de Nagoya sobre Acceso a los Recursos Genéticos y Participación Justa y Equitativa en los Beneficios que se Deriven de su Utilización y Acontecimientos Conexos, del 29 de octubre de 2010.

Participación indígena en la CDB

La CP establece periódicamente grupos de expertos a partir de listas existentes, con el objeto de facilitar la aplicación del Tratado. Los pueblos indígenas, como no pueden participar directamente, solo tienen la opción de contactarse con los gobiernos para conseguir que se designe a expertos indígenas para que sean incluidos en los grupos y listas (Alianza Internacional de los Pueblos Indígenas-Tribales de los Bosques Tropicales, 1997, p. 39).

A partir de la CP 3, celebrada en Buenos Aires, Argentina, los pueblos indígenas han decidido participar más de cerca en el desarrollo del CBD, debido a la incorporación del artículo 8 j), por lo que se convocan a una serie de reuniones preparatorias por intermedio del Foro Internacional Indígena sobre Biodiversidad (FIIB) (García Alix y Borraz, 2006, p. 238). Este foro ha contribuido a presionar para que temas de interés para los indígenas se discutan en las CP (Noguerol Álvarez, 2004, p. 210). Como se aprecia desde el artículo 8 j), la expresión utilizada para referirse a los pueblos indígenas en la CBD es el de *comunidades indígenas*.

En el año 2000 se produjo un cambio en el procedimiento implementado en las CP: desde entonces se reúne cada dos años. Hasta 2011 se habían realizado diez reuniones ordinarias y una extraordinaria. La décima reunión de la CP se llevó a cabo en Nagoya, Japón, entre el 18 y el 29 octubre de 2010, y la CP 11 se celebró en la India, en octubre de 2012 (http://www.cbd. int/cop/).

Desde la CP 5, efectuada en el año 2000, se ha planteado el interés de fortalecer la capacidad de los pueblos indígenas[6] para garantizar su participación efectiva, y la de las mujeres, en los procesos que adelanten ante la CBD. Además, se creó el Fondo Fiduciario Voluntario, para facilitar la participación de las comunidades indígenas y locales en la labor del Convenio (http://www.cbd.int/decision/cop/?id=11017).

En las últimas reuniones se manifiesta la intención de continuar estos procesos, y se observan avances en acceso a la información gracias al desarrollo de mecanismos electrónicos de información sobre el artículo 8 j) y en el tema de los conocimientos tradicionales y participación indígena en la CBD. Igualmente, en el Tratado se le pide a la Secretaría de la CBD y a las partes continuar los esfuerzos encaminados a fortalecer el Fondo Fiduciario Voluntario y la participación efectiva de las comunidades indígenas (http://www.cbd.int/doc/?meeting=cop-10).

CONVENCIÓN MARCO DE LAS NACIONES UNIDAS SOBRE EL CAMBIO CLIMÁTICO

Para contrarrestar los efectos de los gases de efecto invernadero en la atmósfera producidos por la acción del hombre, en 1992 se celebró la Convención Marco de las Naciones Unidas sobre el Cambio Climático. El propósito de este convenio es el de

---

[6] "CP V. Decision V/16. II. Tasks of the First Phase of the Programme of Work. Task 4. Parties to develop, as appropriate, mechanisms for promoting the full and effective participation of indigenous and local communities with specific provisions for the full, active and effective participation of women in all elements of the programme of work, taking into account the need to: (a) Build on the basis of their knowledge; (b) Strengthen their access to biological diversity; (c) Strengthen their capacity on matters pertaining to the conservation, maintenance and protection of biological diversity; (d) Promote the exchange of experiences and knowledge; (e) Promote culturally appropriate and gender specific ways in which to document and preserve women's knowledge of biological diversity Element 2. Status and trends in relation to Article 8(j) and related provisions".

limitar los efectos adversos del cambio climático mediante la estabilización de las concentraciones de gases de efecto invernadero en la atmósfera a un nivel que no produzca interferencias peligrosas en el sistema climático, para así evitar efectos nocivos significativos en la composición, capacidad de recuperación o productividad de los ecosistemas naturales o sujetos a ordenación, en el funcionamiento de los sistemas socioeconómicos o en la salud y el bienestar humanos.

Las medidas que se adopten para alcanzar este propósito deben ejecutarse en un plazo apropiado para permitir que los ecosistemas se adapten naturalmente al cambio climático, asegurar que la producción de alimentos no se vea amenazada y permitir que el desarrollo económico prosiga de manera sostenible (Convención Marco de las Naciones Unidas sobre el Cambio Climático, arts. 1.1. y 2).

Desde el año de 1995 se reúnen anualmente los representantes de los Estados en las Conferencias de las Partes (COP), que es el órgano supremo de toma de decisiones de la Convención, con el propósito de continuar las negociaciones tendientes a fortalecer los compromisos de los países desarrollados en el tema. En la COP 3, efectuada en Kyoto, se celebró un Protocolo a la Convención Marco en la que los países que se incluyeron en el anexo 1 se comprometieron a fijar objetivos individuales para limitar o reducir sus emisiones de gases de efecto invernadero (http://unfccc.int/kyoto_protocol/items/2830.php).

Participación indígena en la Convención

La Convención prevé la participación en la misma de diversas maneras, y a los indígenas les permite la asistencia en calidad de observadores, tal como lo establece el artículo 7, párrafo 6 de la Convención Marco de las Naciones Unidas sobre el Cambio Climático.

Las organizaciones, cuando se les reconoce la calidad de observadoras, tienen la posibilidad de designar representantes que asistan a los periodos de sesiones de los órganos de la Convención, y pueden solicitar autorización para organizar un evento o una exposición, durante la duración del evento (http://unfccc.int/parties_and_observers/items/2704.php)

En 2009, en la COP 15, celebrada en Copenhague, Dinamarca, se generó una gran expectativa por alcanzar un nuevo tratado que reemplazara al Protocolo de Kyoto, lo que condujo a un aumento significativo de participantes gubernamentales y no gubernamentales, algo que no se ha visto en las siguientes reuniones de Cancún y Durban, dado el escaso éxito de la COP 15, tal como se puede ver en el siguiente gráfico:

Para que una organización se reconozca como observadora debe acreditar, antes del 1 de marzo de cada año, por correo, una serie de datos, para que su solicitud sea estudiada por la Secretaría de la Convención, la cual puede pedir ampliación o clarificaciones durante el proceso (http://unfccc.int/files/parties_and_observers/ngo/application/pdf/admission_process_2010_spanish.pdf).

La mesa de la COP podrá autorizar la asistencia provisional a las reuniones, cuya aceptación definitiva se discutirá en la siguiente sesión de la misma. Hasta ahora ante la Convención se han acreditado como observadoras 86 organizaciones internacionales y más de 1400 ONG (http://unfccc.int/parties_and_observers/items/2704.php). Aun cuando no existe un mecanismo específico para reglamentar la participación indígena en el marco regulatorio, múltiples organizaciones conformadas por indígenas han adquirido el estatus de observadoras y han participado en las reuniones de la COP.

En las últimas COP se evidencia la apertura de la Convención a la participación de la sociedad civil en general, ya que el número de ONG participantes ha pasado de 178, en la primera reunión, a más de 1540 en la COP 17.

Gráfico n.º 1. Desglose de participación

Medios
Observadores
Partes/Estados observadores

	COP 3	COP 4	COP 5	COP 6	COP 6.5	COP 7	COP 8	COP 9	COP 10	COP 11	COP 12	COP 13	COP 14	COP 15	COP 16	COP 17
Medios	3712	sin datos	534	944	572	459	795	506	785	817	663	1498	819	3121	1270	1268
Observadores	3865	2628	2001	3835	1499	1569	2089	2698	3147	5848	2933	5815	4463	13482	5386	5815
Partes/Estados observadores	2273	1430	1653	2215	1730	2432	1468	1947	2219	2809	2352	3516	3967	10591	5192	6314

Fuente: http://unfccc.int/files/parties_and_observers/ngo/application/pdf/participation_breakdown_cop1-17.pdf

95

Gráfico n.º 2. Acumulados de admisión de las organizaciones observadoras

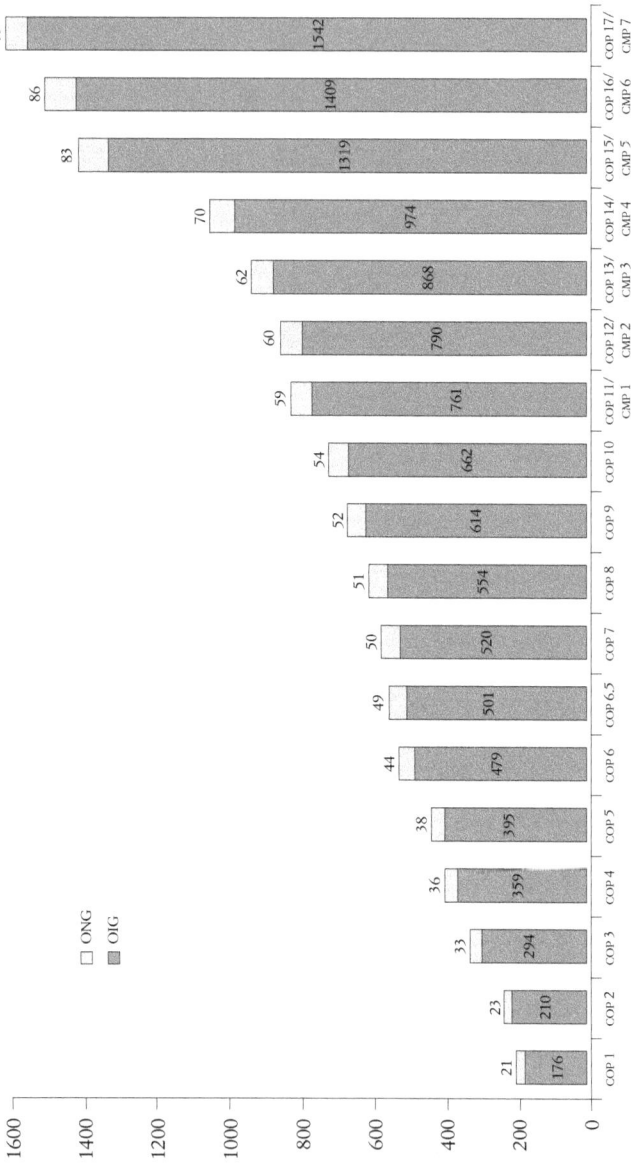

	ONG	OIG
COP 1	21	176
COP 2	23	210
COP 3	33	294
COP 4	36	359
COP 5	38	395
COP 6	44	479
COP 6.5	49	501
COP 7	50	520
COP 8	51	554
COP 9	52	614
COP 10	54	662
COP 11/CMP 1	59	761
COP 12/CMP 2	60	790
COP 13/CMP 3	62	868
COP 14/CMP 4	70	974
COP 15/CMP 5	83	1319
COP 16/CMP 6	86	1409
COP 17/CMP 7	93	1542

Fuente: http://unfccc.int/files/parties_and_observers/ngo/application/pdf/cumulative_admissions_of_observer_organizations_cop_1-17.pdf

CONFERENCIA MUNDIAL DE LOS PUEBLOS INDÍGENAS

Para los pueblos indígenas, un importante hito lo constituyó la decisión de la Asamblea General de la ONU, expuesta en su Resolución 65/198 del 21 de diciembre de 2010, de organizar una reunión plenaria de alto nivel de la AG en el 2014, con el nombre de Conferencia Mundial de los Pueblos Indígenas, que se celebró entre el 22 y el 23 de septiembre de 2014 en Nueva York.

Posteriormente aprobó, el 17 de septiembre de 2012, la Resolución 66/296, que se refiere a la Organización de la reunión plenaria de alto nivel que se realizaría en el 69 período de sesiones de la AG.

En esta conferencia habría una posibilidad de participación amplia que incluiría a los pueblos indígenas, que no tendrían necesariamente que acudir representados por una institución que tuviera estatus consultivo ante el Ecosoc y tendrían la posibilidad de participar en las distintas instancias de la Conferencia. Así, en la sesión de apertura tendrían la posibilidad de hablar tres representantes de los pueblos indígenas propuestos por estos, y posteriormente designados por el presidente de la Asamblea, tras celebrar consultas con los Estados miembros y, adicionalmente, podrían participar en las mesas redondas y en el coloquio interactivo, copresididos por un Estado miembro y un representante de los pueblos indígenas, también propuesto por estos.

CONCLUSIONES

En los últimos años se ha presentado un cambio en los escenarios internacionales universales y regionales respecto a la participación de los pueblos indígenas, ya que se ha modificado la postura inicial en la que se los desconocía de manera absoluta. Paulatinamente se ha empezado a aceptar la noción de *pueblos indígenas*, aun cuando existen ciertos sectores todavía reticentes al uso de esta expresión en el lenguaje internacional.

Esta participación se ha ido desarrollando lentamente, tanto a nivel de organizaciones internacionales como de conferencias internacionales, donde se han empezado a abrir algunos espacios de participación para la sociedad civil, que han sido aprovechados por los pueblos indígenas, donde al menos han logrado que se empiece a oír su opinión sobre los temas de su interés.

La evolución internacional ha permitido que se encuentren distintos niveles de participación, que van desde los más amplios, como el Foro Permanente para las Cuestiones Indígenas, las reuniones para la Declaración de las Naciones Unidas sobre los Derechos de los Pueblos Indígenas, ciertos procedimientos contenciosos o el reconocimiento de los pueblos indígenas como grupos principales-mayores por el Programa 21, a cierto tipo de participación más restringida que va desde el estatuto de observador que tienen, por ejemplo, los organismos con estatus consultivo ante el Ecosoc, o las organizaciones acreditadas ante conferencias internacionales, hasta áreas en las que no tienen participación alguna, como ocurre en la Organización Mundial del Comercio.

A pesar de estos aspectos positivos para los pueblos indígenas, estos no están del todo conformes con los resultados alcanzados hasta ahora, en la medida en que la estructura internacional sigue beneficiando a los Estados por encima de otros actores en el proceso decisorio, por lo que los espacios de acceso y participación para los pueblos indígenas siguen siendo limitados, ya que en muchas ocasiones se tiene en cuenta más la opinión de expertos o de los Estados que la de los pueblos indígenas.

Con excepción de algunos casos, en la gran mayoría de los espacios internacionales los pueblos indígenas han tenido que adaptarse a lo establecido de manera general para la participación de la sociedad civil, ya que los mecanismos normalmente no son diseñados específicamente para ellos como colectividad.

En ese sentido, cabría preguntarse por la voluntad política de las organizaciones para permitir mecanismos de participación que sean más acordes a los usos y costumbres de los pueblos indígenas. El anhelo indígena es que el concepto de *participación* no se limite al de la simple información, sino que se evolucione hacia el concepto de *consentimiento libre, previo e informado* como un mecanismo que tenga una mayor incidencia a la hora de decidir en los asuntos que son de su interés. Este tema se empieza a plantear en los Estados que son sujetos del derecho internacional. Sin embargo, en las organizaciones internacionales parece más compleja su aplicación, y todavía parece lejano que los organismos asuman el compromiso de los derechos humanos. Hasta ahora la forma de participación indígena en la ONU se asemeja más al concepto de consulta que al del consentimiento libre, previo e informado.

Hacia el futuro, los indígenas buscan que se consoliden mecanismos que permitan incentivar las capacidades, el acceso y su participación en las instancias internacionales como sujetos del derecho internacional, mediante mecanismos más directos, con sus propios representantes, y donde haya una mayor coordinación entre las instancias locales, nacionales e internacionales.

REFERENCIAS

Alianza Internacional de los Pueblos Indígenas-Tribales de los Bosques Tropicales (1997). *Participación de los pueblos indígenas en las negociaciones medioambientales globales*. Bruselas.

Álvarez Lata, N. (2008). *Pueblos indígenas y derechos de autodeterminación*. Bilbao: Universidad de Deusto.

Anaya, J. (2005). *Los pueblos indígenas en el derecho internacional*. Madrid: Trotta.

Aparicio, M. (2006). El derecho de los pueblos indígenas a la libre determinación. En M. Berraondo López, *Pueblos indígenas y derechos humanos* (pp. 399-422). Bilbao: Universidad de Deusto.

Asociación Latinoamericana para los Derechos Humanos (2003). *Foro Permanente sobre Cuestiones Indígenas de las Naciones Unidas*. Bogotá: Aldhu.

Assies, W. (2009). Pueblos indígenas y sus demandas en los sistemas políticos. *Revista Cidob d'Afers Internacionals*, (85-86), 89-108.

Aust, A. (2005). *Handbook of International Law*. New York: Cambridge University Press.

Barbosa Delgado, F. (2002). *Litigio interamericano: perspectiva jurídica del sistema de protección de derechos humanos*. Bogotá: Universidad Jorge Tadeo Lozano.

Bederman, D. (2006). *International Law Frameworks*. New York: Foundation Press.

Berraondo López, M. (2005). Derecho humano al medio ambiente y pueblos indígenas. En D. Oliva Martínez, *La cooperación internacional con los pueblos indígenas: desarrollo y derechos humanos*. Madrid: Cideal.

Birne, P. y Boyle, A. (2002). *International Law and the Environment*. Oxford: Oxford University Press.

Boyle, A. y Chikin, C. (2007). *The Making of International Law*. Oxford: Oxford University Press.

Brownlie, I. (2008). *Principles of Public International Law*. Oxford: Oxford University Press.

Brown-Weiss, E. y Cançado Trindade, A. (1995). *Derechos humanos, desarrollo sostenible y medio ambiente*. San José de Costa Rica: Instituto Interamericano de Derechos Humanos.

Burger, J. y Martín, D. (2006). Pueblos indígenas en Naciones Unidas: mecanismos de protección, agencias e instancias. En M. Berraondo López, *Pueblos indígenas y derechos humanos* (pp. 109-132). Bilbao: Universidad de Deusto.

Clavero, B. (2005). Derecho indígena de participación y agencias internacionales de cooperación. Documento para el taller de Almáciga, Grupo de Trabajo Intercultural, sobre "Construcción de una perspectiva de trabajo en la cooperación con los pueblos indígenas de América Latina". Madrid: Casa de América, 11-13 de enero de 2005.

Comité Intergubernamental sobre propiedad intelectual. Fecha de consulta 19 de febrero de 2012. Disponible en http://www.wipo.int/tk/es/igc/.

Conferencia de las Naciones Unidas sobre Desarrollo Sostenible. Disponible en https://sustainabledevelopment. un.org/rio20.

Conferencia de las Partes en el Convenio sobre la Diversidad Biológica. *Decisión X/40*. Fecha de consulta 18 de febrero de 2012. Disponible en http://www.cbd.int/doc/?meeting=cop-10.

Conferencia de las Partes. Fecha de consulta 13 de febrero de 2012. Disponible en http://www.cbd.int/cop/.

Consejo de Derechos Humanos. Disponible en http://www.ohchr.org/EN/HRBodies/UPR/Pages/UPRMain.aspx.

Consejo de derechos Humanos, Decisión 6/102, del 27 de septiembre 2007. Disponible en http://ap.ohchr.org/documents/E/HRC/p_s/A_HRC_PRST_8_1.pdf.

Coria, S., Devia, L. y Gandino, E. (1997) *Integración, desarrollo sustentable y medio ambiente*. Buenos Aires: Editorial Ciudad Argentina.

Cruz, R. de la (2005). *Descripción de la comprensión corriente del consentimiento libre, previo e informado de los pueblos indígenas como un asunto metodológico, en las actividades relacionadas con pueblos indígenas: significado y desafíos*. Foro Permanente para las Cuestiones Indígenas, PFII/2004/WS.2/5.

Cuestiones Indígenas de las Naciones Unidas. Participantes. Fecha de consulta 13 de marzo de 2012. Disponible en http://social.un.org/index/indigenouses/Portada/Nosotros.aspx.

Declaración sobre los Derechos de los Pueblos Indígenas. Disponible en http://www.ohchr.org/SP/Issues/IPeoples/Pages/Declaration.aspx.

Díez de Velasco, M. (2003). *Las organizaciones internacionales.* Madrid: Biblioteca Universitaria de Editorial Tecnos.

Ecosoc, lista a 1 de septiembre de 2012. Fecha de consulta 11 de mayo de 2013. Disponible en http://csonet.org/content/documents/E2012INF6.pdf.

Favre, H. (2007). *El movimiento indigenista en América Latina.* Lima: Instituto Francés de Estudios Andinos, Lluvia Editores, Centro de Estudios Mexicanos y Centroamericanos.

Fondo de Contribuciones Voluntarias. Disponible en http://www.wipo.int/tk/es/igc/.

Foro Intergubernamental sobre los Bosques. Fecha de consulta 11 de diciembre de 2011. Disponible en http://www.un.org/spanish/esa/sustdev/forests.htm.

Foro Permanente para las Cuestiones Indígenas (2005). Informe del Seminario Internacional sobre Metodologías Relativas al Consentimiento Libre, Previo e Informado y los Pueblos Indígenas. Nueva York, 17-19 de enero de 2005. Doc. E/C.19/2005/3.

Foro Permanente sobre Cuestiones Indígenas de las Naciones Unidas. Funciones. Disponible en https://www.un.org/development/desa/indigenous-peoples-es/sesiones-del-foro-permanente.html.

Foro Permanente sobre Cuestiones Indígenas de las Naciones Unidas. Miembros. Disponible en https://www.un.org/development/desa/indigenouspeoples/unpfii-sessions-2/current-members-of-the-permanent-forum-2014-2016.html.

García Alix, L. y Borraz, P. (2006). Participación Indígena en los foros internacionales. En M. Berraondo López, *Pueblos indígenas y derechos humanos* (pp. 219-248). Bilbao: Universidad de Deusto.

García-Alix, L. (2003). *Foro permanente para las cuestiones indígenas.* Copenhague: Iwgia.

Geigel Lope-Bello, N. (1997). *Derecho ambiental internacional.* Caracas: Equinoccio, Fundación Polar.

Karns. M. y Mingst, K. (2004). *International Organizations: The Politics and Processes of Global Governance.* Boulder: Lynne Rienner Publishers.

López Fuentes, J. (2005). *Los derechos de los pueblos indígenas.* Málaga: Diputación Provincial de Málaga.

Mackay, F. (2002). *Guía para los derechos de los pueblos indígenas en el Sistema Interamericano de Derechos Humanos.* Copenhague: Iwgia.

Mariño Menéndez, F. y Oliva Martínez, D. (2004). *Avances en la protección de los derechos de los pueblos indígenas.* Madrid: Dykinson.

Mecanismo de Expertos sobre los Derechos de los Pueblos Indígenas. Disponible en http://www.ohchr.org/SP/Issues/IPeoples/EMRIP/Pages/EMRIPIndex.aspx.

Mecanismo de Expertos. Acreditación. Fecha de consulta 8 de octubre de 2011. Disponible en http://www.ohchr.org/SP/Issues/IPeoples/EMRIP/Pages/Accreditation.aspx.

Morin, F. y Santana, R. (eds.) (2002). *Lo transnacional: instrumento y desarrollo para los pueblos indígenas.* Quito: Abya-Yala.

Noguerol Álvarez, M. (2004). El Convenio sobre la Biodiversidad y los Pueblos Indígenas. En F. Mariño Menéndez y D. Oliva Martínez, *Avances en la protección de los derechos de los pueblos indígenas.* Madrid: Dykinson.

OIT (S. F.). Misión y objetivos. Disponible en http://www.ilo.org/global/about-the-ilo/mission-and-objectives/lang--es/index.htm.

OIT (noviembre de 2001). Informe del Comité establecido para examinar la reclamación en la que se alega el incumplimiento por Colombia del Convenio sobre Pueblos Indígenas y Tribales, 1989 (n.° 169), presentada en virtud del

artículo 24 de la Constitución de la OIT por la CUT. Doc
OIT GB 282/14/3.

OIT (noviembre de 2001). Informe del Comité establecido para
examinar la reclamación en la que se alega el incumplimiento por Colombia del Convenio sobre Pueblos Indígenas y Tribales, 1989 (n.° 169), presentada en virtud
del artículo 24 de la Constitución de la OIT por la CUT y
Asmedas. Doc. OITGB.282/14/4.

OIT (2013) *Comprender el Convenio sobre pueblos indígenas y
tribales, 1989 (núm. 169)*. Manual para los mandantes
tripartitos de la OIT. Oficina Internacional del Trabajo,
Ginebra. OIT. Disponible en http://www.ilo.org/wcm-
sp5/groups/public/---ed_norm/---normes/documents/
publication/wcms_205230.pdf.

Oliva Martínez, D. (2005). *La cooperación internacional con los
pueblos indígenas: desarrollo y derechos humanos*. Madrid:
Cideal.

OMPI. Recursos genéticos. Disponible en http://www.wipo.int/
tk/es/genetic/.

OMPI. Expresiones culturales tradicionales. Disponible en http://
www.wipo.int/tk/es/folklore/.

OMPI. Conocimientos tradicionales. Disponible en http://www.
wipo.int/tk/es).

Ordóñez Cifuentes, J. (2009). Antecedentes doctrinarios del
derecho internacional público moderno: integracionismo
e indigenismo de participación. En *XVII Jornadas Lasca-
sianas Internacionales: contacto y cooperación a través de
las fronteras. Convenio 169 de la OIT, Pueblos Originarios
y Afroamericanos*. México: UNAM.

Ortiz García, M. (2002). *La conservación de la biodiversidad
marina: las áreas marinas protegidas*. Granada: Editorial
Comares.

Página Relator Especial sobre la Situación de los Derechos Humanos y las Libertades Fundamentales de los Indígenas.
Fecha de consulta 10 de noviembre de 2014. Disponible

en http://www.ohchr.org/EN/Issues/IPeoples/SRIndige-nousPeoples/Pages/Mandate.aspx.

Partes y organizaciones observadoras en la Convención Marco de las Naciones Unidas sobre el Cambio Climático. Fecha consulta: 13 de marzo de 2012. Disponible en and_obser-vers/items/2704.php.

Pease, K. (2008). *International Organizations: Perspectives on Governance in the Twenty First Century.* New Jersey: Pearson Prentice Hall.

Pnuma: grupos principales y actores clave. Fecha de consulta 15 de febrero de 2012. Disponible en http://www.pnuma. org/sociedad_civil/grupos_principales.php.

Procedimientos especiales Consejo Derechos Humanos. Fecha de consulta 10 de noviembre de 2014. Disponible en http://www.ohchr.org/EN/HRBodies/SP/Pages/Welcome-page.aspx.

Programa 21. Fecha de consulta 15 de febrero de 2012. Disponi-ble en http://www.un.org/spanish/esa/sustdev/agenda21/ agenda21toc.htm.

Protocolo de Kyoto. Disponible en http://unfccc.int/kyoto_pro-tocol/items/2830.php.

Rodríguez, G. A. (2008). Los obstáculos y las potencialidades de la consulta previa en el reconocimiento de los derechos de los pueblos indígenas. *Etnias & Política* (6), 52-58.

Rodríguez, G. A. (2014). *De la consulta previa al consentimiento previo, libre e informado.* Bogotá: Universidad del Rosario.

Rodríguez, G. A. y Muñoz Ávila, L. (2009). *La participación en la gestión ambiental: un reto para el nuevo milenio.* Bogotá: Universidad del Rosario.

Rodríguez-Piñero, L. (2005). *Indigenous Peoples, Postcolonia-lism, and International Law the ILO Regime, 1919-1989.* Oxford: Oxford University Press.

Sands, P. (2003). *Principles of International Environmental Law.* Oxford: Oxford University Press.

Sands, P. y Klein, P. (2001). *Bowett's Law of International Institutions*. London: Thomson Sweet and Maxwell.

Sarasibar, M. (2007). *Régimen jurídico del cambio climático*. Valladolid: Lex Nova.

Steiner, H. y Alston, P. (2008). *International Human Rights in Context: Law, politics, Morals*. Oxford: Oxford University Press.

Vargas Velásquez, A. (1994). *Participación social, planeación y desarrollo regional*. Bogotá: Universidad Nacional de Colombia.

Villán Durán, C. (2002). *Curso de derecho internacional de los derechos humanos*. Madrid: Trotta.

LA CONSULTA PREVIA A LOS PUEBLOS INDÍGENAS: DE LA PARTICIPACIÓN DEMOCRÁTICA A LA EXPROPIACIÓN DE TERRITORIOS

Ana Cecilia Betancur Jiménez[1]

ORIGEN Y EVOLUCIÓN —INVOLUCIÓN— DE LA CONSULTA PREVIA

La consulta previa, como derecho de los pueblos indígenas, es un mecanismo que si bien toma vida propia a partir de la adopción del Convenio n.° 169 de la OIT, en 1989, ha evolucionado de diversas herramientas definidas desde hace mucho para garantizar relaciones estables entre los poderes centrales y los pueblos indígenas.

---

[1] Abogada por la Universidad de Antioquia (Medellín). Durante los últimos veinte años ha apoyado a las organizaciones indígenas de Colombia y Bolivia en la reivindicación y defensa de derechos de los pueblos indígenas. Fue asesora de la Asamblea Nacional Constituyente de Colombia de 1991.

Desde tiempos de la Conquista, pero especialmente a partir de la Colonia, fue profusa la expedición de normas que reglaban las relaciones de la Corona con los aborígenes, entre ellas el reconocimiento mediante mercedes reales de la propiedad comunal e indivisible de las tierras que aún conservaban, y el reconocimiento de un relativo grado de autonomía para su gobierno interno mediante la conformación de cabildos. La idea era reconocer que existía un sujeto colectivo, pues los liderazgos tradicionales interferían las relaciones con los españoles, y a estos les resultaba más fácil y efectiva la interlocución con representantes para garantizar acuerdos estables.

Con la independencia de América y la formación de los Estados, en el período de formación del modelo de mercado, se impulsó la disolución de las formas de propiedad heredadas de la Colonia, entre estas las de tierras comunales indígenas, para integrarlas al mercado y vincular a su población como fuerza de trabajo en las nacientes industrias. Esta política prevaleció en Colombia por un siglo, durante el cual la mayoría de los resguardos indígenas fueron disueltos y repartidos en propiedad individual, a pesar de la férrea resistencia de sus pobladores.

De esta época data la Ley 89 de 1890, que se convirtió en la principal arma de lucha de los pueblos indígenas para defender sus tierras y reclamar sus derechos. Aquella ley reconocía la existencia de comunidades con costumbres y tradiciones propias, y erigía a los cabildos como representantes para tramitar sus asuntos internos y los relativos a sus tierras; pero también apuntaba a la división de resguardos, para lo cual estableció un plazo perentorio de cincuenta años; es decir, que se le daba vigor a una institución representativa del sujeto colectivo, la misma que serviría de interlocutor para tramitar la división de sus propiedades comunales.

En 1940 se adoptó el Convenio de Pátzcuaro (México) en el Primer Congreso Indigenista Interamericano, que procuraba el mejoramiento económico y de las condiciones de vida de los grupos indígenas, y en 1957 la OIT aprobó el Convenio n.° 107, sobre Poblaciones Indígenas y Tribales en países independientes, el primer tratado internacional sobre derechos indígenas.[2] Ambos instrumentos dieron las pautas para una nueva concepción de las poblaciones indígenas. El Convenio n.° 107 de la OIT reconocía que se trataba de culturas que debían ser respetadas y sus iniciativas de desarrollo debían ser tomadas en cuenta. Esto último sería el sustento de la nueva concepción: el objetivo seguía siendo la integración de los pueblos indígenas, pero a partir de entonces se ha buscado para ello *su cooperación*, pasando del modelo de integración forzada al de integración voluntaria y dirigida.

Fue, pues, ese el momento en el que comienza a configurarse de manera más precisa lo que treinta años después, con el Convenio n.° 169 de la OIT, de 1989, sería la consulta previa.[3]

No puede pasarse por alto en esta breve reseña el papel que jugaron los pactos internacionales de derechos civiles y políticos (PIDCyP) y de derechos económicos, sociales y culturales (Pidesc) adoptados por la ONU en 1966. El artículo 1.°, común a ambos pactos, reconoce el derecho a la libre determinación de los pueblos, en virtud de la cual "establecen libremente su condición política y proveen asimismo a su desarrollo económico, social y cultural [...] [y, para ello,] pueden disponer libremente de sus riquezas y recursos naturales". Si bien por entonces a los indígenas aún no se les reconocía su condición de pueblos, pronto comenzaron a reclamar tal reconocimiento, hasta lograrlo con el Convenio n.° 169 de la OIT, de 1989. Pero este convenio, en lugar de *libre determinación*, dispuso que los pueblos indígenas gozaban de "autonomía en el marco de los

---

2 A partir de los años treinta, la OIT se ha ocupado de temas indígenas, pero fundamentalmente en asuntos relativos a los derechos laborales de las personas indígenas.

3 Es importante mencionar que la ONIC señala que la consulta previa es uno de los derechos fundamentales de los pueblos indígenas que de manera reiterada y sistemática el Estado y sus Instituciones han venido desconociendo en los últimos tiempos (ONIC, 2007, p. 47).

Estados nacionales". El mecanismo encargado de materializar la autonomía es la consulta previa.

Casi dos décadas después, la Declaración de la ONU sobre los Derechos de los Pueblos Indígenas, aprobada en 2007, retomó el concepto de *autodeterminación*, pero con alcances bastante limitados con relación a los pactos internacionales de derechos humanos. Sin embargo, la consulta, en algunos casos, la transformó en *consentimiento libre, previo e informado*.[4]

Es evidente, pues, que la consulta, como mecanismo de interlocución entre los indígenas y los poderes estatales, es una evolución de diversas herramientas implementadas a lo largo de la historia para garantizar relaciones estables y, de este modo, controlar su resistencia a la dominación y a la usurpación de las tierras de los indígenas.

LOS DERECHOS COLECTIVOS DE LOS PUEBLOS INDÍGENAS COMO MARCO PARA IDENTIFICAR LOS ALCANCES DE LA CONSULTA PREVIA

Los derechos de los pueblos indígenas suelen clasificarse en tres grandes grupos, que pueden ser considerados como los derechos matrices: identidad cultural o el derecho a existir como culturas diferentes; autonomía, en términos del Convenio n.° 169 de la OIT, o autodeterminación (limitada), en términos de la Declaración de la ONU, y el derecho a la propiedad territorial.

El primer grupo incluye los derechos a mantener su propio idioma, sus cosmovisiones y sus propias formas de gobierno y de organización social, entre otros. El derecho a la autonomía comprende los derechos a gobernarse por sus propias autoridades, de acuerdo con sus tradiciones culturales y políticas, a decidir internamente sobre su vida y sus prioridades de su desarrollo, así como el derecho a ejercer el control sobre su espacio territorial. El derecho de propiedad territorial incluye la

---

[4] Véanse, entre otros, los artículos 28 y 32 de la Declaración de la ONU.

protección de la posesión histórica sobre un espacio que constituye su hábitat y a que se reconozca su propiedad en cabeza del sujeto colectivo. En Colombia, la propiedad territorial, además de incluir la de los recursos naturales renovables, está protegida como inalienable, lo que significa que no puede ser transferida a otro sujeto y, por tanto, no puede ser revertida ni expropiada por el Estado. Respecto a los recursos minerales y del subsuelo, sobre los que el Estado reserva su propiedad, y también a los derechos que regula el Convenio 169 de la OIT (artículo 15.2), su exploración y explotación están condicionadas a que no causen daño a la integridad social, cultural y económica de los pueblos y comunidades del respectivo territorio (art. 330 de la Constitución Política [CP]).

Existe un cuarto grupo de derechos que, ligado estrechamente a los anteriores, pone de presente que a los pueblos indígenas no se les reconoce la libre determinación en los términos concebidos en los pactos internacionales de derechos humanos de 1966. Se trata del derecho a participar en las decisiones que los puedan afectar, que son de responsabilidad del Estado pero que atañen a los intereses legítimos de los pueblos indígenas dentro del respectivo Estado.

Se tiene, entonces, que la consulta previa tiene dos dimensiones: la de mecanismo de participación democrática, cuando se trata de decisiones generales del Estado que atañen a los intereses de los pueblos indígenas, y la de procedimiento para recabar la decisión del sujeto colectivo en un asunto de su exclusiva competencia, de acuerdo con el marco de sus derechos generales a la autonomía y a la propiedad territorial.

LA CONSULTA COMO MECANISMO DE PARTICIPACIÓN DEMOCRÁTICA

En esta dimensión, la consulta debe realizarse cumpliendo los requisitos establecido por el Convenio 169: de buena fe, por medio de las instituciones representativas de los pueblos y mediante procedimientos apropiados,[5] y, por último, con la finalidad de llegar a acuerdos o a lograr el consentimiento de los pueblos. Es claro para este tipo de asuntos que la decisión final recae en el Estado, pero en lo posible debe ser fruto del acuerdo. Si este no se logra, la jurisprudencia de la Corte Constitucional colombiana ha establecido que la decisión debe estar plenamente justificada y ser *objetiva, razonable y proporcionada* con la obligación que tiene el Estado de proteger la identidad social, cultural y económica de las comunidades.[6]

Así pues, la consulta como mecanismo cualificado de participación de los pueblos indígenas en los asuntos de su interés es expresión de sus derechos generales a mantener su identidad cultural y a su autonomía para decidir su futuro, asumiendo que ellos son parte del Estado y que este es un poder superior, por lo cual no se considera requisito indispensable llegar a acuerdo en cada caso.

LA CONSULTA PREVIA EN EL MARCO DE LOS DERECHOS TERRITORIALES

Otra situación se presenta en el caso de un proyecto que se pretenda ejecutar sobre un territorio indígena, asunto que involucra la propiedad y la autonomía de que dispone el pueblo indígena para el manejo, la distribución y utilización de su territorio, y que además incluye su integridad cultural.

---

[5] Los procedimientos apropiados deben ser claramente definidos de común acuerdo entre el Gobierno y los pueblos indígenas. En Colombia, mediante el Decreto 1397 de 1996 se conformó una instancia nacional de concertación para este tipo de medidas, llamada Mesa Permanente de Concertación. De acuerdo con la trascendencia del asunto objeto de consulta, esta instancia define la manera como ha de llevarse a cabo el proceso para que los pueblos indígenas en su conjunto puedan informarse, comprender los alcances de la decisión que se pretende adoptar y deliberar sobre el tema, para que luego la decisión final regrese a la mesa de concertación.

[6] Corte Constitucional, Sentencia Unificada SU-039 de 1997, M. P.: Antonio Barrera Carbonell.

Antes de autorizar o contratar la ejecución de un proyecto específico en un territorio indígena, el Gobierno debe no solo realizar la consulta previa en los términos ya indicados, sino que la decisión debe ser adoptada finalmente de común acuerdo. Es decir que no tiene cabida una decisión unilateral del Estado si durante el proceso de consulta no se logra un acuerdo. En tal caso, el proyecto no se puede ejecutar, como conclusión lógica del carácter inalienable de la propiedad indígena. Algo diferente acontece con la propiedad particular individual, caso en el cual el Estado está obligado a adquirirla previamente o puede legalmente expropiarla o imponerle limitaciones de dominio. Pero en territorios indígenas, la ecuación tiene que ser otra, puesto que sus tierras no son expropiables. Si el pueblo o comunidad no ceden su territorio para la obra o proyecto, y no obstante este se realiza, el Estado incurre en una expropiación de hecho, vulnerando las garantías fundamentales a la existencia de los derechos indígenas.

La misma argumentación valdría para los casos de la explotación de los recursos naturales no renovables, aunque estos se consideren de propiedad estatal, pues su explotación siempre ha de realizarse sobre la propiedad superficiaria. En estos casos, el Estado, e incluso los titulares de concesiones mineras, están igualmente autorizados para adquirir o expropiar las tierras que se requieran para realizar las operaciones o para limitar su dominio. Pero tales prerrogativas no rigen sobre la propiedad protegida constitucionalmente como inalienable. Es precisa una decisión expresa de ceder el territorio, o parte de él, para su exploración o explotación, previo conocimiento del pueblo indígena de lo que tal medida implica para su futuro. De modo tal que si la comunidad considera que el proyecto perjudica su integridad cultural, social o económica, puede legítimamente negarse a que el proyecto se realice, y el Estado estaría en la obligación de acatar dicha decisión.

La consulta, pues, adquiere el valor de obtención del consentimiento libre, previo e informado, al tenor de lo estipulado en el artículo 28.1 de la Declaración de la ONU, y el procedimiento para recabar tal consentimiento resulta más exigente que una simple consulta. Deben realizarse previamente estudios integrales sobre posibles afectaciones a la integridad social, económica y cultural del pueblo indígena y al medio ambiente en sus territorios, estudios en los que se debe garantizar igualmente la participación de las comunidades, y cuyos resultados deben ser ampliamente difundidos y analizados por estas para que ellas puedan adoptar la decisión que mejor convenga a sus derechos e intereses, libres de interferencias extrañas.

Con sustento constitucional se puede afirmar que en Colombia, si se identifica que el proyecto causará un daño irreparable a la integridad de las comunidades, tal proyecto no se podrá ejecutar, pues la protección de la diversidad cultural es considerada valor superior en el ordenamiento jurídico. Pero si de los estudios se infiere que las posibles afectaciones pueden ser prevenidas o reparadas, las comunidades también deben tener la oportunidad de elaborar sus propuestas sobre las condiciones de ejecución, de exigir las medidas para prevenir, mitigar o reparar impactos, así como sobrecompensaciones o contraprestaciones por la pérdida o el uso de su propiedad territorial, además de la participación en los beneficios que genere la obra o el proyecto.

Durante los primeros años de vigencia del Convenio n.° 169 de la OIT, los órganos jurisdiccionales nacionales y las instancias internacionales de protección de los derechos humanos se abstuvieron de pronunciarse claramente sobre estos alcances de la consulta. Pero la evidencia de que muchos pueblos quedaban al borde de su extinción física y cultural llevaron a varias instancias a exigir el *consentimiento libe, previo e informado* como requisito para la ejecución de proyectos de alto impacto en territorios indígenas.[7]

---

[7] Véanse, entre otros pronunciamientos, Comité de Naciones Unidas para la Eliminación de la Discriminación Racial, "Consideraciones de los informes presentados por los Estados partes conforme al artículo 9 de la Convención:

AUSCULTANDO LA REALIDAD DE LA CONSULTA PREVIA EN COLOMBIA

De forma paralela a la celebración de la Asamblea Nacional Constituyente de 1991, Colombia ratificó el Convenio n.º 169 de la OIT, que entró a formar parte del bloque de constitucionalidad. Es de suponerse, entonces, que en 1991 comenzó una nueva etapa para los pueblos indígenas, que se caracterizaría por la construcción real de autonomía y su interrelación con el Estado en los términos que marcaba el reconocimiento de sus territorios como propiedad inalienable, llamada a garantizar la existencia de sus ocupantes como sujetos colectivos.

Sin embargo, lejos de garantizar aquellos derechos fundamentales, la consulta se ha convertido en mecanismo efectivo para obviar sus efectos prácticos. Por un lado, su aplicación en debida forma ha sido evadida de manera sistemática, y los altos tribunales de justicia han debido encargarse sucesivamente de ordenar su aplicación a las instancias ejecutivas del Estado. Por otro lado, la interpretación genérica que se ha hecho de este instrumento permite que en la práctica se les expropie a las comunidades indígenas parte de sus territorios, y que así se ponga en riesgo su existencia como pueblos.

Lo que ha sucedido a lo largo de los últimos veinte años con relación a proyectos de exploración o explotación de recursos naturales o construcción de obras en territorios indígenas se puede clasificar en tres tipos de actuaciones. En los primeros años la constante fue la pretensión gubernamental de realizar tales proyectos sin consulta previa, de modo que su reclamación

observaciones finales respecto del Ecuador, 2003", ONU Doc. CERD/C/62/CO/2, 2 de junio de 2003; Corte IDH, "Caso del pueblo Saramaka vs. Surinam: excepciones preliminares, fondo, reparaciones y costas", noviembre de 2007, o "Informe del relator especial sobre la situación de los derechos humanos y las libertades fundamentales de los indígenas". Doc. A/HRC/12/34, 15 de julio de 2009.

se convirtió en arma de defensa y resistencia de los pueblos indígenas afectados. Luego de varias experiencias de este tipo, el Gobierno desarrolló un modelo de consulta basada en el engaño y la cooptación para quebrar la resistencia indígena, sin lograrlo en muchos casos. El tercer tipo de actuaciones, que se ha desarrollado bajo este mismo modelo, es la consulta reducida a una simple transacción entre empresas e indígenas, con el aval de las instancias gubernamentales. Un cuarto tipo de actuaciones consiste en la consulta previa como ejercicio de participación democrática cualificada, cuando se trata de la expedición de normas, políticas, o planes de desarrollo de carácter general. Estos procesos han pasado también por diferentes etapas, según la materia de que se trate y la voluntad política del gobierno de turno.

La consulta como mecanismo de resistencia para los indígenas

Apelar a la consulta como derecho fundamental se ha convertido en opción de muchos pueblos para resistirse a proyectos que se comienzan a implementar en sus territorios sin haber sido informados ni consultados previamente. Este tipo de casos fue el más común en los primeros años de la década de los noventa, cuando el Estado en general no había aún racionalizado el significado y los alcances de los derechos de los pueblos indígenas recién reconocidos. Precisamente, la primera sentencia de tutela a los derechos indígenas emitida por la Corte Constitucional se hizo con motivo de la ampliación de una carretera, la troncal del Café, que afectaba de manera grave el resguardo indígena embera chamí de Cristianía (Antioquia).

Luego de ser negada en primera y segunda instancia, la protección fue concedida por la Corte Constitucional, en sentencia de revisión T-428 de 1992, en la que ordenó suspender las obras hasta cuando se hubieren realizado los correspondientes estudios de impactos y tomado las precauciones necesarias para no ocasionar perjuicios adicionales a la comunidad. Si bien en esa sentencia la Corte omitió referirse a la consulta previa, fue base importante para precisar en el futuro los alcances de los derechos indígenas frente a este tipo de obras, cuya justificación se basa en el argumento del interés general. La Corte dejó en claro que los derechos de los pueblos indígenas no pueden considerarse propiamente un interés particular que deba ceder ante un interés general, sino que constituyen en sí mismos un interés colectivo de grado superior al que representan algunos proyectos de desarrollo económico.

En 1993, en territorio tradicional del pueblo nukak, por aquel entonces en contacto inicial, una petrolera con autorización gubernamental abría trochas de exploración. Una acción de tutela, interpuesta esta vez por la Organización Nacional Indígena (ONIC), condujo a la suspensión de las exploraciones por la real amenaza a la existencia de este pueblo, el mismo que para entonces no podía ser consultado por sus características de pueblo en contacto inicial. Luego sobrevinieron dos conflictos de grandes proporciones: el primero, por la exploración petrolera en territorio del pueblo indígena u'wa, y el segundo, por la construcción de una central hidroeléctrica en territorio del pueblo emberá katío. En ambos casos se iniciaron las obras sin previa consulta, pero solo en el de la hidroeléctrica los indígenas reclamaron un proceso de concertación antes del llenado del embalse que inundaría parte de su territorio. El pueblo u'wa, en cambio, se negó sucesivamente a cualquier consulta previa, pues se trataba de impedir que su territorio se viera afectado por las actividades petroleras, por ser contrarias a su integridad cultural.

La Corte Constitucional se pronunció en ambos procesos ordenando suspender las obras hasta tanto se realizara la consulta previa en debida forma. Para el pueblo emberá katío, lo ordenado por la Corte en la Sentencia T-652 de 1998 nunca se cumplió. En su lugar, el Gobierno y la empresa interesada promovieron un conflicto interno de graves proporciones, que desembocó en la división de los indígenas, al tiempo que estos fueron blanco de los actores armados, en hechos que cobraron la vida de sus más importantes líderes. Luego de cuatro meses de ocupación pacífica de los jardines del Ministerio del Ambiente en Bogotá, en abril de 2000 se suscribió un acuerdo "que si bien no reúne todo lo justo, es un avance en nuestra lucha por una reparación integral".[8] Para entonces, ya estaban inundadas sus tierras y operando la hidroeléctrica, bajo la licencia otorgada en noviembre de 1999.

UN MODELO DE CONSULTA BASADO EN EL ENGAÑO Y LA COOPTACIÓN

La resistencia de los pueblos u'wa y emberá katío a los proyectos que derivaban en la expropiación de sus territorios motivaron al Gobierno a expedir un reglamento sobre la consulta previa, definido unilateralmente mediante el Decreto 1320 de 1998. Se trataba de garantizar que la consulta dejara de ser un obstáculo para la ejecución de los múltiples proyectos planificados en los territorios indígenas. A pesar de que la Corte Constitucional en varias oportunidades ha ordenado no aplicar este decreto, por ser abiertamente contrario a la Constitución y al Convenio n.º 169 de la OIT,[9] el mismo sigue siendo el marco de referencia para la realización de la consulta previa. A partir de su expedición se desarrolló el segundo tipo de actuaciones, que tiene dos versiones: desconocer la existencia de comunidades indígenas en el área de influencia del proyecto cuando sus territorios no han sido jurídicamente reconocidos, y, cuando

---

[8] Comunicado de los cabildos mayores de los ríos Sinú y Verde, abril de 2000 (en Jaramillo, 2011).

[9] La primera de las órdenes se emitió precisamente en la Sentencia T-652 de 1998, en el caso de la hidroeléctrica en territorio del pueblo emberá katío. Dicha orden ha sido reiterada, entre otras sentencias, mediante la T-880 de 2006 y la T-769 de 2009.

sí están reconocidos como resguardos, desarrollar un proceso de consulta basado en manipulaciones y engaños.

INEXISTENCIA DE COMUNIDADES

El Decreto dispone que cuando se pretendan realizar obras, proyectos o actividades que requieran permiso o licencia ambiental, la entidad interesada deberá solicitar una certificación sobre la existencia de territorios reconocidos a comunidades indígenas o afrocolombianas, o sobre la ocupación regular o permanente de la zona de influencia del proyecto por estas comunidades. En caso de ser positiva la certificación, se inician los trámites para realizar la consulta previa. Gracias a esta disposición se viene desarrollando una modalidad que ya ha hecho carrera: el Ministerio del Interior certifica que no existen comunidades en la zona del proyecto.

El primero de estos casos fue precisamente el del pueblo u'wa. Una vez expedidos los títulos del resguardo unido en los que se excluían deliberadamente áreas de uso tradicional y de propiedad privada de integrantes de este pueblo, el Ministerio del Medio Ambiente otorgó una nueva licencia ambiental a la petrolera Oxy, amparado en una certificación emitida por la Dirección General de Asuntos Indígenas del Ministerio del Interior sobre inexistencia de comunidades en el área de influencia del proyecto (Mesa Cuadros, 2008).

Un segundo caso fue denunciado en el año 2005 por el pueblo barí, en el departamento de Norte Santander, en el bloque de exploración denominado Álamo, sobrepuesto a sus territorios ancestrales. Las actividades de una empresa contratista de la estatal Ecopetrol sorprendieron a los indígenas finalizando el año 2002, por lo cual se quejaron ante la Defensoría del Pueblo. A raíz de la denuncia, Ecopetrol se vio en la obligación de consultar a las comunidades, pero ante las dificultades para realizarla en debida forma, y la exigencia que hiciera el Ministerio del Ambiente de estudios de impactos, Ecopetrol redujo el área de exploración y solicitó modificación de la licencia solo para un pozo (Álamo 1). Esta vez el Ministerio del Interior certificó la inexistencia de comunidades y el Ministerio de Ambiente otorgó la licencia ambiental. Nuevamente, la Corte Constitucional asumió la tutela de los derechos indígenas. Mediante la sentencia de revisión T-880 de 2006, ordenó no solo suspender las actividades de exploración hasta la expedición de una nueva licencia que contara con la "participación de los pueblos indígenas de la región, fundada en estudios y planes elaborados previamente consultados a sus autoridades". Dispuso, además, que el Ministerio del Interior debía consultar al pueblo barí tras informar de la influencia del proyecto en su hábitat tradicional, "con el propósito de lograr una certificación concertada" sobre la existencia de comunidades, y ordenó que una eventual certificación negativa fuera corroborada por el juez constitucional de primera instancia.

Al parecer, este tipo de actuación se ha vuelto frecuente, generalmente cuando de operaciones petroleras se trata. Así lo confirma un informe de sistematización de los procesos de consulta previa realizados en los años 2009 y 2010 por los ministerios del Interior y del Ambiente (Oxfam, CNOA y ONIC, 2011), en el que se identifican buenas y malas prácticas. La primera de las malas prácticas que se reseñan es la falta de reconocimiento y certificaciones erróneas sobre la existencia de grupos étnicos.

CONSULTA FRAUDULENTA

Con respecto a proyectos que se realizarían en territorios jurídicamente reconocidos, cuando se advierte que puede existir resistencia de las comunidades, la empresa interesada auspiciada por el Gobierno instrumenta la consulta utilizando diferentes vías; entre ellas, la más común es la de cooptar a líderes y autoridades mediante su vinculación contractual y la entrega de prebendas a personas o segmentos de la población con el objeto de neutralizar la oposición. Cuando esto no se logra, se procede a desconocer o deslegitimar a las autoridades tradicionales y a reconocerles investidura, para concertar con ellas, a personas de la comunidad favorables a la empresa y a dividir la organización, como ocurrió en el caso del pueblo emberá katío del alto Sinú. Es así como la consulta, de mecanismo para proteger los derechos de los indígenas, deviene instrumento para su vulneración.

Es el caso de proyectos de gran envergadura, como el conocido proyecto minero Mandé Norte, a cargo de la compañía de origen estadounidense Muriel Mining Corporation. La empresa fue beneficiaria de nueve títulos mineros otorgados por el Estado en 2005, expedidos sin conocimiento de las comunidades,[10] para explotar y comercializar reservas mineras en un área situada entre los departamentos de Antioquia y Chocó, que cubre parte de tres resguardos indígenas emberás y de un territorio colectivo de comunidades afrocolombianas (Arango *et al.*, 2006). Durante los años 2006 y 2007 se realizaron varias reuniones con algunas autoridades indígenas y afrocolombianas de dos de los cinco municipios afectados por el megaproyecto, y otras personas que no tenían ninguna representatividad. Varias de las comunidades afectadas rechazaron la forma como se convocaban y realizaban las reuniones, y mediante su organización regional denunciaron que la empresa minera sobornaba a algunos miembros de sus comunidades para que autorizaran sus trabajos. No obstante, el Ministerio del Interior continuó el proceso y dio por culminada la consulta con un acta de protocolización de acuerdos y la conformación de un comité de seguimiento. A fines de 2008, la compañía minera se instaló en la zona para comenzar actividades, al tiempo que el territorio fue objeto de operaciones militares para brindar protección a la empresa.

---

[10] De acuerdo con el Código de Minas, las comunidades étnicas tienen prelación para el otorgamiento de títulos mineros dentro de sus territorios, y cualquier solicitud de derechos realizada por terceros debe ser previamente informada a las comunidades con el fin de que puedan hacer valer su derecho de prelación.

Como en los casos anteriores, fue la Corte Constitucional la encargada de proteger los derechos indígenas. En sentencia de revisión T-769 de 2009, constató que la supuesta consulta se realizó con personas que "no representaban a las comunidades, no tenían capacidad de decisión sobre sus territorios ancestrales y no estaban representadas todas las comunidades afectadas", y que no se habían realizado estudios integrales sobre los impactos del megaproyecto minero a cielo abierto. Ordenó suspender todas las actividades, culminar estudios científicos integrales sobre el impacto del proyecto y difundir ampliamente los resultados entre las comunidades, y rehacer la consulta previa en debida forma y con todas las comunidades afectadas.

De esta sentencia cabe destacar un avance en la jurisprudencia nacional respecto a la diferenciación de la consulta cuando se trata de proyectos de desarrollo o de inversión a gran escala que afecten los derechos de propiedad, uso y goce de sus territorios. Apoyada en previos pronunciamientos de organismos internacionales, en especial la sentencia de la Corte Interamericana de Derechos Humanos al resolver el "Caso del pueblo Saramaka vs. Surinam",[11] la Corte Constitucional dictaminó que

… cuando se trate de planes de desarrollo o de inversión a gran escala, que tengan mayor impacto dentro del territorio de afrodescendientes e indígenas, es deber del Estado no solo consultar a dichas comunidades, sino también obtener su consentimiento libre, informado y previo, según sus costumbres y tradiciones, […] por lo que en estos casos las decisiones de las comunidades pueden llegar a considerarse vinculantes, debido al grave nivel de afectación que les acarrea.[12] Aclaró también que la vulneración del derecho a la consulta sobre proyectos de exploración y

---

[11] Corte IDH, "Caso del pueblo Saramaka vs. Surinam: excepciones preliminares, fondo, reparaciones y costas", noviembre de 2007.

[12] Corte Constitucional, Sentencia T-769 de 2009, M. P.: Nilson Pinilla P., p. 35.

explotación de recursos naturales conlleva la violación del derecho de propiedad de los pueblos sobre sus territorios ancestrales.[13]

CONSULTAS LEGITIMADAS POR LAS COMUNIDADES INDÍGENAS INVOLUCRADAS

Se trata de la misma modalidad de consulta reseñada en el punto anterior, pero se diferencia de ella en que las comunidades no están suficientemente organizadas o cohesionadas, o no cuentan con apoyo calificado para enfrentar este tipo de proyectos, por todo lo cual acceden con facilidad a los ofrecimientos de las empresas.

En este tipo de consultas lo que se realiza es una negociación al ritmo y necesidades de las empresas, sin que la comunidad tenga una clara valoración de los impactos que puede generar el proyecto ni goce de la oportunidad de analizar colectivamente el alcance del proyecto sobre sus derechos y su proyecto de vida. Así, la consulta se convierte en oportunidad para que los indígenas accedan a unos recursos que generalmente se concretan en apoyo para algunos proyectos productivos, dotación de infraestructura para escuelas, transporte o vivienda, y la generación de empleo para un segmento de la población indígena (Villa, 2011).

El informe de sistematización de los procesos de consulta llevados a cabo durante 2009 y 2010, realizado por Oxfam, CNOA y ONIC (2011), da cuenta de que los principales acuerdos en estas consultas se refieren a la contratación laboral prioritaria a miembros del grupo étnico por la empresa, capacitación, compensaciones y medidas de protección ambiental, construcción y adecuación de servicios comunitarios, y financiación de proyectos productivos. En uno de los casos analizados, el del pueblo sikuani del resguardo Unuma frente a la exploración petrolera

---

[13] *Ibid.*, p. 41.

a cargo de la empresa de origen canadiense Talisman Energy, se indica que los acuerdos que constan en el acta de protocolización de la consulta versan sobre compensaciones tasadas en un monto de 1100 millones de pesos (aproximadamente USD 600000) para proyectos productivos y la contratación que la empresa haría de 177 personas de la comunidad para realizar trabajos no calificados, además de la construcción de una sala de internet y la remodelación de la escuela (Oxfam *et al.*, 2011, p. 36).

Este tipo de contraprestaciones generan, de forma transitoria, un flujo de recursos y empleo en la población, pero a la vez, de manera intensa, propician un proceso de degradación cultural. Al sustraer a los jóvenes e integrarlos como empleados de la empresa, así sea en la escala más baja de operación, se les impone un modelo en el que abandonan las prácticas productivas tradicionales, se debilitan las estrategias que garantizan la soberanía alimentaria y los individuos contratados se articulan a un modelo dependiente. Así lo corrobora el informe de sistematización, para el cual las comunidades identificaron los cambios sufridos con la llegada de la petrolera.[14] A pesar de que la consulta no fue controvertida posteriormente por los indígenas, al ser consultados sobre malas prácticas, estos mencionaron, entre otras, el no respeto de los plazos para generar consenso en las comunidades, no haber garantizado el conocimiento que debían tener los indígenas sobre sus derechos, la falta de la consulta previa y la falta de información sobre las implicaciones del proyecto para las comunidades, la falta de asesoría independiente durante el proceso y la suscripción del acta por falsos líderes y exlíderes comunitarios. También

---

[14] Durante la sistematización, los indígenas mencionaron entre los impactos, que la contratación de los indígenas por la petrolera ocasionaba la pérdida del sentido tradicional de su trabajo en la comunidad, que les hace perder sus prácticas cotidianas de autoabastecimiento, y que la empresa creó la costumbre en los líderes indígenas de recibir beneficios materiales por asistir a sus reuniones, lo cual se reflejó en la disminución de la participación en las reuniones del proceso comunitario (Oxfam *et al.,* 2011, p. 36).

resaltaron como mala práctica ejercida por la empresa, los *estímulos* económicos que daba a algunos líderes para acelerar la firma de acuerdos (Oxfam *et al.*, 2011, p. 36).

De acuerdo con la información contenida en la misma sistematización, se puede concluir que este tipo de consulta es el que más se aplica y, a pesar de que en la mayoría de los casos las consultas se encontraban como casos cerrados por las instituciones, ello no indica que se hubieran cumplido los estándares mínimos, nacionales e internacionales, con los que se deben realizar. Por ello, el informe concluye que en Colombia no se han desarrollado consultas previas que cumplan a cabalidad con esos estándares (Oxfam *et al.*, 2011, p. 44).

LA CONSULTA SOBRE MEDIDAS GENERALES QUE PUEDEN AFECTAR AL CONJUNTO DE PUEBLOS INDÍGENAS

En Colombia se registran antecedentes sobre este tipo de consultas previas a la adopción tanto de la Constitución de 1991 como del Convenio n.º 169 de la OIT. Durante los años ochenta, período de ascenso del movimiento indígena, las instancias estatales dieron muestras de cierta apertura hacia el reconocimiento de derechos y a la participación de las organizaciones indígenas en la adopción de las normas que habrían de regularlos. En efecto, algunas normas reglamentarias de la época fueron previamente consultadas con las organizaciones, especialmente las que versaban sobre tierras, salud y educación.[15] En esa época también se dio una primera experiencia de concertación del Código de Minas, adoptado mediante el Decreto 2655 de 1988. Esta concertación se vio parcialmente frustrada, pues en el momento de expedir el Código, el Gobierno introdujo modificaciones sustanciales a lo acordado con los indígenas.

---

[15] Es el caso de los decretos 2001 de 1988, sobre resguardos, y 1811 de 1991, sobre atención en salud.

A partir de 1991, los gobiernos en general han mantenido en mayor o menor medida la práctica de la participación indígena para la adopción de normas reglamentarias de sus derechos[16] y eventualmente de algunos proyectos de ley, pero, en todo caso, no con el rigor que mandan los estándares internacionales. Pero cuando de intereses económicos estratégicos se trata, la participación no ha sido decisiva, como nuevamente sucedió con el Código de Minas adoptado en 2001 para sustituir el de 1988, o con el Decreto 1320, reglamentario de la consulta de proyectos en territorios indígenas.

Por ausencia de esta consulta, fueron declarados inconstitucionales varios estatutos legislativos de primer orden para el país: la ley general forestal (Ley 1021 de 2006), el Estatuto de Desarrollo Rural (Ley 1152 de 2007) y la Ley 1382 de 2010, que modificaba el Código de Minas.[17] En las sentencias respectivas, la Corte sostuvo que, entre otros requisitos, estas consultas debían estar precedidas de una consulta sobre el proceso consultivo, el cual debía definirse en las instancias correspondientes, como la Mesa Permanente de Concertación con los Pueblos y Organizaciones Indígenas.

Bajo estos parámetros, el gobierno actual ha desarrollado ya varios procesos de consulta: primero, de su Plan Nacional de Desarrollo 2010-2014 (Ley 1450 de 2011); luego, de una legislación específica para la reparación de las víctimas indígenas de la violencia armada (Decreto con Fuerza de Ley n.° 4633 de 2011), y en la actualidad se dispone a emprender la consulta previa de un nuevo proyecto de ley de tierras. Particularmente, en el proyecto de ley de víctimas indígenas, la consulta se

---

[16] Entre otras normas, fueron objeto de concertación los decretos 2164, 804, 2357 y 1386 de 1995, el primero sobre resguardos indígenas, y los siguientes sobre salud, educación y transferencias de recursos presupuestales de la Nación a los resguardos indígenas, respectivamente.

[17] Corte Constitucional, Sentencias de Constitucionalidad C-030 de 2008, M. P.: Rodrigo Escobar Gil; C-175 de 2009, M. P.: Luis E. Vargas Silva; y C-366 de 2011, M. P.: Luis E. Vargas Silva.

desarrolló en varias etapas, partiendo de un acuerdo en la Mesa de Concertación sobre el texto del proyecto que iba a ser consultado; luego, mediante actividades de información y deliberación adelantadas por departamentos y regiones, para finalizar nuevamente en la Mesa de Concertación (Henao y Castaño, 2011).

CONCLUSIONES

En Colombia, la consulta previa no es una práctica que responda al sentido de este mecanismo, cual es proteger los derechos de los pueblos indígenas. Es decir, no ha servido para garantizar su integridad cultural, su autonomía o autodeterminación ni su propiedad territorial. En su lugar, se ha convertido en un instrumento efectivo para avanzar sobre los territorios indígenas con grandes proyectos económico-empresariales, restando a los pueblos parte importante de su propiedad ancestral e introduciendo serios factores de desestructuración sociocultural.

El reconocimiento de la propiedad territorial indígena parece haberse asumido como un acto jurídico formal, pues en la práctica el Estado dispone de ella como si fuera propiedad pública, al otorgar títulos mineros y concesiones para exploración o explotación de recursos sin consultar previamente a sus plenos propietarios.

La movilización indígena para demandar que el derecho fundamental a la consulta se cumpla no ha garantizado a las comunidades un desenlace satisfactorio. Esto tampoco se ha garantizado en los escenarios jurídicos, pues a pesar que sucesivamente los tribunales de justicia le ordenen al Gobierno suspender proyectos para realizar en debida forma la consulta, en los hechos se instrumentan diversas fórmulas como la cooptación mediante la prebenda o el empleo, la corrupción o, las más efectivas, la amenaza, la violencia y el desplazamiento forzado de la población, para imponer finalmente el proyecto en detrimento de la territorialidad y la integridad de los pueblos indígenas. Quizás por ello para el pueblo u'wa estaba claro que el problema de fondo no era si se realizaba o no en debida forma la consulta previa, a la cual se opusieron de manera persistente:[18] para ellos la cuestión es que "no se puede abrir tajos a la Madre Tierra para sacar el ruiría [la sangre de la madre tierra]. Si lo extraen, el universo convulsionará y Sira [Dios] castigará a su pueblo" (Betancur, 1999).

Cuando las comunidades acceden a la consulta como fórmula de transacción de beneficios económicos a cambio de la implementación del proyecto, se inicia un acelerado proceso de cambio cultural e integración, que finalmente termina por desintegrar a pueblos y comunidades para convertirlos en ciudadanos marginales, dependientes y sin perspectivas de futuro.

Con relación a la consulta como ejercicio de participación en decisiones generales que les afectan, se ha generado una experiencia importante en los últimos años, pero no se tiene certeza de que se replique cuando se trate de temas que involucran intereses estratégicos en el modelo de desarrollo vigente. Podría anticiparse que la consulta tendrá otros matices en cuanto al proyecto de ley de tierras, en la que finalmente se busca configurar bases sólidas para el desarrollo de la agroindustria y de la explotación de recursos naturales, o en una nueva ley modificatoria al Código de Minas, que se deberá expedir próximamente a raíz de la inconstitucionalidad —declarada por la Corte— de la anterior. Ambos proyectos de ley son de gran trascendencia

---

[18] En el Campo Gibraltar, en los límites del resguardo u'wa, Ecopetrol realizó las exploraciones luego del retiro de la Oxy, en el año 2002, y en 2004 decidió abrir un nuevo bloque de exploración, Catleya, que abarca áreas del resguardo. Frente a la convocatoria para realizar una nueva consulta, el pueblo u'wa expresó su decisión de no participar y de no aceptar el desarrollo de actividades extractivas en el territorio del resguardo. La Dirección de Etnias del Ministerio del Interior declaró agotado el proceso y continuaron los trámites. Según información de Ecopetrol, no se han iniciado actividades y manifiesta que no ingresará al territorio u'wa "legalmente constituido" sin previo acuerdo con sus autoridades. Al respecto puede consultarse la página web de Ecopetrol.

para los pueblos indígenas por regular los asuntos que subyacen a la vulneración de todos sus derechos colectivos, en especial la usurpación sistemática de sus territorios ancestrales. Será necesario esperar las consultas para analizar hasta qué punto el actual gobierno está dispuesto a su correcta aplicación y a sacrificar poderosos intereses económicos para salvaguardar la territorialidad y la integridad cultural de los pueblos indígenas.

No obstante las expectativas o dudas que se puedan suscitar, el hecho de que tengan que ser consultados constituye en sí una oportunidad invaluable para que el movimiento indígena defina nuevas bases para un proyecto político de alcance nacional, en aras de salvaguardar su existencia en el marco del modelo actualmente vigente. En este ejercicio, y en la manera como los indígenas se posicionen frente a los grandes proyectos económicos que se extienden sobre sus territorios a lo largo y ancho del país, se define su futuro en términos de una integración a las sociedades nacionales, integración a la que se han resistido durante cinco siglos.

REFERENCIAS

Arango, J. U., Arboleda, A. y Yagarí, N. (2006). Megaproyectos mineros en territorios de comunidades negras e indígenas en el bajo y medio Atrato: el proyecto minero Mandé Norte. *Etnias y Política* (3), (pp. 96-111). Disponible en http://www.observatorioetnicocecoin.org.co/descarga/etnias3.pdf.

Betancur, A. (2009). Los derechos indígenas en el bloque de constitucionalidad. En E. Pacheco (ed.), *Los derechos territoriales de los pueblos indígenas del Chocó.* Quibdó: Fucla.

Betancur, A. (1999). *Defendiendo ruiría para que no muera Kerachikará.* Resumen de caso del pueblo u'wa con la Occidental de Colombia. Bogotá: ONIC (inédito).

Comité de Naciones Unidas para la Eliminación de la Discriminación Racial, *Consideraciones de los informes presentados*

por los Estados partes conforme al artículo 9 de la Convención: observaciones finales respecto del Ecuador, 2003, ONU
Doc. cerd/c/62/co/2, 2 de junio de 2003.

Corte Interamericana de Derechos Humanos (IDH) (noviembre
de 2007). *Caso del pueblo Saramaka vs. Surinam: excepciones preliminares, fondo, reparaciones y costas o Informe del
relator especial sobre la situación de los derechos humanos
y las libertades fundamentales de los indígenas.*

Due Process of Law Foundation (DPLF) (2011). *El derecho a la
consulta previa, libre e informada de los pueblos indígenas:
la situación de Bolivia, Colombia, Ecuador y Perú.* Lima:
DPLF y Oxfam, Gama Gráfica SRL.

Gaitán, O. (2012). *El derecho fundamental a la consulta previa:
línea jurisprudencial de la Corte Constitucional en la materia.* Documentos Codhes. Disponible en http://www.
onic.org.co/documentos/1470-el-derecho-fundamental-
a-la-consulta-previa-linea-jurisprudencial-de-la-corte-
constitucional-en-la-materia.

Henao, D. y Castaño, L. (2011). Propuesta(s) de decreto(s) ley
para la atención, asistencia, reparación integral y restitución de pueblos y comunidades indígenas, rom, negras,
afrocolombianas, raizales y palenqueras: informe final
de sistematización proyecto de Protección de Tierras Y
patrimonio. Bogotá: Ministerio de Agricultura (inédito).

Jaramillo, E. (comp.) (2011). *Kimy, palabra y espíritu de un río.*
Bogotá: Iwgia, Colectivo Jenzerá, Editorial Códice.

Mesa, G. (octubre de 2008). La consulta previa en proyectos
desarrollados en territorios indígenas y afrocolombianos.
La ley del más fuerte: explotación petrolera y limitaciones
al derecho fundamental a la consulta previa en el caso de
los u'wa con oxy. *Revista Semillas* (36/37).

Organización Nacional Indígena de Colombia (ONIC) (2007).
*Derechos de los pueblos indígenas y sistemas de jurisdicción
propia.* Bogotá: Editorial Bochica.

Organización Nacional Indígena de Colombia (ONIC) (2009). *Estado de los derechos humanos y colectivos de los pueblos indígenas de Colombia: etnocidio, limpieza étnica y destierro.* Informe al Relator Especial de la ONU para los Derechos de los Pueblos Indígenas. Bogotá.

Roldán, R. (2007). *Territorios indígenas y parques nacionales naturales.* Consultoría para el Programa de Consolidación Amazónica. Bogotá: Coama.

Sánchez, E. y Molina, H. (2010). *Documentos para la historia del movimiento indígena contemporáneo.* Bogotá: Ministerio de Cultura.

Villa, W. (2009). Los pueblos indígenas del Chocó y la expropiación de sus territorios. En E. Pacheco (ed.), *Los derechos territoriales de los pueblos indígenas del Chocó.* Quibdó: Fucla.

Villa, W. (2011). El movimiento social indígena colombiano: entre autonomía y dependencia. En A. Betancur (ed.), *Movimientos indígenas en América Latina: Resistencia y nuevos modelos de integración.* Bogotá: Iwgia, Editorial Códice.

"AQUÍ LLEGARON COMPRANDO, NO CONSULTANDO".

Los retos de la consulta previa en proyectos de gran minería: una mirada desde el caso Marmato[1]

Gloria Patricia Lopera[2]

---

[1] Este trabajo es un resultado parcial del proyecto de investigación "La consulta previa como herramienta para la transformación de contextos de desarrollo y la mitigación de conflictos socioambientales" (código Colciencias 111552128789), desarrollado conjuntamente por los grupos de investigación Rerdsa, del Instituto de Estudios Regionales de la Universidad de Antioquia, y Justicia y Conflicto, adscrito a la Escuela de Derecho de la Universidad Eafit.

[2] Abogada por la Universidad de Antioquia (Medellín, Colombia), magíster en Antropología por la Universidad de Antioquia y doctora en Derecho por la Universidad de Castilla-La Mancha (España). Se desempeñó como profesora de la Escuela de Derecho de la Universidad Eafit (Medellín, Colombia) en el área de Teoría del Derecho y Argumentación Jurídica (2005-2015) y como magistrada auxiliar de la Corte Constitucional (2013-2015). Ha desarrollado investigaciones en el ámbito de la relación entre derecho estatal y derechos indígenas. En la actualidad cursa estudios de doctorado en Historia y es asistente de docencia en la Florida International University (FIU).

INTRODUCCIÓN

El modelo de desarrollo basado en la reprimarización de las economías latinoamericanas, en el que se inscribe el auge de las industrias extractivas, sumado a las crecientes demandas sociales de participación de las poblaciones impactadas por este tipo de proyectos, ha tenido como consecuencia un incremento tanto del número como de la intensidad de los conflictos socioambientales, entendidos como las disputas que tienen lugar entre diferentes actores sociales —principalmente las entidades estatales, las empresas y las poblaciones locales, aunque también intervienen asociaciones ecologistas, de derechos humanos, grupos de presión, partidos políticos y la academia— en torno a las consecuencias medioambientales y sociales derivadas de la realización de proyectos de desarrollo.[3]

Para el caso de Colombia, que en la actualidad cifra sus esperanzas de inserción en el mercado mundial en la buena marcha de la llamada "locomotora minera", muchos de estos conflictos han estado acompañados de demandas de reconocimiento de ciudadanías étnicas diferenciadas, esto es, de la movilización de identidades étnicas (principalmente indígenas y afrodescendientes) que corresponden a poblaciones que demandan su derecho a ser consultadas sobre la realización de proyectos de explotación de recursos naturales en sus territorios. Esta suerte de "etnización" de los conflictos socioambientales obedece, principalmente, a dos razones: por un lado, buena parte de estos proyectos de desarrollo tienen lugar en territorios habitados por indígenas o afrodescendientes; por otra parte, hay una asimetría en los derechos de participación que en Colombia se les reconoce

---

[3] Proyectos de desarrollo que, a su vez, son definidos por Claudia Puerta como "conjuntos relativamente coherentes de ideas y prácticas vehiculados por un grupo social, que legitiman la instalación de actividades de este grupo en un lugar determinado, justificándola mediante la idea del 'desarrollo'" (Puerta Silva, 2010, p. 150).

a las comunidades locales según movilicen o no una identidad étnica (Hillón, 2014), asimetría que resulta especialmente visible en el caso de proyectos mineros, pues mientras la legislación colombiana, salvo que se trate de espacios de participación no vinculantes previstos para el trámite de licencias ambientales (como las audiencias públicas ambientales), no contempla de manera expresa ningún mecanismo efectivo de participación para las comunidades locales que se oponen a la realización de proyectos mineros en sus territorios,[4] en cambio sí consagra el derecho de los grupos étnicos a ser consultados y, en caso de proyectos de gran minería, a que estos no se lleven a cabo sin contar con el consentimiento libre, previo e informado de dichos grupos.

Lo anterior ha hecho que buena parte de las demandas jurídicas de participación de las comunidades se canalice por medio del reclamo de los derechos a la consulta popular y al consentimiento libre, previo e informado. Estos reclamos le han permitido a la Corte Constitucional colombiana desarrollar un extenso corpus jurisprudencial en el cual, sin embargo, quedan muchas preguntas por resolver, entre ellas las siguientes: 1) ¿Cómo operan los derechos a la consulta previa y al consentimiento libre, previo e informado en el caso de proyectos que se desarrollan en territorios habitados por poblaciones pluriétnicas,

---

[4]   No obstante, las poblaciones de Piedras (Tolima) y Tauramena (Casanare) han hecho uso del mecanismo de la consulta popular, previsto en los artículos 103 a 105 de la Constitución y desarrollado en la Ley 134 de 1994, para oponerse a la explotación minera y de hidrocarburos en sus municipios. Otros municipios, como Támesis y Urrao (Antioquia), han expedido acuerdos municipales en los que se prohíbe el ejercicio de la minería en sus territorios. Sin embargo, el Gobierno nacional se ha negado a reconocer la validez de estas iniciativas locales de participación e incluso, en el caso de Piedras, la Procuraduría ha iniciado investigaciones disciplinarias contra el alcalde y los concejales de este municipio, a quienes se acusa de extralimitación en el ejercicio de sus funciones por promover la consulta popular. Al respecto puede consultarse http://www.eltiempo.com/colombia/tolima/ARTICULO-WEB-NEW_NOTA-IN-TERIOR-13768315.html (consultado el 4 de abril de 2014).

esto es, donde población indígena y afrodescendiente, con derecho a ser consultada, comparte territorio con población que no moviliza una identidad étnica, pero que también se ve impactada por el proyecto y, en consecuencia, reclama el derecho a participar en las decisiones relativas a su ejecución?; 2) para el caso específico de proyectos mineros, ¿en qué momento surge la obligación de consultar a las comunidades?

El objetivo de este artículo es examinar estos dos interrogantes y, a través de ellos, algunas de las limitaciones y retos que ofrece la consulta previa como herramienta de gestión de los conflictos socioambientales en casos de proyectos de gran minería, tomando como punto de partida una aproximación sociojurídica al conflicto que en la actualidad suscita el proyecto de gran minería que la multinacional canadiense Gran Colombia Gold se propone desarrollar en el municipio de Marmato (Caldas, Colombia).

De este modo, se presentan los resultados de un proyecto de investigación que, en su diseño metodológico, propone una aproximación cualitativa a la figura de la consulta previa y el consentimiento libre, previo e informado, basada, por un lado, en el análisis de la normatividad y de la literatura sobre el tema, a fin de identificar el alcance que el derecho colombiano atribuye a tales mecanismos de participación, para el caso específico de los proyectos mineros. Por otra parte, dicha aproximación se basa en un estudio de caso que, durante la fase de trabajo de campo realizada entre marzo y junio de 2012, combinó la revisión de archivos, la realización de entrevistas, grupos focales, la participación en reuniones comunitarias, entre otras técnicas de investigación etnográfica.

Para tal efecto, el artículo se divide en cuatro partes: 1) se presentan los elementos centrales del caso Marmato, con el fin de identificar los ejes del conflicto, sus actores y las decisiones que, de acuerdo con la legislación colombiana, tendrían que ser objeto de consulta previa o consentimiento libre, previo e informado; 2) sobre esta base, se abordarán las dos preguntas a las que antes se hizo alusión; 3) en el caso de los proyectos de minería aurífera, ¿en qué momento surge la obligación de consultar a las comunidades?; 4) en contextos pluriétnicos, ¿a quién(es) se consulta? Finalmente, se presentan, a manera de conclusiones, algunos de los interrogantes y de las (pocas) respuestas que suscita el examen de ambas cuestiones.

EL PROYECTO DE GRAN MINERÍA EN MARMATO

Marmato es una población pluriétnica donde conviven 8848 habitantes, el 56,5 % de los cuales se reconoce como afrodescendiente, y el 16,7 %, como indígena, de acuerdo con las cifras del último Censo General de Población (DANE, 2005). Está situado en el noroccidente del departamento de Caldas, en el flanco este de la cordillera Occidental y en la vertiente occidental del río Cauca. La cabecera municipal se localiza en la parte superior de un cerro, hoy conocido como El Burro (antes denominado cerro El Guamo o Marmato), al cual se llega siguiendo una serpenteada vía ascendente que se encuentra en la margen derecha de la carretera que comunica a Medellín con Manizales. La vía está pavimentada hasta un sector conocido como El Llano, tradicional asentamiento de población afrodescendiente, distante a 3 km de la cabecera municipal, hoy convertido en zona de expansión y posible lugar para el reasentamiento de quienes habitan en la parte alta del cerro (esto último en el evento de que llegue a ejecutarse el proyecto de gran minería, que no se descarta sea a cielo abierto, y que una multinacional canadiense pretende adelantar en Marmato). Aunque existen yacimientos mineros en otras zonas del municipio, la mayor parte de las minas de las que los marmateños derivan su sustento se concentra en la parte alta del cerro El Burro, en el sector aledaño de Cien Pesos y en la vereda Echandía.

Vista del cerro El Burro
Fuente: Luis Javier Caicedo (www.albicentenario.com)

La llegada de un proyecto de gran minería puede dar lugar a dos tipos de conflictos en función de la vocación productiva de la población que habita el territorio en el que pretenda asentarse el proyecto: en el caso de poblaciones con vocación agrícola o forestal, los conflictos suelen girar en torno a la aceptación o el rechazo de la minería, y enfrentan a quienes se rehúsan a que la tierra que cultivan y, con ella, su identidad campesina y su riqueza hídrica, forestal y paisajística, sea removida para ir en pos de las riquezas que yacen en el subsuelo, y quienes, por el contrario, sostienen que el desarrollo vendrá con la extracción de dichas riquezas. Entretanto, la llegada de este tipo de iniciativas a zonas con una larga tradición minera suele enfrentar a las empresas transnacionales, que se proponen adelantar proyectos a gran escala, con poblaciones locales que han construido su forma de vida ligada al ejercicio de la minería tradicional. En este último caso el debate no enfrenta a partidarios y detractores de extraer el oro, sino que involucra cuestiones tales como quién tiene derecho a extraerlo, cómo y a qué escala ha de llevarse a cabo su explotación.

El conflicto que tiene lugar en Marmato, al menos entre las poblaciones del casco urbano y veredas aledañas, constituye un claro ejemplo de este segundo tipo, y en sus protagonistas se concentra el análisis que se hará en este trabajo. Sin embargo, cuanto más nos alejamos del centro hacia las veredas del norte o hacia el corregimiento de San Juan, que constituyen la despensa agrícola del municipio, el conflicto tiende a desplazarse hacia el primer eje.

La disputa sobre quién tiene derecho a extraer el oro y la escala en la que ha de llevarse a cabo la explotación ha formado parte de la historia de Marmato, que en 2012 celebró sus 475 años de existencia. Para referirnos solo al lapso transcurrido entre la segunda mitad del siglo XX y lo que va del XXI, durante este tiempo el conflicto ha versado sobre: 1) si debe ser el Estado o, por el contrario, el capital privado, quien se ocupe de la explotación de las minas; 2) si se entrega la explotación a una sola gran empresa o se hace por medio de emprendimientos mineros de pequeña escala.

A finales de los años cuarenta del siglo XX, con el propósito de poner fin a los conflictos que generó la concentración de la propiedad minera en un solo actor y procurar la explotación eficiente del recurso,[5] la Ley 66 de 1946 dividió el cerro de

---

[5] Investigadores como Otto Morales Benítez (1993), Luis Fernando González Escobar (2002, pp. 380-385) y Álvaro Gärtner (2005, pp. 421-426) documentan los conflictos a los que dio lugar la hegemonía ejercida en la región por el

Marmato en dos zonas: la zona alta A, administrada por la Dirección de Minas de Marmato y explotada por los mineros de la región mediante "pequeños contratos de laboreo", la y zona baja B, también administrada por el Estado, pero destinada a ser contratada con una (o máximo dos) empresa(s) para adelantar una explotación a mediana escala.

Este modelo de distribución del territorio y sus recursos sorteó desde sus comienzos serias dificultades,[6] e incluso ha dado lugar a un modelo de explotación por cotas único en el país, cuya complejidad no logra ser capturada por el sistema de coordenadas planas con el que funciona el registro minero, lo que ha generado problemas para la formalización de la propiedad minera en Marmato. Siguiendo la tradición de ordenación escalonada del territorio y de distribución vertical de los trabajos mineros, sobre la cual se basa la distribución del cerro en zona alta y baja, establecida por la legislación de los años cuarenta y cincuenta, la asignación de derechos de explotación en la zona alta ha operado de acuerdo a un sistema de cotas. Al preguntarle a don Eulises Lemus, marmateño con amplio conocimiento de temas mineros, por el origen de este peculiar sistema de titulación, explica que no existe ninguna norma que lo consagre, o al menos él no la conoce, pero que fue la manera en que por muchos años el propio Estado distribuyó los derechos de explotación sobre la parte alta del cerro: "Usted puede llegar hasta

---

general Alfredo Vásquez Cobo, a quien el gobierno conservador entregó la administración de las minas de Marmato como recompensa por los servicios prestados durante la guerra de los Mil Días.

[6] Derivadas, entre otras razones, de la ineficiente gestión de las entidades estatales a las que se encargó la administración de las minas de Marmato; a que desde temprano la normatividad estatal (por medio del Decreto 2223 de 1954) allanó el camino para procurar que la explotación de todo el cerro se contratara con una sola gran empresa; al desmonte, desde la década de 1990, de la institucionalidad estatal encargada de administrar las minas y, en la actualidad, al predominio de un modelo de desarrollo que privilegia la inversión extranjera y la explotación minera a gran escala.

donde comienza la mina del otro, para que no lo desfonde". Y en un terreno pendiente como el de Marmato, que además concentra gran cantidad de trabajos mineros, especialmente en la zona alta, la mina del otro no se encuentra solo al lado, sino que suele estar por encima o por debajo.

La división del cerro El Burro en una zona alta, reservada al ejercicio de la pequeña minería por los lugareños, y una zona baja, que el Estado puede contratar con una empresa para un emprendimiento formalizado y de mayor escala, ha sido un componente decisivo en la particular construcción de la identidad de Marmato como pueblo minero, que lo hace diferente de otros que desarrollan sus relaciones sociales y productivas en torno de una economía de enclave, dependiente de una gran empresa. Los marmateños, en cambio, han estructurado sus relaciones sociales y productivas a partir de una distribución del territorio que ha permitido la convivencia (no exenta de conflictos, por cierto) entre pequeña y mediana minería, logrando así mantener, por un lado, una fuente permanente y segura de empleo formal en la empresa de mediana minería situada en la zona baja, cuya técnica y volúmenes de explotación la aproximan a los criterios de eficiencia que pretende alcanzar el país minero. Pero, a la vez, este modelo de distribución territorial ha permitido que sus habitantes no dependan por completo de esta empresa y, mediante los emprendimientos de pequeña minería en la zona alta, haya sido posible "la existencia de una categoría laboral, libre de controles estatales, que es fundamento de la idea marmateña de que en este pueblo minero el que no consigue dinero es porque no quiere trabajar, y de que aquí no hay desempleo ni se pasa hambre" (González Colonia, 2012, p. 70). Esta territorialidad vertical ha posibilitado, en contraste, relaciones sociales y productivas algo menos asimétricas, lo cual en buena parte explica por qué Marmato, hasta el presente, no se ha visto afectado por los estragos del conflicto armado interno, lo que lo convierte en una excepción respecto de otros pueblos mineros de Colombia. Sin embargo, no ha podido escapar de una tendencia común a otros pueblos mineros, que suelen presentar índices de calidad de vida más bajos en relación con poblaciones de vocación no minera y una deficiente gestión de los impactos ambientales generados por dicha actividad. En este contexto tiene lugar, desde mediados de la década de 1990, la llegada del proyecto de gran minería a Marmato, en cuyo desarrollo es posible identificar los siguientes hitos:

1. Una fase preparatoria, entre 1994-2004, con la cual se buscaba allanar el camino para la adquisición de los títulos mineros, principalmente por medio de dos estrategias: por un lado, la titulación directa a los pequeños mineros de la zona alta A, mediante el programa de legalización de minería de hecho establecido en la Ley 141 de 1994, cuya aplicación en Marmato recibió el decidido impulso de la Corona Goldfield (la empresa que por entonces hacía presencia en la zona); por otro lado, el proyecto de integración de los títulos de pequeña minería otorgados en la zona alta A en tres contratos grandes, con el fin de facilitar la concentración y, con ello, la negociación de la propiedad minera.[7]

2. En 2003 se inició un paulatino proceso de adquisición de los derechos de explotación y de concentración de la propiedad minera por medio de la cesión de los títulos mineros a favor de las empresas que forman parte del grupo empresarial Gran Colombia Gold Corp.[8] Durante este período se consolidó la

---

[7]   Esta última estrategia no logró implementarse a cabalidad, pues de los tres contratos en los que se agruparían los títulos mineros de la zona alta A solo alcanzó a firmarse uno (Contrato CHG-081), que produjo la integración jurídica de cerca de un tercio de las minas existentes en la parte alta del cerro de Marmato.

[8]   Entre las sociedades hoy pertenecientes a este grupo empresarial que han hecho presencia en Marmato se destacan, en su orden de aparición, la Colombia Goldfields Ltd., Compañía Minera de Caldas S. A. S., Minerales Andinos de Occidente S. A., Minera Croesus S. A. S., Gavilán Minerales S. A. S. y Medoro Resources, entre otras. La composición del Grupo Empresarial Gran Colombia

adquisición de los títulos mineros de la zona de Echandía,[9] del título de mediana minería de la zona baja B[10] y de buena parte de los títulos de pequeña minería de la zona alta A, respecto de los cuales se tramitan en la actualidad dos solicitudes de integración de áreas.

3. A la par que avanzaba la adquisición de derechos mineros en la zona, el periodo comprendido entre los años 2005 y 2008 marcó un momento crucial en la manera en que el proyecto se posicionó ante la opinión pública y ante los habitantes de Marmato. Tres hechos resultaron decisivos durante ese período: en primer lugar, el anuncio ante la prensa, en diciembre del 2005, del interés de la multinacional, por intermedio de la Compañía Minera de Caldas, de adelantar un proyecto de explotación de oro a cielo abierto en el cerro El Burro, que implicaría el traslado del casco urbano del municipio, y el beneplácito del Gobierno nacional ante esta iniciativa.[11] En segundo lugar, la ocurrencia, en mayo de 2006, de lo que algunos describieron

---

Gold Corp. se estableció mediante la consulta del Certificado de Existencia y Representación Legal de una de sus subsidiarias, Minerales Andinos de Occidente S. A., expedido el 20 de junio de 2012, donde se muestra que la integración de estas y otras sociedades al mencionado grupo empresarial se realizó por medio de un documento privado suscrito el 2 de febrero de 2012.

[9] Entre los cuales se destaca el Reconocimiento de Propiedad Privada (RPP) 357 y el título de la mina La María, que fueron adquiridos por la Minera Croesus S. A. S, perteneciente al grupo empresarial Gran Colombia Gold Corp.

[10] La adquisición de la empresa Mineros Nacionales, que desde 1990 adelanta labores de explotación a mediana escala en la parte baja del cerro en virtud del contrato de concesión 014/89M, representó un hito decisivo para consolidar la presencia de la multinacional en el municipio, por cuanto le permitió asumir el control de la empresa minera que constituye la principal fuente de empleo formal de los marmateños (y población vecina), y a la vez socavar el modelo de división territorial y distribución del recurso entre pequeña y mediana minería, que ha estructurado las relaciones sociales y productivas de los marmateños.

[11] El anuncio fue difundido, entre otros, por el periódico *El Colombiano* en una nota titulada "El Cerrejón de oro", publicada el 12 de diciembre de 2005. Disponible en http://www.elcolombiano.com/BancoConocimiento/E/el_cerrejon_del_oro/el_cerrejon_del_oro.asp (consultado el 10 de octubre de 2013).

como una "avalancha" y otros como la caída de un "flujo de lodos y estériles" sobre la zona de la antigua plaza y del hospital, que dio lugar a que el Gobierno nacional declarara calamidad y emergencia en el municipio, a que se abandonaran las zonas directamente afectadas por el deslizamiento (argumentando la imposibilidad jurídica de invertir recursos públicos en zonas de riesgo) y a que se precipitaran los planes para el progresivo traslado del casco urbano al sector de El Llano,[12] a la vez que se activaron los procesos de resistencia local de los pobladores que se rehúsan a abandonar el municipio y vinculan la presión para el reasentamiento con el interés de despejar el territorio para adelantar el proyecto de explotación a cielo abierto. En tercer lugar, la decisión de la multinacional de proceder, entre los años 2007 y 2008, una vez adquiridos los derechos de explotación, al cierre de minas y a la destrucción de los molinos en los que se procesaba el mineral, lo que coincidió con la política de restricción del acceso a los explosivos implementada por las autoridades militares. Todo esto generó una grave crisis social en el municipio, pues las personas que laboraban en las minas clausuradas perdieron su trabajo y los pequeños empresarios locales que aún no habían negociado con la multinacional y operaban sus minas se vieron obligados a reducir sus plantillas debido a la dificultad de acceder a la dinamita (insumo necesario para la práctica de minería subterránea). Además de ello, los

---

[12] El tema del riesgo ha generado desde entonces opiniones encontradas, tanto en los diversos estudios técnicos que han sido realizados como entre los habitantes de Marmato, que han enfrentado a quienes consideran que el traslado del casco urbano es inevitable e incluso representa una oportunidad de progreso, y quienes, por el contrario, enfatizan que el riesgo es mitigable si se realizan las obras correspondientes, e interpretan la negativa a efectuarlas como una prueba más del desinterés del Estado por el municipio y su preferencia por allanar el camino al proyecto de gran minería que pretende adelantar la multinacional, en la medida en que el argumento del riesgo torna ineludible el traslado del municipio e implica que sus costos deban ser asumidos (al menos en parte) con recursos públicos (Ramírez Guerrero, 2010; Lasso Lozano, 2011, pp. 145-170; González Colonia, 2012, pp. 11-13; Sandoval y Lasso, 2012).

marmateños percibieron el cierre de las minas, la destrucción de los molinos y el abandono de la antigua plaza, luego de la caída del flujo de lodos, como una agresión a elementos de gran valor patrimonial y que han constituido la identidad del municipio como un pueblo minero (Ramírez Guerrero, 2010, p. 90). 4. En 2008 se inicia un reacomodo de las estrategias productivas de los marmateños para hacer frente al cierre de muchas de las pequeñas empresas mineras que venían operando en la parte alta de Marmato. Los mineros cesantes que permanecieron en el pueblo comenzaron a incursionar en las minas clausuradas por la empresa, dando origen al fenómeno del "guacheo", que se extendió en ese período debido a la llegada de gente procedente de municipios vecinos y de otras zonas del país, atraídos por la posibilidad de probar suerte en unas minas sobre las que ni sus nuevos dueños ni el Estado ejercían ningún control.[13] A ello se

---

[13] Tradicionalmente la expresión *guachar* fue empleada entre los marmateños para referirse a la extracción de mineral de la veta, donde la roca es blanda, sin valerse de medios técnicos como taladros o explosivos. *Guachero* era el minero que, por carecer de medios para perforar o dinamitar la roca, se limitaba a arañar las partes blandas de la veta o a recoger la roca que otros ya habían aflojado y meterla en costales que, una vez completada la carga, denominan *guacha* (González Colonia, 2012, cap. 3, pp. 8-9). Tras la ocupación de las minas abandonadas por la compañía, la expresión se generalizó para denominar la actividad ejercida por los pequeños grupos de mineros que, de manera independiente y al margen de cualquier relación laboral, comenzaron a explotar estas minas, incorporando en algunos casos el uso de perforadoras y explosivos, o a iniciar la apertura de nuevos frentes de trabajo en la parte alta del cerro. Aunque algunos habitantes de Marmato emplean la expresión *guachero* con una connotación peyorativa (que asocian al carácter poco tecnificado, ilegal y desordenado de esta forma de explotación), quienes se dedican a esta actividad reivindican esta denominación, a la que asocian una connotación de resistencia a la multinacional y defensa de la minería tradicional. Así lo expresa Mauricio Castañeda, líder de la mina La Socorro: "Dicen que suena muy feo, pero si me preguntan '¿usted qué es?' Yo soy guachero. Pero como dicen que *guachero* es ilegal, entonces ahora lo llaman *minero tradicional* o *pequeño minero*. Pero a lo que es, es: yo a lo blanco lo llamo *blanco* y a lo negro, *negro*. Para mí, guachero... me siento orgulloso de ser guachero. Hace seis años estoy guachando, directamente". Entrevista realizada el 31 de marzo de 2012.

sumó la intensificación de la crisis económica en el municipio, a raíz del cese de operaciones de la Colombia Goldfields y la Compañía Minera de Caldas, que abandonó el pueblo dejando pasivos laborales y deudas con los comerciantes locales, lo que motivó a algunos de los nuevos desempleados a buscar el sustento en la guacha (Lasso Lozano, 2011, p. 162).

5. A finales de 2009, el proyecto de gran minería fue reasumido por la compañía Medoro Resources, que tomó el control de la explotación de Mineros Nacionales en la zona baja de Marmato, y en el segundo semestre de 2010 inició operaciones de mediana minería subterránea en algunas de las minas de la parte alta, situadas en el sector de Echandía. También durante esa época se llevaron a cabo labores de exploración en la parte alta del cerro El Burro y en las veredas situadas al norte del municipio.

6. En el segundo semestre de 2011 Medoro Resources salió de escena y la Gran Colombia Gold pasó a ocupar su lugar. Esta última intensificó sus esfuerzos por ganarse la licencia social para operar, mediante la suscripción de convenios de inversión social con la Administración municipal, el apoyo a algunos proyectos productivos e iniciativas comunitarias, los cuales acompañó de un amplio despliegue en los medios de comunicación. Frente a los mineros de la zona alta, la compañía ha implementado una estrategia que combina el recurso a medios represivos y persuasivos: los primeros apuntan a recuperar el control de las minas mediante el recurso a amparos administrativos, denuncias penales e incluso el desalojo directo de algunas de las minas por medio de la acción conjunta de la fuerza pública y de la compañía de vigilancia privada que presta seguridad a la compañía.[14] Los segundos consisten en mejorar las ofertas de

---

[14] A raíz de uno de estos intentos de desalojo, ocurrido en enero de 2011, se conformó la Asociación de Mineros Tradicionales de Marmato, que agrupa a alrededor de quinientos pequeños mineros o *guacheros* que ejercen su actividad en quince de las minas adquiridas, y luego clausuradas, por la compañía

compra a los pocos que aún no han vendido sus derechos de
explotación (o de indemnización para poseedores sin título),
invitándolos a suscribir contratos de operación y, más recientemente, a sentirse dueños del proyecto mediante la oferta
de paquetes de acciones a las asociaciones de mineros y otros
grupos organizados de población.[15]

7. En el segundo semestre de 2012 la Gran Colombia Gold
presentó ante sus inversores un cálculo de reservas en el reporte
técnico NI43-101;[16] al mismo tiempo, se concluyó el estudio de
línea base para el reasentamiento de la población, llevado a cabo
por dos compañías consultoras contratadas para tal efecto por
la Gran Colombia. Desde entonces, coincidiendo con la caída
de los precios del oro, la empresa ha disminuido su presencia
en el municipio y la publicación de nuevos cálculos de reservas
ante los inversores, y ha concentrado su actividad en la intensificación de labores de explotación subterránea en la planta de

en la zona alta de Marmato. Además de la resistencia al desalojo de las minas
y al proyecto de gran minería, la Asociación de Mineros Tradicionales intenta
llevar a cabo una ordenación de la explotación del recurso en cada una de las
minas que controla, mediante la definición de normas básicas de funcionamiento adoptadas en asamblea (general o por minas) y que el líder de cada
mina se encarga de hacer cumplir. Entrevistas a Mario Tangarife, presidente
de la Asociación de Mineros Tradicionales de Marmato (realizada el 16 de
marzo de 2012) y a Mauricio Castañeda, líder de la mina La Socorro (realizada
el 31 de marzo de 2012).

15 La oferta de negociar con los mineros, tengan o no título sobre las minas en
las que laboran, está generando efectos adversos tanto para la compañía como
para los pequeños mineros que tradicionalmente han ejercido su actividad en
la parte alta de Marmato, pues ella está alentando a personas que pretenden
generar una situación que les permita negociar con la compañía, a abrir cada
vez más nuevos huecos en la montaña. Esto, además de encarecer los costos
sociales del proyecto para la compañía, ha incrementado los conflictos con
los pequeños mineros asentados de tiempo atrás en la parte alta del cerro.

16 El NI43-101 es un instrumento técnico para revelar información acerca de
las propiedades minerales, empleado por las compañías que cotizan en las
bolsas de valores supervisadas por la Administración de Valores de Canadá
(CSA). Estos reportes son publicados en el sitio web www.sedar.com (System
for Electronic Document Analysis and Retrieval [Sedar]).

Mineros Nacionales (localizada en la zona baja B del cerro El Burro) y en algunas minas que tiene bajo su control en la zona alta A, principalmente en las zonas de Cien Pesos y Echandía.

De este modo, aun cuando los anuncios de llevar a cabo un proyecto de gran minería a cielo abierto no se han llevado a la práctica, lo cierto es que el modelo de distribución territorial entre zona alta y baja del cerro El Burro, destinadas a la pequeña y mediana minería, respectivamente, se ha visto seriamente impactado por los avances que hasta el presente ha tenido el proyecto. En la superficie se ha visto alterado por la adquisición de títulos, la integración de áreas y el inicio de labores de explotación por la multinacional en algunas de las minas adquiridas en la parte alta de Marmato. Pero también se ha visto socavada por debajo, pues el volumen de la explotación subterránea que la compañía desarrolla en la parte baja, por intermedio de su filial Mineros Nacionales, ha ido escalando hasta conectarse con algunas de las minas que se encuentran sobre la cota 1260, que marca la división entre zona alta y baja, eliminando una franja o "machón de seguridad" que garantiza a los mineros y demás habitantes de la parte alta del cerro que sus minas no vayan a ser desfondadas y que su pueblo no vaya a colapsar. De ahí que algunos conocedores de la dinámica minera en Marmato sugieran que mientras la gente anda ocupada en la oposición al proyecto a cielo abierto, el verdadero proyecto (ya iniciado) es otro:

> Uno no ve una cultura del *open pit*, sino seguir por socavón desde Mineros Nacionales y comerse la montaña hacia arriba. Todos estamos concentrados en lo que pasa arriba, pero la verdadera explotación está abajo. Pero es imposible estar allá. Es como discutir con alguien sobre la propiedad de un banano, mientras uno de los que discute se come el banano. En Marmato hay una empresa seria, que es Mineros Nacionales, no para un solo día, que consume muchos explosivos. Yo siento que está pasando lo

mismo que en esa película *La estrategia del caracol*, de modo tal que mientras se adelanta el pleito, se están llevando la casa por debajo. Con el precio actual del oro una explotación subterránea es rentable.[17]

En este contexto se inscriben los diferentes discursos que la empresa ha generado frente al proyecto Marmato: 1) ante los inversores y medios de comunicación se presenta como un promisorio proyecto de minería a gran escala en el que no se descarta el componente de cielo abierto y el traslado de la población (no solo a El Llano sino a otro lugar que estaría por definir), y se indica que el reasentamiento viene siendo adelantado por el Gobierno (debido al riesgo de la zona), como se explica en el Reporte Técnico NI43-101, presentado en junio de 2012;[18] 2) ante la población local, como un gran proyecto que apenas está despegando y en el que muchas cosas están por definir, incluido si se contempla o no el reasentamiento; 3) ante la autoridad ambiental, como cuatro proyectos medianos de minería subterránea independientes entre sí, que básicamente conservan el patrón de explotación a pequeña y mediana escala que hasta ahora se ha seguido.[19]

[17] Entrevista a Alexánder Restrepo, abogado experto en derecho minero, realizada el 9 de abril de 2012.

[18] Disponible en http://www.continentalgold.com/wp-content/uploads/2016/03/2012_11_15_TechReport_NR_SP.pdf

[19] Según la información suministrada por Corpocaldas, para junio de 2012 no existía una solicitud única de licencia ambiental para el proyecto Marmato, que la compañía Gran Colombia Gold anunciaba a sus inversionistas, sino que por entonces se tramitaban cuatro expedientes separados, a cargo de distintas sociedades filiales del grupo empresarial Gran Colombia Gold Corp: 1) el correspondiente al reconocimiento de propiedad privada (RPP) 357 (expediente Corpocaldas 1365); 2) mina La María (expediente 1364), ambos gestionados por Croesus S. A.; 3) Mineros Nacionales (expediente 616), gestionado por la sociedad del mismo nombre, y 4) varias minas del cerro El Burro (expediente 1381), gestionado por Minerales Andinos de Occidente.

Dado que el proyecto de gran minería en Marmato no comienza de cero, sino que pretende una reconversión del tipo de minería subterránea a pequeña y mediana escala que de tiempo atrás se realiza en el municipio, se plantea la cuestión de en qué momento surge la obligación de realizar consulta previa.

CONSULTA, ¿PREVIA A QUÉ?

Esta pregunta se formula teniendo en cuenta las diversas etapas que comprende un proyecto de gran minería: 1) prospección, 2) exploración, 3) construcción y montaje, 4) explotación, 5) cierre y abandono. Según la legislación colombiana, mientras la prospección es libre, esto es, no requiere autorización de la autoridad minera, las restantes etapas deben estar amparadas en un contrato de concesión o en cualquier otra modalidad de título minero. Por su parte, en lo que respecta a autorizaciones ambientales, mientras la fase de exploración no está sometida a la exigencia de licencia ambiental (sino al otorgamiento de permisos de aprovechamiento de recursos naturales necesarios para realizar los trabajos exploratorios), las siguientes fases deben estar precedidas del otorgamiento de una licencia ambiental.

	Prospección	Exploración	Construcción y montaje	Explotación	Cierre y abandono
Autorización minera	Libre	Contrato de concesión (u otro título minero)			
			Programa de trabajos y obras (PTO)		
Autorización ambiental		Permisos de aprovechamiento de recursos naturales renovables RNNR (en caso de que se necesiten)	Licencia ambiental (LA) o plan de manejo ambiental PMA		

Tabla elaborada por la autora, con fundamento en la normatividad minera y ambiental vigente

Para el caso de la minería de oro, estas fases no suelen ser desarrolladas por la misma empresa, tanto por razones de capacidad técnica y financiera, como por el componente especulativo asociado a la minería aurífera: empresas júnior se dedican a adquirir títulos mineros y a agregarles valor (mediante integración de áreas, realización de estudios geológicos) para venderlos luego más caros a otras que llevan el proyecto hasta concluir la exploración (en esta actividad contratan con empresas encargadas de hacer los estudios); posteriormente, cuando concluyen la etapa de exploración y logran establecer la factibilidad del proyecto, se trata de vender a empresas sénior que tengan la capacidad financiera y técnica para llevar a cabo la explotación.

Como explica Rafael Rodríguez, profesor de la Facultad de Minas de la Universidad Nacional, "el negocio de la minería comienza mucho antes de abrir la mina", pues en el caso de las empresas júnior que sirven como punta de lanza de los proyectos, se alimenta de la expectativa sobre el valor de las reservas, que incrementa el costo de las acciones y, por consiguiente, la rentabilidad para los inversionistas; también de la posibilidad de agregar valor a un título para venderlo a otras empresas que tengan la capacidad técnica y financiera para llevar a cabo la explotación. Sin embargo, del mismo modo que el negocio comienza desde antes de realizar labores de exploración, también los impactos para las comunidades locales comienzan desde el momento en que se empieza a especular con los recursos que yacen bajo el suelo en el que estas se asientan, como se ejemplifica con claridad en el caso de Marmato.

La normatividad internacional en materia de consulta (artículo 15 del Convenio n.° 169 de la OIT) establece que esta debe ser previa al momento de *emprender* o *autorizar* cualquier programa de prospección de recursos del subsuelo en territorios habitados por pueblos indígenas o tribales. Esto implica que, por lo menos, la consulta debe ser previa al otorgamiento de un contrato de concesión, y no solo al inicio de las obras de exploración, construcción y montaje o explotación en el terreno. De otro modo, la consulta sería previa al emprendimiento de los trabajos, pero no a su autorización por las entidades encargadas de expedir las respectivas licencias (mineras y ambientales).

Pero en Colombia, la respuesta dada por las entidades gubernamentales (autoridad minera, ambiental y la propia Dirección de Consulta Previa del Ministerio del Interior) respecto al momento en el que surge la obligación de hacer consulta, ha sido distinta. Ello en parte ha obedecido a que, en un primer momento (Decreto 1320 de 1998), la realización de la consulta previa se ató al trámite de licencia ambiental, y esta última, a partir del Decreto 2810 de 2010, solo se exige antes de iniciar las fases de construcción y montaje y explotación, pero no para la fase de exploración. En este orden de ideas, las agencias gubernamentales han entendido que, en los proyectos de minería, solo hay lugar a consultar a las comunidades cuando, concluida la fase de exploración, la empresa responsable de ejecutarlo tiene claro qué tipo de proyecto se propone adelantar y, en consecuencia, solo en ese momento es posible determinar los impactos que generará y las medidas para evitarlos, mitigarlos o compensarlos. Solo a partir de una serie de pronunciamientos recientes de la Corte Constitucional (confirmados por la Sentencia C-395/2012) comienza a abrirse camino la tesis que entiende que la consulta debe ser previa al inicio de labores de exploración.

Con todo, aún prevalece la idea según la cual, en general, la consulta debe anteceder la realización de las obras capaces de causar impacto en las comunidades, pero no ser previa al otorgamiento de los contratos que autorizan (e incluso obligan al concesionario) a realizar tales obras. Así lo expresan tanto el director como los asesores de la Dirección de Consulta Previa del Ministerio del Interior, que al ser preguntados por el tema afirmaron que la consulta solo antecede al comienzo de las obras, pues antes solo hay expectativas. Esta concepción se expresa en la respuesta dada por los funcionarios de la misma entidad al preguntarles si, en el caso de proyectos mineros, la consulta debe ser previa al otorgamiento del contrato de concesión:

La consulta es previa a la realización de la obra, no a la concesión de permisos. Se puede otorgar un contrato de concesión sin consulta. Hay que diferenciar la etapa precontractual de la contractual [...] Lo contrario es una mera expectativa. No podemos generar una expectativa en una comunidad. [...] Entre 2002 y 2010 se expidieron 8800 títulos mineros y este año se han anulado más de 5000. Imagínate haber hecho 5000 consultas previas en vano.[20]

Desde esta perspectiva, para el caso de proyectos mineros, la obligación de consultar a las comunidades sería previa al inicio de obras (sea de exploración o explotación), pero no al otorgamiento de contratos de concesión. Por extensión, en el caso de proyectos de gran minería en zonas como Marmato, donde ya hay una larga tradición minera y, por tanto, las empresas no llegan a solicitar la concesión de áreas libres, sino a negociar la cesión de títulos con los titulares mineros de la región, tampoco operaría la exigencia de consultar a las comunidades antes de autorizar dichas cesiones.

Esta interpretación es problemática por varias razones: en primer lugar, desconoce el alcance de las exigencias establecidas en el artículo 15 del Convenio n.° 169 de la OIT, el cual señala que la consulta debe anteceder no solo la ejecución, sino la autorización de proyectos mineros. En segundo lugar, porque se concentra en los efectos ambientales de un proyecto de minería que se materializan cuando llegan las máquinas (ya sea a explorar o explotar), obviando los impactos económicos y sociales que se derivan de decisiones administrativas que, al otorgar un contrato de concesión minera, determinan el cambio en la vocación productiva de una zona (para el caso de zonas donde antes no se han llevado a cabo actividades mineras) o en la titularidad de los derechos de explotación y la escala en la que

---

[20]   Entrevista a Rafael Torres Marín, Andrés Herrera, Jhon Jairo Morales y Fabián Villalba, funcionarios de la Dirección de Consulta Previa del Ministerio del Interior, 14 de mayo de 2012.

esta puede llevarse a cabo (para casos como el de Marmato, que han tenido vocación minera). En tercer lugar, porque coarta la libertad de las poblaciones para decidir posteriormente sobre la realización de un proyecto de gran minería en sus territorios, pues obtener un contrato de concesión (o la cesión de derechos mineros) le confiere a la empresa el derecho a ingresar a la zona a realizar un proyecto. Si, como ha establecido la Corte Constitucional a partir de la sentencia T-769/2009, en el caso de proyectos de gran minería el estándar de participación de las comunidades exige no solo que sean consultadas, sino que se obtenga su consentimiento libre, previo e informado, el no consultar la llegada de una empresa que pretende iniciar trabajos mineros o cambiar la escala de los ya existentes presiona a que cualquier proceso de consulta posterior pueda versar no sobre el sí (si puede hacerse un proyecto minero), sino a lo sumo sobre el cómo, esto es, sobre los detalles de su ejecución. Las comunidades se ven abocadas a establecer relaciones de forzosa convivencia con un actor cuya presencia en la zona no decidieron, y que en la mesa de negociación de una consulta tendrá el poderoso as que le confiere ser la titular de los derechos de explotación sobre el territorio.

"Aquí llegaron comprando, no consultando", fue la respuesta de varios de los entrevistados al indagar si la entrada del proyecto minero a la zona había estado precedida de una consulta. Este modelo de relación se explica en cuanto una de las primeras actividades que lleva a cabo una empresa interesada en realizar un proyecto minero es solicitar áreas por medio de concesión (en caso de que estén disponibles) o negociar con los titulares la cesión de derechos de explotación, lo que ocurre con más frecuencia en aquellos lugares donde ya existe tradición de actividad minera. En contextos de este tipo, la negociación entre cedente y cesionario es concebida como un asunto privado, que solo concierne a las partes que intervienen en la negociación, y deja de lado la dimensión colectiva que está en juego. En el caso de Marmato, la negociación tuvo lugar entre la multinacional, la compañía que venía desarrollando un proyecto de mediana minería en la zona baja y los pequeños empresarios mineros de la zona alta del cerro (que habían obtenido los títulos que ahora ceden a la multinacional mediante un programa social de legalización de minería de hecho); no tuvo en cuenta el pasivo laboral que se produciría como resultado del cierre de las minas por su nuevo dueño (o del cambio de las condiciones de integración a la actividad minera, ahora por medio de la firma de contratos de operación); no consideró que ello supondría que los mineros que tradicionalmente ejercían la minería en el municipio (y que no habían tenido las condiciones para acceder a un título que les permitiera negociar con la empresa), a partir de entonces pasarían a ser mineros ilegales. No tuvo en cuenta que con el cambio de titular de los derechos de explotación se daba el primer paso para un cambio en la escala en la que se ha llevado a cabo la minería en el municipio.

Todos estos son asuntos colectivos que rebasan el marco de una negociación puramente individual. Decisiones de tal trascendencia quedan en manos de quienes, por tener un título minero, tienen poder para negociar con la compañía y, a la postre, comprometen a toda la comunidad, que en un proceso de consulta tendrá que partir de asumir la presencia de ese otro que, pese a no ser de la zona, es quien ahora ostenta el derecho legal a explotar sus recursos. Esto supone dar a los propietarios privados (entiéndase aquí *a los titulares de derechos de explotación*) el poder de tomar decisiones públicas, como son las relativas a quién y de qué manera tiene derecho a explotar los recursos naturales.

Pero además del problema que supone dejar tales decisiones en manos de actores privados, que sucumbieron a las ofertas de la multinacional porque "nunca habían visto tanta plata junta", postergar la consulta solo para el inicio de la fase de explotación resulta incluso inconveniente para la promoción de la "confianza inversionista", pues si a la postre, luego de realizar cuantiosas inversiones en adquisición de títulos mineros y en

155

tareas de exploración, como resultado de un proceso de consulta (que para el caso de proyectos de gran minería involucra el consentimiento de las comunidades afectadas) no se logra obtener el aval de las comunidades, cabe la pregunta de si habría lugar a que las compañías demandaran la responsabilidad patrimonial del Estado por no fijar de manera clara y oportuna las reglas de juego que condicionan sus decisiones en materia de inversión.

De lo expuesto se deduce que es aconsejable que la consulta sea previa a las decisiones administrativas que autorizan el otorgamiento de concesiones mineras sobre áreas libres o la cesión de derechos de explotación en áreas ya otorgadas, en los casos en que el cesionario no sea un actor local y entre a la zona con el propósito de negociar con los titulares mineros a fin de concentrar en sus manos los derechos de explotación y, así, variar la manera en que se viene haciendo minería en la zona. Asimismo, la titulación minera y el licenciamiento ambiental de este tipo de proyectos deberá tener en cuenta las decisiones adoptadas por las entidades territoriales en ejercicio de sus competencias de ordenamiento territorial, en particular, de la facultad constitucional otorgada a los municipios para determinar los usos del suelo, dando aplicación a los principios de coordinación, concurrencia y subsidiariedad, como lo estableció la Corte Constitucional en la sentencia C-123 de 2014.

La Corte Constitucional ya ha anticipado en algunas decisiones que la consulta debe efectuarse antes del otorgamiento de derechos de explotación.[21] Sin embargo, no ha negado la

---

[21] Así quedó establecido en la sentencia T-129 de 2011 (M. P.: Jorge Iván Palacio), que resolvió la tutela interpuesta por las autoridades de los resguardos de Pescadito y Chidima en contra de las entidades responsables de llevar a cabo tres proyectos en sus territorios (una carretera, la instalación de infraestructura de interconexión eléctrica Colombia-Panamá y el otorgamiento de varios títulos mineros), que no fueron consultados con las comunidades. En relación con el proyecto minero, la Corte ordenó la suspensión de actividades hasta tanto se llevara a cabo la preceptiva consulta. También en la sentencia

validez de los actos administrativos que confieren derechos de explotación debido a la omisión de la consulta previa, sino que ha advertido que se suspenden los derechos emanados de tales títulos hasta que no se realice la consulta. Pero el que la jurisprudencia constitucional no se haya pronunciado de manera expresa sobre este aspecto deja abierta la cuestión sobre si la omisión de realizar la consulta previa afecta la validez de esas decisiones, teniendo en cuenta que una de las causales de nulidad de los actos administrativos es ir en contra de las normas legales en las que deberían fundarse, en este caso, el artículo 15 del Convenio n.° 169 de la OIT, consecuencia que, en todo caso, consagra de manera explícita el artículo 46 del Código Administrativo y de lo Contencioso Administrativo.[22]

Bien, es verdad que entre el momento en que una compañía irrumpe en una región adquiriendo concesiones mineras y el momento en que comienza la fase de explotación puede transcurrir un tiempo considerable, y que la compañía que llega a negociar los títulos puede no tener una idea clara del tipo de proyecto de explotación que va a llevarse a cabo; incluso puede que ni

---

T-1045ª de 2010 (M. P.: Nilson Pinilla, A. V.: Jorge Ignacio Pretelt), que accede a las pretenciones de las autoridades de la comunidad afrocolombiana que habita el corregimiento de La Toma (Suárez, Cauca), quienes argumentaron la violación, entre otros, del derecho a la consulta previa, debido al otorgamiento a un particular de licencias de explotación minera en su territorio, lo que generó un conflicto con los integrantes de la comunidad que de tiempo atrás practicaban minería tradicional en la zona, debido a la interposición de amparos administrativos por parte del titular de la licencia de explotación, orientados a poner fin a la explotación llevada a cabo por los lugareños. En esta ocasión la Corte ordenó dejar sin efectos la orden de desalojo expedida en virtud del amparo administrativo, que el titular de la licencia suspendiera las actividades mineras y condicionar el otorgamiento de licencia ambiental a la realización de una consulta orientada a obtener el consentimiento libre, previo e informado de la comunidad.

22 La Ley 1437 de 2011, en el artículo 46 dispone: "Cuando la Constitución o la ley ordenen la realización de una consulta previa a la adopción de una decisión administrativa, dicha consulta deberá realizarse dentro de los términos señalados en las normas respectivas, so pena de nulidad de la decisión que se llegare a adoptar".

siquiera haya concebido tal proyecto, porque su expectativa de negocio en la zona se limita a comprar derechos de explotación para valorizarlos mediante la realización de cálculos de reservas, para luego negociarlos con otras empresas interesadas en acometer la explotación.[23] Esto conduce a considerar que la consulta que se realice en esta fase previa a la adquisición de derechos de explotación no puede versar sobre las particularidades técnicas del proyecto, en caso de que este se lleve a cabo, sino que la consulta ha de fraccionarse en cada una de las etapas que involucra el proyecto: en este primer momento, el objeto de la consulta versa sobre las implicaciones que para la comunidad puede tener el cambio en la titularidad de los derechos de explotación sobre la zona y sobre el proyecto que se propone adelantar el nuevo titular: ya sea que consista en venderlo a otros o en adelantar por sí mismo la exploración y explotación. Tener en cuenta e incorporar en la consulta la información que desde estas tempranas fases del proyecto se brinda a los inversionistas sobre el alcance que tendrá la explotación (si en fases tempranas se anuncia a los inversores que el proyecto será a cielo abierto e incorporará el traslado de la población, debe al mismo tiempo consultarse a la comunidad si estaría de acuerdo con que el proyecto se desarrollara de tal manera).

Un segundo proceso de consulta tendría que llevarse a cabo, una vez otorgado el contrato de concesión y antes de iniciar labores de exploración, y en él se expondrían los métodos indirectos que serían empleados y, una vez delimitadas las "zonas blanco", se explicitaría en qué lugares se realizarían las excavaciones y qué técnicas de perforación se emplearían. Un tercer proceso de consulta ha de realizarse cuando, en vista de los resultados

---

[23] En tal sentido, Álvaro Ponce se refiere a la clasificación de las empresas mineras adoptada por Metals Economics Groups, en función de los ingresos anuales y de su participación en el negocio minero. De acuerdo con esta entidad, entre los inversionistas privados cabe distinguir las empresas *major*, intermedias y júnior, siendo estas últimas las que concentran su actividad en el la búsqueda de inversores y la negociación de títulos mineros (Ponce Muriel, 2012, pp. 198-199).

de la exploración, se determina el tipo de proyecto de explotación que se realizará. Asimismo, durante la fase de explotación y, una vez culminada esta, en la de cierre y abandono, deben mantenerse abiertos canales institucionales de interlocución con las comunidades afectadas para hacer efectivos sus derechos a la participación y a la consulta.

En definitiva, de la misma manera en que un proyecto minero avanza en etapas claramente diferenciadas, entre las cuales pueden mediar intervalos de tiempo considerables, y que son llevadas a cabo por actores empresariales diversos, del mismo modo, la consulta con las comunidades locales no se agota en uno de esos momentos, sino que debe adelantarse en cada una de las fases que integran un proyecto minero: el carácter *previo* de la consulta reclama que esta tenga lugar antes de que se adopten las decisiones administrativas que autorizan la concesión o cesión de derechos de exploración y explotación minera en una zona y que se precisen reglas que ajusten la consulta a las etapas, decisiones y los actores que involucra un proyecto minero.

Lo que ocurre en el caso de Marmato es que, al tratarse de un proyecto de gran minería que llega a instalarse en zonas donde ya se venía haciendo minería de tiempo atrás, la secuencia lineal antes descrita se rompe para, en su lugar, ver cómo de manera simultánea se realizan actividades de adquisición de títulos, integración de facto de áreas y solicitud de integración *de iure*, exploración y explotación. Cuando se ha ventilado la cuestión de si, y cuándo, el proyecto de gran minería en Marmato ha de ser consultado con la comunidad, algunos sostienen que en Marmato no hay que hacer consulta previa porque se viene haciendo minería hace más de quinientos años. Aunque es verdadera la razón, de ella no se sigue la conclusión, pues del hecho de que la minería haya sido la principal actividad del municipio a lo largo de su historia no se sigue que la variación en los actores y en la escala en que se lleva a cabo la actividad minera que pretende el proyecto de gran minería no sea un asunto sobre cuya decisión los marmateños no tengan derecho a participar.

Por su parte, la empresa que en la actualidad lidera la ejecución del proyecto ha manifestado su intención de iniciar un proceso de consulta previa en debida forma una vez tenga los resultados del estudio de prefactibilidad (cuya entrega aún no ha tenido lugar), acudiendo al criterio establecido por la Corte Constitucional en la ya mencionada sentencia T-129/2011.[24] Sin embargo, en relación con este argumento es preciso considerar que tal criterio fue establecido por la Corte a propósito de proyectos distintos de los mineros, en los que el estudio de prefactibilidad es una fase previa a la ejecución del proyecto, mientras que en los de minería la prefactibilidad solo se obtiene al fin de la etapa de exploración, la que, a su vez, según la Corte, ha debido ser objeto de consulta previa. En segundo lugar, las actividades que ya han sido ejecutadas en el marco del proyecto, tales como la concentración de la propiedad minera, cierre de minas y destrucción de molinos, la integración de áreas *de iure* y *de facto*, la exploración y la puesta en marcha de estrategias de responsabilidad social empresarial que han causado divisiones en la población, han generado impactos sociales y ambientales que no han sido consultados.

Entretanto, los habitantes de Marmato se han movilizado para plantear su posición frente al proyecto de gran minería y han adoptado diversas estrategias en relación con la empresa. No obstante, por diversas razones que oscilan entre el desconocimiento, el temor para enfrentar a la empresa en un espacio percibido como de relaciones de poder asimétricas y la dificultad para concretar una estrategia de litigio judicial de su derecho a la participación, los pobladores del Marmato no habían reclamado el ejercicio de su derecho a la participación a través de la consulta previa.[25]

---

[24] Entrevista a Luca Altamura y Elkin Pinto, director de Sostenibilidad y asesor jurídico de la Gran Colombia Gold, respectivamente, 17 de abril de 2012.

[25] Tan solo recientemente, ante el inminente desalojo de una de las minas, algunos pequeños mineros de la zona alta promovieron una acción de tutela

Por otro lado, se plantea la cuestión de cómo y con quién ha de llevarse a cabo dicha consulta en un contexto pluriétnico como el que tiene lugar en este municipio.

Y EN CONTEXTOS PLURIÉTNICOS, ¿A QUIÉN SE CONSULTA?

El reconocimiento de los derechos a la consulta y al consentimiento libre, previo e informado ha sido en buena medida el resultado de las decisiones de la Corte Constitucional que resuelven los litigios planteados por comunidades indígenas y afrodescendientes con fundamento en el artículo 330 de la Constitución Política (CP) y en los instrumentos internacionales de protección de los derechos de los grupos étnicos (Convenio n.º 169 de 1989, de la OIT, y Declaración de Derechos de los Pueblos Indígenas, de 2007). El fundamento constitucional del derecho a la participación de otros sectores de población que no movilizan una identidad étnica se deriva, principalmente, del derecho general de participación (CP, art. 40) y, específicamente, a participar en las decisiones relativas a la afectación del medio ambiente (CP, art. 79). Solo en los últimos años, como resultado de litigios interpuestos por poblaciones locales afectadas por proyectos de desarrollo, estas últimas disposiciones han comenzado a ser objeto de un desarrollo jurisprudencial orientado a derivar de ellas estándares de participación próximos a los de la consulta previa.[26]

---

que, al ser revisada por la Corte Constitucional en sentencia T-438 de 2015, reconoció el derecho a la consulta previa de los grupos étnicos que habitan en Marmato. No obstante, dicha sentencia fue anulada por el Auto 583 de 2015, por la causal de indebida integración del contradictorio. Al momento de cerrar la edición de esta obra, se estaba a la espera de la decisión definitiva de la Corte Constitucional sobre este asunto.

[26] Tal es el caso, entre otras, de las sentencias T-348 de 2012 (M. P.: Jorge Ignacio Pretelt), en las que se ampara el derecho a la participación de una comunidad de pescadores de Cartagena afectados por la construcción de un intercambio vial que les cerró el acceso a la playa donde tradicionalmente habían ejercido su actividad. También en la sentencia T-135 de 2013 (M. P.: Jorge Iván Palacio)

Esto ha conducido a que, hasta el presente, haya prevalecido una suerte de "etnización" del derecho a la participación mediante el mecanismo de la consulta previa, que a su vez reclama la construcción de un sujeto colectivo de derecho, definido en función de su diferencia cultural respecto a la sociedad mayoritaria, con una territorialidad y unas formas de organización y de autoridad claramente definidas (Lopera y Dover, 2013). El caso Marmato reta esa construcción del sujeto a quien se reconoce tal derecho de consulta. El propio desarrollo de la actividad minera dio lugar a la convergencia de la población indígena local, españoles (y otros extranjeros) que vinieron a explotar las minas y la población esclava traída para compensar la pérdida de mano de obra indígena. Esta convivencia facilitó un alto grado de mestizaje, pero a la vez el reconocimiento de la continuidad de esas huellas de presencia indígena y afrodescendiente en la región.

Tales huellas aparecen en los relatos que todos los actores hacen sobre la historia del municipio, que muchos reconocen como parte de su presente, pero que no se ha expresado en la construcción de ciudadanías étnicas diferenciadas. Marmato es reconocido desde fuera como un pueblo minero, y sus habitantes se reconocen como mineros; también hay campesinos, pero incluso esta identidad y este sector productivo se ven eclipsados por la importancia que asume la minería.

No obstante la presencia de estas huellas, el proceso de recuperación de la etnicidad para construir sobre ella ciudadanías diferenciadas es relativamente reciente, y en una medida considerable ha sido impulsado desde fuera como un efecto de lo que Yrigoyen (2011) ha denominado el "constitucionalismo pluralista", que en Colombia se implementa tras la reforma de 1991. En el caso de Marmato, esta construcción de ciudadanías (étnicas) diferenciadas ha sido impulsada por el propio Estado,

---

se reconoce el derecho a la participación de la población afectada por el proyecto hidroeléctrico El Quimbo.

especialmente en el caso de la población afro, para facilitar la implementación de programas sociales que canalizan recursos a este sector de población; en relación con los indígenas, el proceso organizativo ha estado liderado por una organización regional, el Cridec, que impulsa en la región un proceso de resistencia basado en la recuperación de la identidad y en la defensa del territorio.

Este proceso se ha expresado en la visibilización de la población afro e indígena en los resultados del último censo nacional de población, realizado en 2005, en el que un 56,5 % de los marmateños se identificaron como afrodescendientes, y un 16,7 %, como indígenas. También en la conformación, en el mismo año, del cabildo indígena de Cartama, que desde entonces se posesiona cada año ante las autoridades municipales, aunque solo en el 2012 logró ser reconocido como parcialidad indígena por el Ministerio del Interior. En el caso de los afrocolombianos, aunque su presencia es visible y marca de manera considerable la identidad de los marmateños (González Colonia, 2012), el proceso organizativo orientado al reconocimiento de una ciudadanía étnica diferenciada ha sido más precario: a instancias de la Oficina de Asuntos Étnicos de la Gobernación de Caldas, se logró el reconocimiento de dos consultivos, pero como ellos mismos admiten, escasamente existe un proceso organizativo que respalde su trabajo.[27] Así, en el momento de identificar en Marmato ese sujeto colectivo al que se atribuye el derecho a la consulta, encontramos que un 73,2 % de la población se identifica como portador de una identidad afrodescendiente o indígena, con unas instancias de representación y autoridad aún en proceso de consolidación, en el caso de los indígenas, pero que aún no están claramente definidas, en el caso de los afrodescendientes.

---

[27] Entrevista a don Ponciano Ortiz, líder afrodescendiente de Marmato y exintegrante de la Consultiva Nacional Afrocolombiana.

Tampoco estos grupos cuentan con una territorialidad definida en los términos en los que el derecho colombiano aspira a construir el sujeto con derecho a la consulta. Aunque el Convenio n.° 169 de la OIT define *territorio* como el espacio que los grupos étnicos ocupan o utilizan de alguna manera, las normas infraconstitucionales han establecido que la consulta previa opera en proyectos que se adelanten en resguardos indígenas o en territorios colectivos de comunidades afro, y la casi totalidad de desarrollos jurisprudenciales ha gravitado en torno al reclamo del derecho a ser consultadas las comunidades que habitan territorios titulados como resguardos indígenas o como territorios colectivos de comunidades afrocolombianas. Si se apela a la definición de *territorio* establecida por el Convenio n.° 169 de la OIT, la no titulación como resguardos o territorios colectivos no quita a Marmato su carácter de territorio pluriétnico, ni a sus habitantes afrodescendientes e indígenas el derecho a ser consultados respecto del proyecto de gran minería que allí se adelanta. La pregunta que surge es, ¿cómo hacer efectivo este derecho en el caso de la comunidad afrodescendiente, que no cuenta con unas instancias de autoridad y representación claramente definidas?; ligada a ella, esta otra: ¿cómo construir, a partir de una pluralidad de individuos que se reconocen como afrocolombianos, ese sujeto colectivo, que se expresa por medio de unas instancias de autoridad y representación, que se reclama como condición para que opere el derecho a la consulta?

Finalmente, ¿cómo afrontar la desigualdad en cuanto al poder jurídico de participación que tiene ese 27 % de población que no se reconoce como portadora de una ciudadanía étnica diferenciada? La respuesta que a esta última cuestión dan muchos de los marmateños entrevistados, incluso los líderes indígenas y afrodescendientes, es que "hay que consultarlos a todos". Pero ¿cómo definir el alcance de ese *todos*?, ¿cómo opera la configuración de la población afectada en términos de sujeto con derecho a la participación?, ¿por medio del derecho de cada individuo o mediada en función de su pertenencia a un colectivo? La respuesta a estos interrogantes excede el objeto del presente trabajo, pero la pregunta indica el rumbo hacia el que habrán de orientarse futuras indagaciones sobre el alcance del derecho a la participación de poblaciones locales en el contexto de proyectos de desarrollo.

Como ya se anticipó, en algunas decisiones recientes la Corte Constitucional ha abierto una vía importante para superar la asimetría en el derecho a la participación de poblaciones locales que no movilizan una identidad étnica. En la sentencia T-348/2012, la Corte estableció que, si bien la comunidad de pescadores afectada por la construcción de una carretera que vedaba el acceso a la playa donde ejercían su actividad no ostentaba una identidad étnica que la hiciera sujeto del derecho a la consulta previa, destacó que también el derecho a la participación de poblaciones que no movilizan una identidad étnica tiene carácter de derecho fundamental; tal derecho implica, según lo establecido en esta sentencia, garantizar la participación de la población local en la determinación de los impactos, a fin de que esta tenga en cuenta la perspectiva de los nativos, como también en la definición de las medidas de mitigación, prevención y compensación de esos impactos. En definitiva, tras esta sentencia, la Corte abrió la vía para reconocer un derecho que, si bien no se denomina *consulta*, sustancialmente tendría el mismo alcance de dicha figura.

Asimismo, esta sentencia reconoció algo muy importante para el caso Marmato: estableció, mediante la garantía del derecho al trabajo (que comprende la libertad de ejercer profesión u oficio) y al mínimo vital, el derecho a la protección constitucional de "aquellas comunidades de personas que su [sic] oficio diario depende de los recursos naturales dispuestos a su alrededor, como los campesinos y los pescadores, quienes dependen de la tierra y los frutos de ella o de las fuentes hídricas". Aunque esta sentencia se refería a la protección de una comunidad de pescadores artesanales que veía afectada su subsistencia por la construcción de una gran obra de infraestructura, cabría preguntarse si este precedente podría ampliarse para reconocer también los derechos al trabajo y al mínimo vital de comunidades mineras tradicionales que, como ocurre en el caso de Marmato, se ven afectadas por la llegada de un proyecto de gran minería. Una ampliación en tal sentido fue realizada por la Corte en la sentencia T-153 de 2013, al reconocer el derecho de los pescadores, paleros y constructores que se declaraban afectados por la construcción de la central hidroeléctrica de El Quimbo, a ser incluidos en el censo de afectados y, más aún, a que se garantizara su participación en la determinación de los impactos, de las medidas de prevención, mitigación y compensación, al igual que en la elaboración misma de los censos.

CONCLUSIONES

El que un proyecto de gran minería pretenda llevarse a cabo en una zona donde previamente se han desarrollado trabajos mineros (y con fundamento en títulos mineros previamente otorgados), no implica que las poblaciones asentadas en territorios donde tradicionalmente se ha ejercido esta actividad no tengan un derecho a ser consultadas. Tal entendimiento supondría privar a las comunidades que habitan en zonas donde tradicionalmente ha existido minería, del derecho a la consulta previa y, más ampliamente, del derecho fundamental a la participación cuando pretende desarrollarse un megaproyecto minero en sus territorios. La cuestión aquí es determinar a partir de qué momento surge la obligación de consultar y, en general, de abrir espacios de participación.

Si la consulta ha de ser previa a la autorización de proyectos de explotación de recursos naturales, entonces tendría que anteceder el otorgamiento de contratos de concesión, la cesión de títulos mineros cuando ello implique variar la escala en la que se desarrollará un emprendimiento minero y, por supuesto, la integración de áreas.

En un contexto pluriétnico como el de Marmato existen herramientas jurídicas que permiten garantizar el derecho de todos sus habitantes a la participación, ya sea por medio de la consulta previa, para el caso de indígenas o afrocolombianos, o reclamando espacios de participación de las comunidades campesinas y de mineros tradicionales del municipio, similares a los que la Corte Constitucional ha reconocido a otras poblaciones locales afectadas por la ejecución de proyectos de desarrollo en sus territorios. Cómo se lleven a cabo esos procesos de consulta y participación, será el resultado de cómo decidan los propios marmateños proponer los términos de esta participación, pues las propias reglas del juego de la participación deben ser concertadas con las comunidades.

La pregunta que queda abierta indaga por las estrategias organizativas, las posibilidades, los obstáculos y los retos que debe enfrentar la comunidad marmateña en el propósito de reclamar esos espacios de participación.

REFERENCIAS

Departamento Nacional de Estadística (DANE) (2005). Censo General de Población 2005. Perfil Marmato (Caldas). Disponible en https://www.dane.gov.co/files/censo2005/perfiles/caldas/marmato.pdf.

Gärtner, Á. (2005). *Los místeres de las minas: crónica de la colonia europea más grande de Colombia en el siglo XIX, surgida alrededor de las minas de Marmato, Supía y Riosucio*. Manizales: Universidad de Caldas.

González Colonia, C. J. (2012). *Brujería, minería tradicional y capitalismo transnacional en los Andes colombianos: el caso del pueblo minero de Marmato, Colombia* (tesis inédita de maestría). Universidad Nacional de San Martín, Buenos Aires, Argentina.

González Escobar, L. F. (2002). *Ocupación, poblamiento y te-rritorialidades en la vega de Supía, 1810-1950*. Bogotá: Ministerio de Cultura.

Hillón Vega, Y. (2014). La participación en conflictos socioam-bientales: la paradoja institucional colombiana. En A. Eslava (ed.), *Oro como fortuna: instituciones, capital social y gobernanza de la minería aurífera colombiana* (pp. 409-447). Medellín: Colciencias, Universidad Eafit.

Lasso Lozano, R. M. (2011). *Campo de la minería del oro y habitus productivo en Marmato, Caldas: estrategias de conservación y transformación en tiempos de globalización. Marmato, Caldas, 2001-2011* (tesis inédita). Universidad de Caldas, Manizales, Colombia.

Lopera, G. P. y Dover, R. (2013). Consulta previa, ciudada-nías diferenciadas y conflicto socioambiental. *Boletín de Antropología* 28 (45), 76-103. Medellín: Universidad de Antioquia.

Morales Benítez, O. (1993). Marmato en la perspectiva de la historia nacional. En O. Morales, *Teoría y aplicación de las historias locales y regionales*. Disponible en http://www.banrepcultural.org/blaavirtual/sociologia/histlocal/histlocal10a.htm#124.

Ponce Muriel, Á. (2012). *¿Cuál locomotora?: el desalentador panorama de la minería en Colombia*. Bogotá: Debate.

Puerta Silva, C. (2010). El proyecto de El Cerrejón: un espacio relacional para los indígenas wayuu, la empresa minera y el Estado colombiano. *Boletín de Antropología* 24 (41), 149-179.

Ramírez Guerrero, M. (2010). *Territorio, minería y conflictos del desarrollo: estudio de caso en el municipio de Marmato, Caldas* (informe de investigación de maestría). Manizales: Universidad Autónoma de Manizales.

Sandoval, M. L. y Lasso, R. M. (2012). Riesgo: teoría y rea-lidad: el caso de Marmato, Caldas. *Luna Azul* (34),

170-194. Disponible en http://www.redalyc.org/pdf/3217/321727348011.pdf.

Yrigoyen, R. (2011). El horizonte del constitucionalismo pluralista: del multiculturalismo a la descolonización. En C. Rodríguez Garavito (coord.), *El derecho en América Latina: un mapa para el pensamiento jurídico del siglo XXI* (pp. 139-159). Buenos Aires: Siglo XXI.

PLURALISMO Y PROPIEDAD: UNA MIRADA AL ESCENARIO CONSTITUYENTE BOLIVIANO[*]

Milena González Piñeros[1]

* Este artículo hace parte de la investigación "Trayectorias del derecho a la propiedad en Bolivia", publicada por la Editorial de la Universidad Distrital Francisco José de Caldas (Editorial UD), que ha autorizado su inclusión en la presente publicación. Una versión preliminar de la misma investigación fue presentada como ponencia en el VIII Congreso Internacional de la Red Latinoamericana de Antropología Jurídica, realizado en Sucre, Bolivia, 22-26 de octubre del 2012.

1 Abogada por la Universidad Nacional de Colombia, especialista en Derechos Humanos por la Universidad Andina Simón Bolívar (Ecuador), magíster en Economía Social por la Universidad Nacional de General Sarmiento (Argentina) y en Investigación Social Interdisciplinaria por la Universidad Distrital Francisco José de Caldas (Colombia), y candidata al doctorado en Ciencia Política por la Escuela de Política y Gobierno de la Universidad Nacional de San Martín (Argentina). Es docente e investigadora de la Facultad de Gobierno y Relaciones Internacionales de la Universidad Santo Tomás de Bogotá.

> *La propiedad es un poder jurídico que permite usar,*
> *gozar y disponer de una cosa y debe ejercerse en forma*
> *compatible con el interés colectivo, dentro de los límites*
> *y con las obligaciones que establece el ordenamiento*
> *jurídico.*
> *II. El propietario puede reivindicar la cosa de manos*
> *de un tercero y ejercer otras acciones en defensa*
> *de su propiedad con arreglo a lo dispuesto en el libro V*
> *del Código presente.*[2]

INTRODUCCIÓN

La propiedad es un tema de interés. Tanto en el estatuto de un ayllu como en un artículo del Código Civil, la propiedad continúa siendo motivo de significativos debates debido a la importancia que representa en la sociedad, y lo es más aún si dichos debates han logrado instaurarse en el campo del derecho. En Bolivia, durante la última reforma constitucional (2006-2009), uno de los temas que se discutieron ampliamente fue la propiedad, vinculada ya sea a la titularidad de los bienes de la Nación, a la limitación de la propiedad privada o al reconocimiento de otras formas de propiedad, tales como la propiedad comunal o la propiedad agraria.

En Bolivia, el derecho a la propiedad ha pasado por diferentes momentos. En ocasiones se ha constitucionalizado como forma predominante la propiedad privada; en otros casos —en medio de grandes crisis estructurales— se ha reelaborado socialmente el contenido de este derecho por medio de los mecanismos que el mismo mundo del derecho ofrece. El escenario constituyente se propone como un campo jurídico en el que la sociedad produce su propio derecho a la propiedad. Dichos elementos permiten trazar un horizonte complejo para comprender cómo se define

---

[2] Artículo 105: "Concepto y alcance general de la propiedad" (Código Civil Boliviano, 1975).

el contenido de un derecho como la propiedad, cuando se acude al mecanismo de reforma constitucional de la Asamblea, en especial cuando se realiza en una sociedad como la boliviana, que si bien comparte varios elementos sociohistóricos con las sociedades latinoamericanas, expresa como particularidad el hecho de que su población indígena constituye la mayoría de la población, con lo que el reconocimiento de la pluralidad étnica no se expresa como la movilización de pequeños grupos sociales, sino como el reflejo de la totalidad del país.

En este sentido, se reconoce que el derecho a la propiedad es tan antiguo como las sociedades humanas. Todo grupo social ha definido la propiedad como una relación entre el sujeto y las cosas, ha identificado sus formas de regulación en el mundo del derecho y ha puesto en evidencia los vínculos de esta con las actividades económicas y con la vida política. Cuando el derecho a la propiedad se constitucionaliza, la regulación de la relación sujeto-cosa se inscribe en el marco moderno-liberal, que implica, por un lado, la aceptación de la lógica económica capitalista y, por otro, el reconocimiento de los principios de la democracia. Cuando, como producto de una crisis orgánica, el derecho a la propiedad requiere una desconstitucionalización, la Asamblea Constituyente es el espacio jurídico-político para discutir socialmente las nuevas dimensiones del derecho a la propiedad.

Tanto la discusión democrática de estas nuevas dimensiones del derecho a la propiedad, durante el proceso constituyente, como la constitucionalización de las diversas formas de propiedad existentes en la sociedad boliviana dan cuenta de que hoy el constitucionalismo ha cambiado. Este nuevo constitucionalismo[3] viene a fortalecer la idea de que el derecho no es un

---

[3] Viciano y Martínez (2010) desarrollan el concepto de *Estado constitucional* como uno de los ejes en los que se puede evidenciar el nuevo constitucionalismo: "[Es] un concepto en constante construcción, pues siempre debe estar luchando por hacer efectivos sus dos elementos fundamentales: el de legitimidad democrática y el de normatividad. Por lo tanto, la Constitución es la juridificación de las decisiones políticas fundamentales adoptadas por

artefacto teórico; por el contrario, hace parte de un contexto social y político que viene transformándose al ritmo de las pulsiones contemporáneas.

El análisis de este proceso de constitucionalización pluralista del derecho a la propiedad en Bolivia está ordenado por un desarrollo sociohistórico de este derecho, a partir de cinco momentos significativos en los que se pueden observar las diferentes perspectivas regulativas sobre el derecho a la propiedad: 1) los inicios republicanos, 2) la perspectiva indigenista, 3) los logros de la Revolución de 1952, 4) la Constitución de 1967, 5) el Código Civil. Para finalizar, se hace un análisis de 6) la nueva Constitución de 2009, como el momento más reciente en el que se debatió democráticamente el contenido del derecho a la propiedad. Para ello, se analizan tanto las demandas sociales presentadas en la Asamblea Constituyente referidas a la modificación del derecho a la propiedad, como el contenido de la nueva Constitución de 2009. Finalmente, se introduce una reflexión sobre dos de las condiciones que caracterizaron la constitucionalización pluralista del derecho a la propiedad: el debate democrático y el reconocimiento plural de otras formas de propiedad, como manifestaciones de lo que hoy se conoce como *nuevo constitucionalismo latinoamericano*.

LAS RAÍCES SOCIOHISTÓRICAS DEL DERECHO A LA PROPIEDAD

LOS INICIOS REPUBLICANOS[4]

Al igual que otras naciones latinoamericanas, en el siglo XVIII Bolivia consolidó sus cimientos como un Estado moderno; para

---

la soberanía popular, es el elemento de enlace entre política y derecho y el mecanismo de legitimación democrática de este" (p. 15).

[4] Algunos de los argumentos de este apartado fueron desarrollados inicialmente en González (2011).

ello, se valió tanto de la Constitución como de las leyes, con el objeto de sostener una necesaria "institucionalidad civilizadora", que implicaba moldear un tipo de ciudadanía basada en la calidad de propietario. Así lo plantea García Linera:

> ... desde que la Asamblea deliberante de 1825 y la Constitución de 1826 otorgan derechos políticos y jurídicos a quienes posean *una elevada renta*, una profesión, sepan leer y escribir y no se hallen en relación de servidumbre, es claro *quiénes han de ser interpelados como ciudadanos por el naciente Estado y quiénes no.* (García, 2008, p. 136. Énfasis agregado)

En ese sentido, Beatriz González Stephan plantea que la función jurídico-política de las constituciones "apunta a la invención de la ciudadanía, en el sentido de un campo de identidad que debía construirse como espacio de elementos homogeneizados para su gobierno más viable" (1996, p. 28), con lo cual se garantiza un ordenamiento social y de clase a partir de la producción de una norma que será el soporte de la economía. Sobre la definición de un tipo de derecho de propiedad, se ancla una concepción de ciudadanía que termina por conjugar el derecho y la economía de modo tal que excluye y desconoce otras formas del derecho a la propiedad, pero al mismo tiempo niega la existencia como ciudadanos o sujetos de derechos a los que ejercen este tipo de propiedad: de este modo, el desconocimiento y la negación de la propiedad colectiva, de la propiedad de los pueblos originarios, indígenas y campesinos, o de la propiedad pública o común, así como de temas fundamentales como la propiedad de la tierra, el territorio y los recursos naturales, instituyen al mismo tiempo el criterio excluyente o utilitarista de la ciudadanía liberal.

Más adelante, en el siglo XX, el proyecto modernizador basado en una ciudadanía propietaria fue enraizándose cada vez más en la sociedad boliviana, debido a los importantes vínculos que esta disponía para el desarrollo de un modelo económico prometedor para el país.

El auge de la economía boliviana se extendió hasta 1929, año de la explosión de la gran crisis económica internacional. Ese progreso excluyente y señorial, con una democracia restringida solo a los alfabetos (16 % de la población), fue administrado por los liberales y republicanos. El Partido Liberal administró el país los primeros veinte años, facilitando un creciente comercio exterior que ubicó al país en el noveno lugar del comercio por habitante de América en 1910. Los republicanos gobernaron la tercera década, ensayando algunos cambios mediante la presión fiscal, pero mantuvieron la esencia del liberalismo. (Luna, 2002, p. 20)

En este sentido, la construcción moderna de la ciudadanía en Bolivia estuvo vinculada con diversas formas de exclusión que fueron amparadas por el campo del derecho. Las normas expedidas sobre el derecho a la propiedad fueron concebidas como una regulación de las relaciones existentes entre el hombre y las cosas, como una serie de derechos reales, que otorga al titular de esos derechos, por potestad de la ley, una serie de facultades o poderes para que haga uso de una cosa o un bien (Código Civil Boliviano); sin embargo, este conjunto de prerrogativas no estuvieron disponibles para toda la población boliviana: se restringieron a quienes ostentaban la condición de ciudadanos, una categoría que no incluía a los indígenas, las mujeres y los campesinos. Es importante precisar que las formas de propiedad y su reconocimiento legal ha variado a lo largo del tiempo. Como se verá más adelante, la propiedad como derecho de tipo liberal surgió como respuesta a las prácticas patrimonialistas del poder soberano propias del feudalismo (Cordero y Aldunate, 2008). No obstante, durante el Estado de derecho, esa misma forma de propiedad fue limitada al imponérsele el cumplimiento de una función o utilidad social (Cea, 2004 citado por Goitia, 2006, p. 77). Por tal razón, se puede concluir que la definición formal del derecho a la propiedad, en la ley o la Constitución, ha estado vinculada a las transformaciones históricas, sociales, políticas, culturales y económicas que han dinamizado cambios significativos en el alcance de la propiedad.

LA PERSPECTIVA INDIGENISTA

Una constante en la historia boliviana ha sido el no-lugar de los pueblos indígenas, quienes han estado invisibilizados y sometidos por un Estado republicano monocultural, colonialista y excluyente (Núñez, 2009, p. 89) que desconoce abiertamente la existencia de los indígenas, sobre todo de los aymaras, como otro pueblo, como otra nación:

> ... el indio sigue siendo el Otro, la otredad de la conquista, pero también de la Colonia; solo que su figura ya no es tan abstracta, ambigua y borrosa. El indio es el Otro, solo que dentro de las redes del sistema, dentro de los diagramas de fuerza colonial [...] El indio está en todas partes de las tierras conquistadas, es la aplastante población mayoritaria [...] El indio es el sustrato demográfico de las clases subalternas, incluso es el substrato social de la mestización, que se extiende a lo ancho del campo social, atravesando todos los estratos sociales. (Gutiérrez *et al.*, 2000, p. 119)

Según datos del Censo de 2001, del total de la población boliviana,[5] el 62 % se autoidentifica como perteneciente a uno de los pueblos indígenas originarios existentes en el país, mientras que el 38 % manifiesta no pertenecer a ninguno; estas cifras evidencian el porcentaje mayoritario de la población, que en

---

[5] En el Censo esta muestra se obtiene del total de la población mayor de quince años: 5 076 251 de habitantes. Según la Cepal, para 2010 la población total en Bolivia es de 10 198 000 de habitantes, en la que se mantiene proporcionalmente el porcentaje de población indígena.

su condición de indígenas han ocupado un lugar insignificante y residual en la medida en que son definidos como los "otros" del escenario político. Los pueblos indígenas originarios han construido una visión particular sobre el derecho a la propiedad, ya que su relación con los bienes o las cosas se estructura a partir de valores, prácticas y costumbres ancestrales que en ocasiones distan de las concepciones occidentales sobre la propiedad: "el derecho y la justicia indígenas no son derecho consuetudinario, sino más bien un sistema jurídico que funciona paralelamente al derecho positivo estatal en los espacios de las comunidades o ayllus" (Fernández, 2000, p. 1). Por tal razón, el derecho a la propiedad está anclado en una conciencia histórica que reconoce relaciones solidificadas a lo largo del tiempo y en las relaciones rituales sagradas, con características particulares:

> Según Garcilaso de la Vega, la tierra estaba dividida en tres partes: la tierra del inka, del Sol y de los naturales. A estos últimos se les distribuía a una legua de camino o un *tupu*, conforme al número de hijos que tenían, tanto varones como mujeres; a la gente noble le correspondían las mejores tierras ([1605] 1970, pp. 169-172). Wamán Poma de Ayala es mucho más enfático al sostener que las mujeres tenían derechos independientes a la tierra; manifiesta que "tenía la ley de su madre" ([1612] 1992, p. 133). Ambos insisten en que no existían derechos absolutos sobre este bien, estando caracterizada la norma, al contrario, por una compleja superposición de diferentes derechos. A la persona que no cumpliera satisfactoriamente el cultivo de su asignación "lo castigaban afrentosamente. Dábanle en público tres o cuatro pedradas en la espalda o le azotaban los brazos y piernas con varas de mimbre, por holgazán y flojo…". (Garcilaso de la Vega (1605) 1970, p. 260). (Fernández, 2000, p. 6)

El ayllu, como forma de organización de la propiedad en los pueblos indígenas, ha sido una estructura social, territorial, cultural, política y económica que se ha mantenido desde los tiempos prehispánicos. Para Klein (1995), durante los siglos XVIII y XIX, en Bolivia los ayllus conservaban sus características esenciales:

En el nivel más elemental, el ayllu es un grupo de familias que sostiene tener una identidad común a través del parentesco real y ficticio, usando dichas pretensiones para sostener derechos comunales a tierras. Originalmente, ni esas tierras comunales ni las residencias de los miembros del ayllu eran necesariamente contiguas. La tradicional adaptación andina a las fuertes variantes ecológicas significaban que las tenencias agrícolas están dispersas a semejanza de un "archipiélago", y que las colonias se mantenían a distancias bastante grandes de la "sede" original del ayllu que las trabajaba. Sin embargo, a partir de la conquista española, los ayllus fueron presionados a una definición más europea de la comunidad, en términos de pueblos nucleados con tierras adyacentes. (Klein, 1995, p. 84)

En general, cada ayllu estaba gobernado por sus autoridades, los *jilakatas*, ancianos que tenían la misión de administrar justicia en cada familia, repartir los derechos de herencia, prestaban la función de ordenar todo lo relacionado con las tierras comunales, así como su distribución. Sobre la propiedad de la tierra en particular, en cada ayllu, las familias tenían acceso a las tierras de origen, que tienen una importancia fundamental en términos organizativos y productivos:

Estas [las tierras de origen] incluían las tierras comunales, así como parcelas domésticas permanentes que podían ser heredadas (*sayañas*), en donde la familia generalmente construía su casa principal, pastaba sus animales domésticos y criaba algunos cultivos. Las tierras de cultivo comunales (*aynuqa*) eran asignadas condicionalmente a los originarios como parcelas (llamadas *liwa qallpa*) por el ayllu, y estaban sujetas a complejas normas de rotación y barbecho.

La comunidad generalmente poseía entre diez y treinta de estas áreas de tierras comunales. El sistemas de barbecho y rotación de cultivos en estas tierras —la única alternativa viable ante el bajo uso de fertilizantes— era una fuerte fuente de conflictos con los funcionarios coloniales y republicanos, quienes siempre acusaban a los indios de tener excesivas tierras no utilizadas, las cuales en realidad estaban descansando. (Klein, 1995, p. 86)

Las características de la propiedad indígena fueron desapareciendo con la instalación de la Colonia, y posteriormente en la época republicana. De este modo se fue acentuando cada vez más la pervivencia histórica de las formas de exclusión (Stefanoni, 2006), legitimadas por los marcos constitucionales que llevaban implícitos una racionalidad económica instrumental. En este escenario, la hacienda surgió como la forma de propiedad propia del naciente siglo XIX. Factores como "la disponibilidad de nuevos créditos bancarios, las disposición de las administraciones más ricas y menos dependientes —después de 1850— a atacar los derechos a la tierra de los indios, y la creciente demanda de alimentos urbanos condujeron a un clima favorable para iniciar la embestida contra las tenencias indias en zonas no productoras de coca" (Klein, 1995, p. 166). Para ello, la élite gobernante, encabezada por el presidente Melgarejo y unida con la nueva clase emergente de los hacendados, usó marcos jurídicos para impugnar la condición de indivisibilidad de los derechos de las propiedades comunales y permitir que algunos indígenas pudieran vender sus tierras debido a las altas deudas tributarias:

… de esta forma, si bien varias comunidades sobrevivieron en los departamentos del interior, la erosión de su control fue tal que para la segunda década del siglo XX, la mayor parte de los suelos más fértiles del altiplano estaban dominados por los hacendados, y las comunidades poseedoras de tierras que aún sobrevivían eran empujadas hacia las tierras más marginales. (Klein, 1995, p. 167)

Sin duda, el derecho jugó un papel significativo en la pérdida de los derechos a la propiedad de los pueblos indígenas bolivianos. Los procesos económicos de incremento de producción agrícola, unidos a una fuerte alianza entre las clases gobernantes y las élites, facilitaron los mecanismos legales para que el derecho a la propiedad privada adquiriera un lugar fundamental en la historia del país. Es importante señalar que esta perspectiva comunitaria sobre la propiedad ha sido compartida por las comunidades campesinas. Si bien este grupo se deriva de las relaciones socioeconómicas de la hacienda,[6] a lo largo de los años, indígenas y campesinos han estrechado sus vínculos por compartir una visión colectivista sobre el uso de la tierra. En este sentido, propuestas actuales como la de la gestión económica comunal de Patzi (2009) puede entenderse más:

... a este tipo de economía se la conoce en las sociedades aymaras y quechuas como la *economía de ayllu*. Lo que se trata entonces no es de mantener a la economía del *ayllu* en su estado original, sino rescatar su dinámica de funcionamiento y aprovechar todas las potencialidades tecnológicas existentes en el Occidente bajo un *ethos comunal*. En ese sentido, la *empresa comunal* no es una economía que desecha la tecnología occidental, sino [que] más bien se apropia de todo aquello que permite optimizar la producción y crear mayor cantidad de excedente, solo que, a diferencia de la sociedad capitalista, dicho excedente recae en el propio trabajador y no [es] enajenado por el capitalista o por los burócratas del Estado, como fue en las economías del socialismo real. (p. 175)

---

6 Según Núñez (2009, p. 66), en el análisis de los casos de *Pacajes y Achacachi*, en La Paz: "Silvia Rivera mostró que la Ley de Exvinculación del siglo XIX contenía el reconocimiento a la propiedad privada como única forma moderna de tenencia de la tierra, y la conversión de comunarios indios a campesinos parcelarios libres, velando por el verdadero objetivo vinculado a los intereses de las haciendas latifundistas y la fuerza de trabajo gratuita de los comunarios adscrita a aquellas. [...] La autora refleja que, en ambos casos, esas luchas relativizaron a la expansión del régimen de propiedad privada de la tierra".

LA REVOLUCIÓN DE 1952

Otro momento significativo para la comprensión de las dimensiones actuales del derecho a la propiedad fue la Revolución Nacional de 1952. Si bien la resistencia de las comunidades indígenas logró mantener una gran porción de las tierras comunales,[7] su situación, al igual que la de la mayoría de la sociedad boliviana, se agudizó por efecto de una crisis orgánica impulsada por los efectos del vigente sistema económico semifeudal basado en la explotación de minerales. En abril, Víctor Paz Estensoro, candidato del Movimiento Nacionalista Revolucionario (MNR), llegó a la Presidencia de la República, y como resultado de su gestión, tres hechos marcaron la historia del país: uno fue la declaración del voto universal; el segundo, la nacionalización de las minas, y el tercero, la reforma agraria.[8]

Estos triunfos de la Revolución nacionalista de 1952[9] fueron posibles por el surgimiento y consolidación de una nueva forma

---

[7] Según datos del Primer Censo Nacional Agropecuario de 1950, "del 30 % de las granjas comunales de la República, ellas [las comunidades indígenas] controlaban el 42 % de las hectáreas comunales y el 47 % de todas las tierras cultivadas por dichas organizaciones comunales" (citado por Klein, 1995, p. 195).

[8] "Probablemente no sea ninguna exageración afirmar que esta constante tensión por la tierra es el factor más importante que explica la impresionante movilización del campesino indio después de la Revolución Nacional de 1952. También explica por qué el gobierno posrevolucionario se vio obligado, contra su voluntad, a aceptar la legalidad de las comunidades y la total liquidación del sistema de haciendas en la mayor parte de Bolivia, sobre todo en el departamento de La Paz. De este modo, la Reforma Agraria de 1953 revocó la legalidad del Decreto de exvinculación de 1874, y reconoció nuevamente la naturaleza corporativa de la comunidad y su identidad legal" (Klein, 1995, p. 194).

[9] Para Gotkowitz, la Revolución de 1952 solo es comprensible analizando toda la historia de una serie de revoluciones que han marcado a la sociedad boliviana. Por ejemplo, analiza los hechos de 1947, en los que se pueden vislumbrar los primeros síntomas de una rebelión abierta: "Una característica importante fue la utilización del mismo tipo de huelgas de brazos caídos que los colonos habían realizado a fines de la década de 1930 y principios de la década de

de ciudadanía: la ciudadanía corporativa. Para García Linera, este nuevo sujeto social colectivo se plantea otras formas de articulación y movilización vinculadas con estructuras como los sindicatos y las comunidades agrarias e indígenas:

Desde entonces, *ser ciudadano es ser miembro de un sindicato.* Ya sea en el campo, la mina, la fábrica, el comercio o la actividad artesanal, la manera de adquirir identidad palpable ante el resto de las personas y de ser reconocido como interlocutor válido por las autoridades gubernamentales es por medio del sindicato. Ahí queda depositada la individualidad social plausible. Se puede decir que en todo este período, la sociedad boliviana se ha de componer de sujetos sociales colectivos que, en cuanto tales, adquieren derechos de ciudadanía los individuos que la componen. Esto ciertamente no es nuevo; la estructuración corporativa o mejor, la subordinación de la individualidad a formas colectivas de filiación pública es característica de sociedades con influencia comunal agraria en su vida económica. Lo nuevo es que estas formas de identidad sean reconocidas por el Estado también como formas legítimas de adquisición de derechos políticos. (García Linera, 2008, p. 143)

Si bien Bolivia había avanzado hacia un reconocimiento de otras formas de ciudadanía y hacia la comprensión más amplia del derecho a la propiedad, la promulgación en 1953 del Decreto Ley 3464, de la Reforma Agraria, tuvo un efecto estructurador que modificó la dinámica social, productiva y política:

[La Reforma Agraria] fue realizada como una medida para transitar de una estructura agraria feudal dominante, a la coexistencia de

1940. Otro elemento central fueron las ocupaciones *de facto* de la tierra. El año 1947 también implicó batallas verbales, peticiones y acción jurídica en contra de los hacendados, las autoridades locales y los recaudadores de impuestos, a quienes diversos actores sociales acusaban de un amplio abanico de abusos materiales y físicos..." (Gotkowitz, 2011, p. 341).

183

la empresa capitalista y las unidades campesino-indígenas, pero la aplicación de esta medida derivó en la creación de una estructura dual entre occidente y oriente; en la región occidental del país se formalizó la liberación de la fuerza de trabajo rural indígena y el reparto de tierras, apareciendo los minifundios, aunque estuvo condicionado por los ecosistemas de altura. En el oriente, sirvió para legalizar extensos latifundios. Asimismo, el Estado canalizó créditos, caminos, infraestructura productiva, mercados, fuerza laboral, mediante asentamientos humanos dirigidos, todo para potenciar el agronegocio. (Valenzuela, 2008, p. 28)

En este marco, la reforma reconoció seis tipos de propiedades, validando la pluralidad de formas que pueden asumir las relaciones entre los sujetos y las cosas. Estas formas de propiedad se pueden ver en el siguiente cuadro.

Cuadro n.° 1. Tipos de propiedades reconocidas por la Reforma Agraria

Tipo	Definición	Especificaciones por zonas
Solar campesino	Entorno inmediato del hogar familiar, insuficiente para la subsistencia. Identificado como *sayaña*	
Propiedad pequeña	Propiedad que produce los productos para la subsistencia familiar	Subzona norte, orillas del lago Titicaca: 10 ha
		Subzona norte, con influencia del lago Titicaca: 10 ha
		Subzona central con influencia del lago Poopó: 15 ha
		Subzona sur: 35 ha
Propiedad mediana	Trabajada con la asistencia de jornaleros o mediante ayuda recíproca, y cuya producción puede ser destinada al mercado	Subzona norte, con influencia del lago Titicaca: 80 ha
		Subzona norte, sin influencia del lago Titicaca: 150 ha
		Subzona central: 250 ha / Subzona sur y semidesierto: 350 ha

Tipo	Definición	Especificaciones por zonas
Propiedad de comunidad indígena	Reconocida como propiedad colectiva y trabajada para beneficio comunal	
Propiedad agraria cooperativa	Propiedad trabajada de manera conjunta por un colectivo de campesinos, minifundistas o no, que explotan la tierra bajo un sistema cooperativo de trabajo	
Empresa agrícola	Sujeta a inversión de capital, trabajada técnicamente y con mano de obra pagada	Zona de influencia del lago Titicaca: 400 ha Zona andina y altiplano: 800 ha

Fuente: INRA, 2008.

Pero este reconocimiento tuvo un efecto colateral en el proceso de Reforma Agraria: se puso en evidencia la sobreposición de matrices productivas con lógicas y cosmovisiones diferentes, en algunos casos, impuestas, en otros, naturales, pero que en últimas comparten un mismo sistema político que busca la homogeneidad. Esta dinámica de negación, ocultamiento e imposición de la diversidad boliviana es lo que Zavaleta Mercado define como una *formación social abigarrada*:

La formación social abigarrada se caracteriza, entonces, por contener tiempos históricos diversos, de lo cual una expresión más particular es la coexistencia de varios modos de producción; la existencia de formas políticas de matriz diversa o heterogénea, que se expresa en la existencia de un conjunto de estructuras locales de autoridad diversas entre sí y un Estado más o menos moderno y nacional, pero que no mantiene relaciones de organicidad con las anteriores y, en consecuencia, es un Estado más o menos aparente. (Tapia, 2002, p. 10)

185

En el caso del derecho a la propiedad, este abigarramiento se observa en los cuerpos normativos que han regulado este derecho. Como se ha planteado, las leyes, y en general el derecho, son productos sociales; por tanto, cada una de las normatividades que han surgido a lo largo de la historia boliviana han marcado características particulares del derecho a la propiedad, que en últimas son un reflejo del entramado social, económico, cultural y político que logra cristalizarse en una norma. Muestra de ello sería la Constitución de 1967.

LA CONSTITUCIÓN DE 1967[10]

Entre el 16 de agosto de 1966 y el 3 de febrero de 1967 se desarrolló una importante Asamblea Constituyente que tenía como finalidad formalizar la ilegitimidad del golpe militar del general Barrientos. Para Barragán (2006), ese año constituyó "el fin de la primera etapa de la Revolución Nacional de 1952" (p. 104); dicho periodo fue definido por Klein (1995) como un "régimen militar urbano antiobrero y conservador, aliado al campesino indio" (p. 299). Difícil etapa en la que por la vía electoral los campesinos otorgaron el poder constitucional al General Barrientos con el 63 % de los votos, consolidándose así el pacto militar campesino.

De ese momento paradójico surgió la Constitución de 1967,[11] considerada como el punto de cierre del periodo nacionalista, caracterizado por un marcado constitucionalismo social y un capitalismo de Estado (Rivera, 2005, p. 465). En ese escenario

---

[10] Si bien en Bolivia, en la historia de constitucionalización del derecho a la propiedad, se pueden identificar varias normas que han desarrollado el tema, a continuación se analiza la Constitución de 1967, ya que fue modificada por el proceso constituyente que dio como resultado la actual Constitución de 2009.

[11] Para Goitia (2006), en términos generales, esta Constitución mantuvo el contenido de la Constitución de 1961; una de las reformas más significativas fue la inclusión del art. 133, sobre la independencia nacional.

se discutió uno de los tipos de propiedad más significativos en materia de desarrollo del país: la nacionalización como una forma de propiedad vinculada al Estado.

En diciembre de 1966 se inició la discusión sobre la propiedad y adjudicación de los hidrocarburos. Enconado debate generó el artículo 137, donde se propuso que el Estado tuviera el 51 % de la propiedad de los hidrocarburos. En la votación, solo 46 parlamentarios apoyaron esta moción y 51 la rechazaron, y entre estos últimos se encontraban los del bloque del Movimiento Popular Cristiano y el bloque campesino. Fue Gustavo Chacón quien propuso la obligatoriedad del Estado para explorar, explotar, refinar y almacenar los hidrocarburos por cuenta propia, en entidades autárquicas o sociedades de operaciones conjuntas o mixtas. (Barragán, 2006, p. 107)

Si bien el tema de la nacionalización ha estado presente en la agenda política económica boliviana,[12] la discusión en la Constitución de 1967 ha sido uno de los ejes de debate en el proceso de reforma constitucional más reciente debido a los profundos cuestionamientos sobre el papel del Estado en el desarrollo social y económico del país. Este punto se desarrollará más adelante. Pero no solo el derecho a la propiedad pública fue incluido en este texto constitucional: otras cuatro formas de propiedad fueron ganando lugar en el articulado, por efecto de las dinámicas históricas que se cristalizaron en artículos que incluyen una pluralidad de formas de propiedad, tales como la propiedad privada, la propiedad de los recursos naturales, la propiedad agraria y la propiedad de los pueblos

---

[12] Según Grebe (2009), "las bases institucionales, ideológicas y políticas del desarrollo en la segunda mitad del siglo pasado fueron establecidas desde fines de los años veinte, y consisten en lo siguiente: [...] c) la nacionalización de la Standard Oil y la creación de Yacimientos Petroleros Fiscales Bolivianos..." (p. 68).

indígenas originarios y campesinos. A continuación se presenta un cuadro con el contenido de cada una de estas formas de derecho a la propiedad.

Cuadro n.º 2. Tipos de propiedad en la Constitución de 1967

Propiedad privada
"Art. 7. Derechos fundamentales de la persona. "Toda persona tiene los siguientes derechos fundamentales, conforme a las leyes que reglamenten su ejercicio: [...] "i. A la propiedad privada, individual o colectivamente, siempre que cumpla una función social".
"Art. 22. Garantías a la propiedad privada. "Se garantiza la propiedad privada siempre que el uso que se haga de ella no sea perjudicial al interés colectivo. La expropiación se impone por causa de utilidad pública o cuando la propiedad no cumple una función social, calificada conforme a ley previa indemnización justa".
"Art. 23. Prohibición de confiscaciones. "Jamás se aplicará la confiscación de bienes como castigo político".
"Art. 206. Limitaciones a la propiedad privada urbana. "Dentro del radio urbano los propietarios no podrán poseer extensiones de suelo, no edificadas mayores que las fijadas por ley. Las superficies excedentes podrán ser expropiadas y destinadas a la construcción de viviendas de interés social".
Propiedad pública
"Art. 25. Reserva territorial en fronteras. "Dentro de 50 kilómetros de las fronteras, los extranjeros no pueden adquirir ni poseer, por ningún título, suelo ni subsuelo, directa o indirectamente, individualmente o en sociedad bajo pena de perder en beneficio del Estado, la propiedad adquirida, excepto el caso de necesidad nacional declarada por ley expresa".
"Art. 137. Propiedad pública. "Los bienes del patrimonio de la Nación constituyen propiedad pública inviolable, siendo deber de todo habitante del territorio nacional respetarla y protegerla".
"Art. 191. Patrimonio cultural del Estado. "Los monumentos y objetos arqueológicos son de propiedad del Estado. La riqueza artística colonial, la arqueológica, la histórica y documental, así como la procedente del culto religioso son tesoro cultural de la Nación, están bajo el amparo del Estado y no pueden ser exportadas. "El Estado organizará un registro de la riqueza artística histórica, religiosa y documental, proveerá a su custodia y atenderá a su conservación. "El Estado protegerá los edificios y objetos que sean declarados de valor histórico o artístico".

Propiedad de los recursos naturales

"Art. 138. Minería nacionalizada.
"Pertenecen al patrimonio de la Nación los grupos mineros nacionalizados como una de las bases para el desarrollo y diversificación de la economía del país, no pudiendo aquellos ser transferidos o adjudicados en propiedad a empresas privadas por ningún título. La dirección y administración superiores de la industria minera estatal estará a cargo de una entidad autárquica con las atribuciones que determine la ley".

"Art. 139. Yacimientos petrolíferos.
"Los yacimientos de hidrocarburos, cualquiera que sea el estado en que se encuentren o la forma en que se presenten, son del dominio directo, inalienable e imprescriptible del Estado. Ninguna concesión o contrato podrá conferir la propiedad de los yacimientos de hidrocarburos. La exploración, explotación, comercialización y transporte de los hidrocarburos y sus derivados, corresponden al Estado. Este derecho lo ejercerá mediante entidades autárquicas o a través de concesiones y contratos por tiempo limitado, a sociedades mixtas de operación conjunta o a personas privadas, conforme a ley".

"Art. 172. Fomento a la colonización.
"El Estado fomentará planes de colonización para el logro de una racional distribución demográfica y mejor explotación de la tierra y los recursos naturales del país, contemplando prioritariamente las áreas fronterizas".

Propiedad agraria

"Art. 165. Dominio originario de la Nación.
"Las tierras son del dominio originario de la Nación y corresponde al Estado la distribución, reagrupamiento y redistribución de la propiedad agraria conforme a las necesidades económico-sociales y de desarrollo rural".

"Art. 166. El trabajo: fuente de propiedad agrícola.
"El trabajo es la fuente fundamental para la adquisición y conservación de la propiedad agraria y se establece el derecho del campesino a la dotación de tierras".

"Art. 167. Prohibición del latifundio.
"El Estado no reconoce el latifundio. Se garantiza la existencia de las propiedades comunitarias, cooperativas y privadas. La ley fijará sus formas y regulará sus transformaciones".

"Art. 169. Indivisibilidad del solar campesino.
"El solar campesino y la pequeña propiedad se declaran indivisibles; constituyen el mínimo vital y tienen carácter de patrimonio familiar inembargable de acuerdo a ley. La mediana propiedad y la empresa agropecuaria reconocidas por ley gozan de la protección del Estado en tanto cumplan una función económico-social, de acuerdo con los planes de desarrollo".

"Art. 175. Títulos ejecutoriales definitivos.
"El Servicio Nacional de Reforma Agraria tiene jurisdicción en todo el territorio de la República. Los títulos ejecutoriales son definitivos, causan estado y no admiten ulterior recurso, estableciendo perfecto y pleno derecho de propiedad para su inscripción definitiva en el Registro de Derechos Reales".

189

Propiedad de los pueblos indígenas originarios campesino
"Art. 171. Se reconocen, se respetan y protegen en el marco de la ley, los derechos sociales, económicos y culturales de los pueblos indígenas que habitan en el territorio nacional, especialmente los relativos a sus tierras comunitarias de origen, garantizando el uso y aprovechamiento sostenible de los recursos naturales, a su identidad, valores, lenguas, costumbres e instituciones…".

Fuente: elaboración propia con base en el texto constitucional.

De la lectura de estos artículos se puede concluir que estas normas son parte de un proceso histórico de construcción social y política que reflejan los rasgos de un contexto de producción particular que luego generarán sus rasgos propios a partir de su integración con el contexto boliviano. La primera noción propone un derecho a la propiedad de tipo liberal caracterizado por el reconocimiento de un sujeto abstracto, igual e inmutable que ostenta la condición de propietario. Por tanto, este derecho es un derecho subjetivo basado en la racionalidad, la autonomía y la voluntad propias del ser racional (véase el anexo n.° 1, "Cuadro comparativo sobre el derecho a la propiedad privada en las constituciones americanas"). Esta noción de la propiedad como derecho emerge como respuesta a las prácticas patrimonialista del poder soberano propias del feudalismo.[13]

La segunda noción del derecho a la propiedad, aparecida durante la crisis del liberalismo económico que impulsó el

---

[13] Para Cordero y Aldunate (2008): "La sociedad del Antiguo Régimen, así como su organización política y su Derecho, comenzó a ser desplazada en Europa a finales del siglo XVIII, como ocurrió con Francia, y a lo largo del siglo XIX, como fue el caso de España y sus antiguos territorios en América. La nueva sociedad burguesa eliminó los estamentos privilegiados, estableció la igualdad jurídica de los hombres, implantó la libre circulación de los bienes y suprimió las instituciones medievales desvinculando a la tierra de viejas cargas y lastres que dificultaban su circulación, y que eran herencia de un régimen de propiedad desmembrada o desdoblada. En lo político, las antiguas monarquías de cuño absoluto fueron dando paso al modelo del Estado liberal burgués de Derecho, mientras que en lo económico el régimen feudal fue desplazado por el emergente sistema de producción capitalista" (p. 361).

surgimiento del Estado social de derecho, imprimió una limitación a ese derecho liberal inviolable. Ese límite no es otro que el cumplimiento de una función o utilidad social.[14] Esta función puede ser definida como

> ... el resultado de la correcta aplicación de una fórmula o ecuación jurídico-social, que permite conciliar el ejercicio del derecho de propiedad por su dueño, de un lado, con las necesidades del mantenimiento y el desarrollo de la comunidad, de otro. Dicha función conjuga, por ende, la seguridad jurídica con la evolución y reforma que exige el progreso humano en sociedad. (Cea, 2004, citado por Goitia, 2006, p. 77)

Si bien esta idea de función o utilidad social es bastante amplia y podría generar cuestionamientos sobre los límites entre el derecho individual y el interés de los demás, son los jueces y los magistrados los encargados de precisar los alcances de estos conceptos en situaciones particulares; por ejemplo, el Tribunal Constitucional de Bolivia, mediante la Sentencia Constitucional SC 0045/2006 fundó una nueva línea jurisprudencial que establece que

> ... la Constitución Política del Estado no solo no reconoce el derecho a la propiedad privada como uno absoluto, sino que expresamente ha estatuido un mecanismo para su afectación, dispositivo del cual ninguna propiedad puede estar exenta, pues ello implicaría el reconocimiento de ciertas propiedades como un derecho absoluto, lo que ningún grupo de personas puede pretender. (Tribunal Constitucional, 2006)

---

[14] En Bolivia, estudios representativos de esta perspectiva pueden ser el trabajo de Infante (2008) sobre el análisis económico del derecho a la propiedad, y los desarrollos de Ezcurra (2009), que conectan este derecho con la lógica del derecho a la competencia.

Si bien al introducir este límite al derecho a la propiedad parecía que se afectaba el núcleo esencial del derecho, lograron compatibilizarse por el hecho de hacer parte del texto constitucional. La Constitución, como puente de mediación social, inmersa en disputas políticas ideológicas, que entrelaza las dinámicas económicas con las demandas sociales, es el escenario jurídico institucional en el que se hace posible la integración de este tipo de ideas antagónicas que en últimas fortalecen y hacen factible el derecho a la propiedad como probabilidad de articulación entre las formas de gobierno y los modelos económicos que caracterizaron a América Latina durante el siglo XX.

Las tres nociones restantes del derecho a la propiedad —la propiedad agraria, la propiedad de los recursos naturales y la propiedad de los pueblos indígenas originarios campesinos—[15] guardan una fuerte relación con el proceso de reforma agraria de 1952. La participación de las agrupaciones campesinas, así como de las comunidades indígenas originarias durante ese período, puso sobre la agenda nacional la necesidad de regular las relaciones históricas de estos grupos, y ya no solo sobre la propiedad de manera abstracta y general. Así, se inició un debate acerca de quién era el propietario de dos recursos económicos fundamentales: la tierra y la naturaleza. Si bien la finalidad buscada en este proceso era el reconocimiento legal de estas formas paralelas del derecho a la propiedad, el resultado obtenido fue más allá: la inclusión en la lógica del derecho no solo conlleva la igualdad formal, sino que obliga a la incorporación de la lógica democrática y mercantil propia del derecho moderno. Por tanto, el derecho a la propiedad agraria, de los recursos naturales y de los pueblos indígenas originarios campesinos entró al mundo jurídico, y con ello entraron también

---

[15] En el artículo, que integra al texto constitucional, el tema indígena no fue discutido en 1967; fue posteriormente modificado por la Ley n.° 1585 del 12 de agosto de 1994.

en la lógica civilizadora moderna de hacer parte del mercado y de las prácticas democráticas.

LA PERSPECTIVA CLÁSICA: EL CÓDIGO CIVIL BOLIVIANO

Sobre el derecho a la propiedad existen diferentes definiciones. Una de ellas se ubica en el campo del derecho, en particular del derecho civil. Desde esta perspectiva, el derecho a la propiedad está vinculado con la regulación de las relaciones existentes entre el hombre y las cosas, es decir, se circunscribe en el campo de los derechos reales; por tanto, otorga al titular de este derecho, por potestad de la ley, una serie de facultades o poderes para que haga uso de una cosa o un bien. Adicionalmente, este tipo de regulaciones están vinculadas con las relaciones de carácter privado, que administran los intercambios entre sujetos que no cuenten con una condición especial en el ordenamiento jurídico, como sería el caso del Estado o de sus funcionarios públicos, ya que en ellas operaría el derecho administrativo.

En el Código Civil de Bolivia (Decreto Ley 12760 de 1975),[16] como principal norma de este ámbito se define el derecho a la propiedad como "un poder jurídico que permite usar, gozar y disponer de una cosa, y debe ejercerse en forma compatible

---

[16] La aprobación de este código civil data de más de tres décadas, cuestión que suscita interrogantes acerca de la adaptabilidad de la norma a los contextos actuales, en términos jurídicos se refiere a la resistencia o a la rigidez de la norma. Más aún si se tiene en cuenta que las normas civiles tienen una tradición que las inclina a la quietud y la inmovilidad. Ejemplo de ello es el código anterior al de 1975, conocido como el Código Civil Santa Cruz, promulgado por decreto supremo en 1830; con una fuerte influencia napoleónica por su protección de los derechos individuales, dicho código Santa Cruz solo fue modificado en una oportunidad por el Código Civil Ballivián, en 1843, pero por un lapso muy corto, ya que en 1846 fue restituido; así, ha completado una vigencia de 145 años, aproximadamente. Se puede concluir, entonces, que en Bolivia el derecho a la propiedad ha estado garantizado por la normatividad civil, la cual se ha caracterizado por su alto nivel de rigidez, reflejado en tres modificaciones claves, ocurridas en 1830, 1843 y 1975.

con el interés colectivo, dentro de los límites y con las obligaciones que establece el ordenamiento jurídico" (artículo 105). Dichas facultades atribuyen al *propietario* cuatro acciones concretas sobre el bien: el derecho de uso o servicio sobre el bien según su naturaleza, *ius utendi*; el derecho de goce, disfrute o explotación del bien percibiendo sus frutos, *ius fruendi*; el derecho de disponer del bien para cederlo y luego recuperarlo, *ius abutendi*; y el derecho de reivindicar el bien, *ius vindicate*.

Además, el Código Civil establece otros aspectos relevantes en cuanto al derecho a la propiedad:[17] la obligación del cumplimiento de la función social de la propiedad (artículo 106); la prohibición del abuso del derecho "con el único propósito de perjudicar o de ocasionar molestias a otros, y, en general, no le está permitido ejercer su derecho en forma contraria al fin económico o social en vista al cual se le ha conferido el derecho" (artículo 107); la definición de los casos en que procede la expropiación con pago de una justa y previa indemnización, ya sea por causa de utilidad pública o cuando la propiedad no cumple una función social (artículo 108); y los modos o formas para adquirir la propiedad: "por ocupación, por accesión, por usucapión, por efecto de los contratos, por sucesión mortis causa, por la posesión de buena fe y por los otros modos establecidos por la ley" (artículo 110).

Como puede verse, en el derecho civil, el derecho a la propiedad es una institución jurídica de gran importancia, ya que es la principal forma de relacionamiento del sujeto de derechos con los bienes. En este sentido, al tener la impronta de la seguridad jurídica que genera el hecho de que esté regulado en un código, dicha impronta produce una serie de efectos particulares en la relación entre las personas, tales como que es un derecho

---

[17] En la organización interna del Código Civil, la propiedad se ubica en el libro II, "De los bienes, de la propiedad y de los derechos reales sobre la cosa ajena", en el título III, "De la propiedad", y se desarrolla en artículo 110 (del artículo 105 al 215).

oponible, es decir, que tiene efectos *erga omnes*, por el cual las demás personas están obligadas a respetar el dominio del propietario; es un derecho perpetuo, ya que no se extingue ni tiene una limitación temporal; es un derecho exclusivo, porque concede solo al propietario las cuatro facultades descritas; es un derecho inviolable, porque además de figurar en el Código Civil, tiene garantía constitucional, al ser catalogado como un derecho por la Constitución, que para el caso de Bolivia se encuentra en el artículo 56 (Constitución Política del Estado, 2009).

Dado el periodo de vigencia de esta normatividad civil, que coincide con la época de máximo esplendor de la modernidad en América Latina, se puede plantear que tanto el contenido como la finalidad última del derecho a la propiedad estuvieron atravesados por los conceptos del pensamiento liberal, principalmente por la noción de *sujeto*, que para Foucault no sería otra cosa que la consolidación del *homo economicus* como pieza clave para el desarrollo de la estrategia biopolítica del liberalismo. Este *homo economicus* nacido en el siglo XVIII encuentra un lugar interesante en las normas civiles, ya que en ellas hay sustratos intangibles del ejercicio del poder, donde el comportamiento racional de asignar óptimamente los recursos escasos hace que este hombre acepte la realidad, se adapte y responda a las variables del medio. Esta característica fundamental del *homo economicus* entra en diálogo con la forma de gobierno del *laissez faire*. Así, ese sujeto racional que acepta la realidad, ahora es "un elemento manejable, que va a responder en forma sistemática a las modificaciones sistemáticas que se introducen artificialmente en el medio". Este *homo economicus* es un hombre inminentemente gobernable; "de interlocutor intangible del *laissez faire*, pasa a mostrarse ahora como el correlato de una gobernabilidad que va a actuar sobre el medio y modificar sistemáticamente sus variables", y sobre él se fundará la *nueva razón gubernamental* de la época moderna (Foucault, 2007, p. 310).

195

En la definición civilista del derecho a la propiedad hay una noción clara sobre el tipo de sujeto al que se le garantizan ciertas facultades, ya que este sujeto racional se percibe en riesgo latente; por tanto, busca en el derecho que sus facultades o poderes sean salvaguardados. Sin embargo, Foucault va más allá: este sujeto de derecho es también un *sujeto de interés* que funciona con una mecánica de mercado orientada hacia "el valor multiplicador y benéfico en virtud de la intensificación misma del interés" (Foucault, 2007, p. 317). Esta racionalidad que impulsa esta doble noción de sujeto es el liberalismo, que desde la perspectiva biopolítica[18] funciona a partir de la confluencia de varios cambios: por un lado, la constitución del mercado como lugar de formación de la verdad en el plano económico y la limitación del ejercicio del poder público mediante el cálculo de la utilidad en el plano jurídico; estos dos elementos confluyen en relación con el ejercicio del poder, conformando así la *nueva razón gubernamental liberal*.

Esta nueva razón gubernamental que atraviesa los marcos jurídico constitucionales sobre el derecho a la propiedad se valió tanto del mercado como del derecho para consolidar una forma de gobernar una población; en el mercado se apoyó porque, sin negar su importancia en el mundo social, al final solo fue utilizado como un experimento, para comprobar la incompatibilidad entre los resultados económicos exitosos y la maximización de los procedimientos gubernamentales; del derecho se favoreció porque su perspectiva regulacionista funcionó como una tecnología eficaz de gobierno basada en las leyes, tanto por su carácter de generalidad y abstracción, como por la participación ciudadana en su elaboración como una forma gubernamental (Foucault, 2007, p. 359). En este escenario,

---

[18] Biopolítica es "la manera como se ha procurado desde el siglo XVIII racionalizar los problemas planteados a la práctica gubernamental por los fenómenos propios de un conjunto de seres vivos constituidos en una población: salud, higiene, natalidad, longevidad, razas…" (Foucault, 2007, p. 359).

el provecho obtenido por la nueva razón gubernamental con respecto al mercado y al derecho será, entonces, el entramado que sostendrá las relaciones de una sociedad moderna en la que la biopolítica liberal podrá enraizarse y lograr su objetivo de gobernar sin ninguna restricción, a partir de normas como el Código Civil o la misma Constitución.

Este proceso de constitucionalización del derecho a la propiedad durante la modernidad ha marcado la propiedad privada como la forma hegemónica de relacionamiento entre el sujeto y las cosas; en dicho proceso histórico, el derecho liberal y la economía capitalista han sostenido y alimentado este derecho a la propiedad. Sin embargo, no hay que olvidar que este proceso de constitucionalización es un producto social, y que es susceptible de ser modificado en la medida en que la sociedad misma redefina sus marcos axiológicos y programáticos. Estos procesos de redefinición están asociados a momentos históricos de gran trascendencia, en los que la sociedad misma impulsa la modificación de los conjuntos normativos como posibilidad de cristalización de una serie de nuevos acuerdos que dan cuenta de las nuevas condiciones sociales y políticas de un país. En la mayoría de los casos, este proceso está asociado con las reformas constitucionales; sin embargo, plantean un interrogante sobre cuál es la necesidad de un marco normativo civil que sea específico a cuestiones en las que se definen relaciones sociales como la propiedad. Más aún, cuál debería ser la rigidez de este marco civil frente al reconocimiento de las nuevas formas de propiedad. Entonces, ¿se hace necesaria una modificación del Código Civil boliviano según el nuevo espíritu pluralista de la Constitución?

LA NUEVA CONSTITUCIÓN DE 2009

Como se ha analizado hasta aquí, la perspectiva pluralista ha estado acompañando al derecho a la propiedad, y esto ha posibilitado una coexistencia real y formal de diferentes tipos de propiedad. Dicha coexistencia está basada en una serie de relaciones sociales, políticas, económicas y culturales que han marcado el peso específico de cada una de las modalidades de propiedad. Esto significa que, al reconocer constitucionalmente todas las clases de propiedad existentes, como manifestación de pluralidad, no todas ellas son reconocidas de manera igualitaria, y mucho menos son protegidas según una lógica equitativa. Dicha situación originó el debate sobre la propiedad en la más reciente Asamblea Constituyente celebrada en Bolivia. Una de las pretensiones que movilizaron la realización de la Asamblea fue alterar el pluralismo construido constitucionalmente sobre el derecho a la propiedad, para modificar el reconocimiento real y efectivo en la garantía de formas de propiedad como la indígena originaria campesina, y la propiedad agraria, limitar el derecho a la propiedad privada, y ampliar la propiedad pública vinculándola con la discusión sobre la propiedad de los recursos naturales.

Durante la década de los noventa, Bolivia estuvo sumergida en un clima de protestas y movilizaciones sociales debido al deterioro de las condiciones de vida de la mayoría del país.[19] Este deterioro estuvo asociado a la implementación del Consenso de Washington, lo que se tradujo en grandes procesos de privatizaciones. Como en otros países de América Latina, el periodo neoliberal en Bolivia[20] se enmarca en los años 1985 y

---

[19] Según datos del Instituto Nacional de Estadística (INE), en 1998 la población en estado de pobreza alcanzaba cinco millones de personas, que representaban al 62 % de la población total. Cinco años después, la población empobrecida ya era de 5,8 millones de personas, y el porcentaje de pobreza era del 64,3 %.

[20] La economía boliviana optó por la implementación acelerada del modelo neoliberal encabezado por el bloque liberal conformado por cuatro grandes sectores: el sector petrolero, controlado por la inversión extranjera; el sector de la agroindustria dedicado a la producción de soja; el sector de la minería mediana con explotaciones en Potosí, La Paz y Oruro, y el sector de la banca privada (Banco de Crédito, Banco Nacional de Bolivia, Banco Mercantil). Entre 1985 y 2003, el bloque neoliberal de poder administraba anualmente 1366 millones de dólares, que representaban el 16 % del flujo monetario anual (Vicepresidencia, 2008).

2005; para Wandeley (2009), el Decreto 21060 marca el rumbo económico y social del país:

> Se abandona el modelo de capitalismo de Estado, dejando al sector privado la responsabilidad de realizar las inversiones productivas mientras el Estado asume el rol de regulador y garantizador de la estabilidad macroeconómica y de promotor de inversiones públicas en salud, educación, saneamiento básico e infraestructura. Con el Decreto 21060, también conocido como la Nueva Política Económica, la inversión privada y la apertura e integración de la economía al exterior se constituyen en las nuevas bases del crecimiento económico. Este período se divide en dos etapas: la primera, orientada al reequilibrio macroeconómico (1985-1993), y la segunda, de reformas estructurales (1993-1999). (Wandeley, 2009, p. 31)

En medio de este escenario neoliberal surge un nuevo ciclo de movilizaciones sociales que cuestionan y resquebrajan el orden político y económico vigente. Para Chávez y Mokrani (2007),

> ... las marchas de indígenas de Tierras Bajas a la sede de gobierno desde la década de los noventa, la guerra del Agua, los bloqueos y movilizaciones indígenas de abril-septiembre-octubre de 2000 y junio-julio de 2001, y la acción social frente a la masacre de febrero de 2003 señalan los momentos de desmoronamiento de más de una veintena de años de hegemonía neoliberal sobre el régimen social boliviano. (p. 108)

Si bien la movilización social e indígena siempre ha sido una constante histórica, en la década de los noventa se intensificaron las protestas y las movilizaciones, especialmente en Cochabamba, El Alto y el Chapare. Dichas manifestaciones se caracterizaron por la exigencia de los derechos vinculados con las necesidades esenciales y la defensa de los recursos naturales. Los movimientos

sociales e indígenas se consolidaron en una *multitud*[21] capaz
de tejer redes de movilización colectiva que podían poner en
la agenda política el debate sobre la propiedad.[22]
En materia del derecho a la propiedad, este pedido de cambio se materializó en las discusiones en el seno de la Asamblea
Constituyente.[23] Esta asamblea fue considerada un escenario de
debate y refundación de Bolivia, y la oportunidad para diseñar
una forma de cogobierno multicultural que respetara el derecho
a la propiedad privada, por un lado, y reconociera el derecho
la propiedad colectiva, por otro. En otras palabras, supuso un
desafío interesante al hacer un uso estratégico de una institución
jurídica en función de una demanda social que pretendía una
redefinición del carácter pluralista de la propiedad.
Uno de los temas latentes, antes y durante el periodo asam-
bleario, fue la discusión sobre el contenido y los alcances del
derecho a la propiedad. En los análisis sobre los repertorios de
los movimientos sociales (García *et al.*, 2008), así como en la
incidencia de los conflictos sociales en el crecimiento económico (Evia *et al.*, 2008) se puede observar que en el conjunto de
demandas exigidas por la sociedad boliviana durante la década
de los noventa, la propiedad como derecho se posicionó como

---

[21] Michael Hardt ha extendido el concepto de *multitud* al escenario boliviano:
"Creo que el gran desafío del *laboratorio* boliviano es crear una *multitud* capaz
de tomar decisiones políticas como un actor autónomo, el de inventar una forma
de gobernar en la que la multitud tenga el poder de su autodeterminación y el
de crear un proceso constituyente multitudinario. Ese es el ambicioso papel
de Bolivia en el mundo hoy" (Hardt, 2010, p. 74).

[22] Para Gramsci, este cuestionamiento social, que implica una afectación del
sistema legal y que se abre paso como una posibilidad de cambio radical en la
organización política y jurídica de la sociedad, no es otra cosa que una crisis
orgánica (1931). En Bolivia, esta crisis orgánica se concentró en un pedido:
la reforma de la Constitución de 1967 y la convocatoria a la Asamblea Constituyente como mecanismo participativo y democrático para elaborar la nueva
Constitución.

[23] Uno de los temas que centraron la atención fueron los datos sobre extranjerización de la tierra desarrollado por Urioste, 2011.

uno de los temas que requerían ser modificados en la Constitución de 1967. Reivindicaciones como la nacionalización de los hidrocarburos, la expropiación de la tierra, la necesidad del cambio de normas y leyes, la territorialidad indígena, la sustitución de la ley INRA, la reversión de tierras improductivas y el uso tradicional del agua, fueron, entre otras, las reclamaciones que delinearon los aspectos claves del derecho a la propiedad. Estos aspectos lograron un lugar en la agenda pública cuando la Asamblea Constituyente entró en vigencia. Esto se explica porque la declaratoria misma de la Constituyente fue la demanda social central en la que los movimientos sociales e indígenas se concentraron para instalar el diálogo nacional (véase el anexo n.° 2, "Repertorios de los movimientos sociales en Bolivia").

La modificación de la Constitución de 1967, incluyendo las modificaciones hechas en 1994, ya no era suficiente como base de los acuerdos entre la sociedad boliviana y el Estado. Por tanto, cada vez más, y con mayor fuerza, la Asamblea Constituyente se perfiló como la principal demanda de los movimientos sociales e indígenas, y sería el medio mediante el cual se llevaría a cabo el proceso constituyente[24] sobre el derecho a la propiedad. Por tal razón, es importante conocer y analizar cuáles fueron las pretensiones de estos movimientos respecto al nuevo sentido del derecho a la propiedad. Una de ellas, y tal vez la principal, fue la declaración del Pacto de Unidad.[25] Este pacto,[26] que se gestó

---

[24] Tanto el concepto de *constitución* como el de *asamblea constituyente* se podrían entender como correlatos del poder constituyente, es decir, como manifestaciones de poder constituido en el escenario democrático. Al respecto se puede consultar Kalyvas, 2005 y Nogueira, 2008.

[25] Las demandas de los movimientos sociales e indígenas también están agrupadas en los archivos de la Representación Presidencial para la Asamblea Constituyente y en el Referéndum Autonómico Repac, así como en las actas de los encuentros territoriales convocados en desarrollo de la Asamblea.

[26] Las organizaciones que hacen parte del Pacto de Unidad son la Confederación Sindical Única de Trabajadores Campesinos de Bolivia (CSUTCB), la Confederación de Pueblos Indígenas de Bolivia (CIDOB), la Confederación Sindical de Colonizadores de Bolivia (CSCB), la Federación Nacional de Mujeres

en 2006, es uno de los espacios fundamentales de articulación a nivel político; en él confluyeron organizaciones indígenas, originarias, campesinas y de colonizadores con el objetivo de preparar un documento que recogiera de manera colectiva una serie de propuestas para que fueran tratadas en la Asamblea Constituyente. Este documento político se convirtió en la plataforma que integraría a diferentes sectores, tradicionalmente excluidos de las dinámicas democráticas, pero que ante la fuerza y la contundencia de sus propuestas, lograrían un lugar significativo en los debates constituyentes. En materia del derecho a la propiedad, el Pacto de Unidad planteó dos grupos de propuestas: las vinculadas con el régimen de tierra y territorio, y las relacionas con los derechos. Sobre las propuestas del régimen de tierra y territorio se centraron en cuestionar de modo abierto los efectos del régimen agrario de los últimos cincuenta años, basado en instituciones como la Reforma Agraria, la Constitución de 1967 y la ley INRA; en dichas instituciones se privilegió "la propiedad individual y la mercantilización de la tierra, lo que condujo a una extrema desigualdad en su distribución, a la injusticia social y el atraso económico en general del país" (Pacto de Unidad, 2006, p. 13). En ese sentido, el Pacto dirigió sus propuestas a dos focos: las tierras colectivas comunitarias y la tenencia individual de la tierra, las cuales se basan en el principio básico que establece el "dominio compartido" entre el pueblo y el Estado sobre la tierra:

a) El apoyo constitucional a las tierras colectivas-comunitarias se expresa por cuanto estas son autoadministradas por la autoridad, sea de los territorios, sea de las comunidades campesinas.

Campesinas de Bolivia Bartolina Sisa (FNMCB-BS), el Concejo Nacional de Ayllus y Markas del Qullasuyu (Conamaq), la Central de Pueblos Étnicos de Santa Cruz (CPESC), el Movimiento Sin Tierra de Bolivia (MST), la Asamblea del Pueblo Guaraní (APG) y la Confederación de Pueblos Étnicos Moxeños de Beni (CPEMB).

Además, todas las tierras fiscales serán distribuidas de forma colectiva. Estos principios inducen a las comunidades campesinas, en las cuales prevalecen las propiedades de familias individuales, a incorporar las tierras tituladas a la administración comunal y superar así el minifundio.

b) La tenencia individual de tierras, si bien es reconocida por el Estado, está sujeta a cumplir condiciones y obligaciones que son más severas que las actualmente vigentes. Se mantiene el trabajo como fuente para acceder y conservar la propiedad, así como el cumplimiento de la FES; sin embargo, a esta se agrega la obligación de cumplir con las normas ambientales. Respecto al latifundio, "no reconocido" en la actual CPE, este será "prohibido", para lo cual se pone un límite de extensiones permitidas y se prohíbe la acumulación de propiedades. (Pacto de Unidad, 2006, p. 13)

En esta propuesta comienza a percibirse una concepción pluralista sobre la propiedad en la que se reconoce, por un lado, el derecho a la propiedad individual con plena injerencia del Estado como ente regulador de dicha institución, y por otro, se da un lugar de visibilidad y reconocimiento legal a la propiedad de las tierras colectivas-comunitarias. Estas modificaciones propuestas por el Pacto abren la puerta para pensar un nuevo pluralismo. Si bien estas propuestas sugeridas por el Pacto de Unidad no fueron las únicas que alimentaron los debates de la Asamblea Constituyente, sus planteamientos hicieron eco y permitieron dialogar con las posiciones más tradicionales, que optaron por preservar la propiedad privada.[27]

Como resultado del proceso constituyente boliviano, el 26 de enero de 2009 se proclamó la nueva Constitución del Estado Plurinacional. En este texto constitucional se reconocen cinco tipos de derecho a la propiedad: el derecho a la propiedad de

---

[27] Algunos datos importantes sobre la complejidad en la Comisión XVI, en la que se definió el tema de la extensión de la propiedad, se pueden consultar en Svampa, 2010.

los pueblos indígenas originarios campesinos, el derecho a la propiedad privada, el derecho a la propiedad pública o común, el derecho a la propiedad de los recursos naturales y el derecho a la propiedad agraria. Cada uno de estos tipos de derecho a la propiedad guarda un elemento primordial para la comprensión de las dimensiones legales y fácticas que caracterizan la realidad boliviana.

El derecho a la propiedad de los pueblos indígenas originarios campesinos[28] es un derecho reciente, ya que fue incorporado a la Constitución de 1967 por medio de la Ley n.° 1585 del 12 de agosto de 1994; sin embargo, en el Pacto de Unidad se puso en evidencia su inaplicabilidad, por lo cual se convirtió en una de las principales demandas del movimiento social e indígena; en la Constitución de 2009 se establecieron las dimensiones actuales del derecho, que abarcan el reconocimiento de la *propiedad intelectual colectiva* de los saberes, ciencias, conocimientos y de la medicina tradicional (artículos 30 y 42); el respaldo a la *jurisdicción indígena campesina* para que sus autoridades, en su competencia, apliquen sus principios, valores culturales, normas y procedimientos propios (artículo 190); la protección y garantía a la *propiedad comunitaria o colectiva*, que comprende el territorio indígena originario campesino, las comunidades interculturales originarias y de las comunidades campesinas. Esta propiedad se declara indivisible, imprescriptible, inembargable, inalienable e irreversible, *y no está sujeta al pago de impuestos a la propiedad agraria* (artículos 394 y 395); la aceptación legal

---

[28] La participación del campesinado hace parte de una historia de vieja data, como lo expone Genaro Flores, de la Federación Campesina Tupac Katari: "Ha empezado entonces este proceso buscando la unidad del movimiento campesino, en ese entonces había dos federaciones de campesinos, una que respondía a las veinte provincias de La Paz, y otra que respondía al Estado. Desde los años setenta se vivía en dictadura. Empezando por Banzer, pasando por Natusch Busch y terminando en García Meza. No fue solo mi padre, Genaro Flores Santos, el autor de la recuperación de la democracia, sino un conjunto de personas" (Loayza, 2007).

del derecho a la tierra, al uso y aprovechamiento exclusivo de los recursos naturales renovables, es decir, *la integralidad del territorio indígena originario campesino*, que, para adelantar la explotación de los recursos naturales no renovables que se encuentran en sus territorios, requiere de la consulta previa e informada, asimismo establece que el territorio indígena originario campesino comprende tanto las áreas de producción, las áreas de aprovechamiento y conservación de los recursos naturales y los espacios de reproducción social, espiritual y cultural (artículos 30 y 403). Adicionalmente, se definió que el alcance de este derecho a la propiedad de los pueblos indígenas originarios campesinos tendrá el mismo impacto para el pueblo afroboliviano (artículos 32 y 100).

Sobre el derecho a la propiedad privada, la nueva Constitución, además de resaltar su condición de derecho subjetivo y real con la limitación de cumplir su función social (artículos 56 y 57), reconoce la propiedad intelectual (artículo 102) y la propiedad empresarial (artículo 397); asimismo, establece la prohibición de constituir monopolios y oligopolios tanto en la producción como en la comercialización de bienes y servicios (artículo 314), la cual afecta la propiedad de los medios de comunicación (artículo 107); en este sentido, propone como obligación del Estado el respeto de la propiedad de tierra siempre que se cumplan los requisitos legales de creación, y con el objeto de la creación del agente económico, la generación de empleos y la producción y comercialización de bienes y/o servicios (artículo 315). Dos aspectos más sobre este derecho a la propiedad privada: uno, su vinculación con la condición de ciudadanía, ya que la renta sigue siendo un criterio de igualación para plantear que, sea que se tenga o no, dicha situación no afecta los derechos de ciudadanía; dos, en la Constitución de 1967 se establece la obligación de la Iglesia y de los funcionarios públicos de declarar sus propiedades (artículos 28 y 45), debido a su condición de jerarquía en el orden social.

El derecho a la propiedad pública o común propone una serie de compromisos de parte del Estado para garantizar y respetar tanto sus propiedades como las de otros actores; en este sentido, reconoce al Estado como garante del patrimonio cultural de las naciones y pueblos indígena originario, campesinos, las comunidades interculturales y afrobolivianas (artículo 100), así como las manifestaciones del arte y las industrias populares, los sitios y actividades declarados patrimonio cultural (artículo 101). En el campo de la salud, declara que los bienes y servicios públicos son de propiedad del Estado y no podrán ser privatizados ni concesionados (artículo 38). Este derecho instaura una serie de compromisos de las diferentes instancias gubernamentales: del Ejecutivo (artículo 172), de la Asamblea Legislativa (artículo 158), de la Procuraduría General (artículos 132 y 229), así como las competencias político-administrativas sobre el tema (artículo 298). Con respecto a los bienes de patrimonio del Estado y de las entidades públicas, establece que son propiedad del pueblo boliviano, y por tanto son inviolables, inembargables, imprescriptibles e inexpropiables (artículo 339). Sobre la propiedad de todo el territorio nacional propone como deber del Estado salvaguardar la integridad territorial, la preservación y el desarrollo de zonas fronterizas (artículo 261), como también el derecho irrenunciable e imprescriptible sobre el territorio que dé acceso al océano Pacífico y su espacio marítimo (artículo 267).

En el derecho a la propiedad de los recursos naturales, en primer lugar se definen cuáles son los recursos naturales: los minerales en todos sus estados, los hidrocarburos, el agua, el aire, el suelo y el subsuelo, los bosques, la biodiversidad, el espectro electromagnético y todos aquellos elementos y fuerzas físicas que puedan ser aprovechados (artículo 348). Estos recursos naturales son declarados de carácter estratégico y de interés público para el desarrollo del país; por tanto, se reconoce la propiedad y el dominio directo, indivisible e imprescriptible del pueblo boliviano, por lo cual el Estado está obligado a su administración en función del interés colectivo (artículo 349).

En segundo lugar se propone una serie de reglas para el uso de esos recursos:

• El Estado controla el uso de los recursos naturales estratégicos (exploración, explotación, industrialización, transporte y comercialización) por entidades públicas, privadas y mixtas. También podrá suscribir contratos de asociación con personas jurídicas, bolivianas o extranjeras, para el aprovechamiento de los recursos naturales. Debe asegurarse la reinversión de las utilidades económicas en el país (artículo 351).

• En determinados territorios, para la explotación de recursos naturales se requerirá la consulta previa, libre e informada (artículo 352).

• El pueblo boliviano tendrá acceso equitativo a los beneficios provenientes del aprovechamiento de todos los recursos naturales, así como participación prioritaria en los territorios donde se encuentren estos recursos, y a las naciones y pueblos indígena originario y campesinos (artículo 353).

• La industrialización y comercialización de los recursos naturales será prioridad del Estado. La utilidades serán distribuidas y reinvertidas (artículo 355).

• El uso de los recursos no renovables tiene el carácter de necesidad estatal y utilidad pública (artículo 356).

• La propiedad de los recursos naturales es propiedad social del pueblo boliviano. Nadie, excepto el Estado, podrá realizar actividades bursátiles o financieras con su titulación (artículo 357).

Finalmente, el derecho a la propiedad agraria[29] en la nueva Constitución boliviana se concentra en la propiedad de la tierra, ya sea individual o comunitaria, que también está sujeta al

---

[29] Una referencia histórica y conceptual del problema agrario en Bolivia se puede consultar en Radhuber (2008).

cumplimiento de su función social o económica-social (artículo 393); este tipo de propiedad, según la superficie, la producción y los criterios de desarrollo, se clasifica en pequeña, mediana y empresarial. Sobre la pequeña propiedad declara que es indivisible, constituye patrimonio familiar inembargable, y no soporta cargas contributivas (artículo 395). Propone que las tierras fiscales pueden ser entregadas a pueblos indígenas originarios y campesinos, comunidades interculturales originarias, afrobolivianos y comunidades campesinas que no las posean o las posean en cantidad insuficiente, en el marco de una política agraria que incluya las realidades ecológicas y geográficas, así como las necesidades poblacionales, sociales, culturales y económicas (artículo 395). Asimismo, reconoce el trabajo como la fuente fundamental para la adquisición y conservación de la propiedad agraria (artículo 397), y el cumplimiento de la función social[30] o la función económica social[31] como condición para salvaguardar este derecho. Con respecto al latifundio, se prohíbe, por ser contrario al interés colectivo y al desarrollo del país; por tanto, se establece un límite máximo de extensión de cinco mil hectáreas[32] (artículo 398).

Si bien la nueva Constitución Política del Estado Plurinacional de Bolivia puede ser tomada como punto de llegada de este recorrido por el proceso constituyente, es a la vez un punto de inicio de las acciones públicas que del texto se desarrollen; por tanto, es la principal plataforma que guía las políticas públicas. Este texto de la nueva Constitución no es otra cosa

---

[30] Por *función social* se entiende el aprovechamiento sostenible de la tierra por pueblos y comunidades indígena originario y campesinos, así como el que se realiza en pequeñas propiedades, y constituye la fuente de subsistencia y de bienestar y desarrollo sociocultural de sus titulares (artículo 397).

[31] La función económica social es el empleo sostenible de la tierra en el desarrollo de actividades productivas, conforme a su capacidad de uso mayor, en beneficio de la sociedad, del interés colectivo y de su propietario (artículo 397).

[32] Este límite a la extensión del latifundio fue consultado en el Referéndum dirimitorio realizado el 25 de enero de 2009.

que un marco ético-político en el que se inserta el derecho a la propiedad, que pone de manifiesto un entramado social, económico y jurídico que sirve de telón para comprender el proceso constituyente boliviano, y no reduce su papel a hacer parte de una escenografía detenida en el tiempo y el espacio; por el contrario, abre una serie de posibilidades pero también impone limitaciones, que alteran drásticamente el resultado esperado. Si bien en este proceso constituyente el derecho a la propiedad en Bolivia cambia la comprensión del pluralismo jurídico, dicho resultado, plasmado en la Constitución, pone en evidencia esa mixtura de posturas, intereses, motivaciones y apuestas que la sociedad les imprimió al derecho, las vinculaciones entre economía y sociedad, así como a las implicaciones de debate en el campo jurídico.

CONCLUSIONES

El texto de la Constitución Política del Estado Plurinacional de Bolivia da cuenta de una mixtura social, política, cultural y económica que a primera vista parece ininteligible desde las concepciones modernas sobre las que se han estructurado sociedades como las latinoamericanas. Desde el "Preámbulo" hasta el desarrollo de cada apartado, se perciben nuevos sujetos sociales, nuevas formas de hacer política, nuevos retos en la construcción de la institucionalidad estatal; afluyen valores y costumbres que van desde las perspectivas liberales democráticas hasta las bases de una cosmovisión indígena, todos integrados bajo los anhelos de reconocimiento de la diversidad nacional, gestada desde los procesos de reforma constitucional iniciados en la década de los noventa en todo el continente.

Los primeros destellos de plurinacionalidad pueden entreverse —con sus tensiones y disputas— en el derecho a la propiedad. Si bien en Bolivia, durante siglos había existido una mirada hegemónica que resaltaba la propiedad privada como la única forma aceptada legalmente, durante el último proceso de reforma constitucional (2006 a 2009), la sociedad cuestionó y modificó este derecho, y así posibilitó un diálogo entre las diferentes formas de propiedad. Este reconocimiento pone en evidencia que existe una plurinacionalidad constitutiva de la sociedad, y que en ese sentido requiere de una modificación en el principal texto normativo que regula las relaciones de la nación o, en este caso, de las naciones.

En Bolivia, el derecho a la propiedad ha tenido una larga tradición de garantía y protección a la propiedad privada. Este hecho social e histórico ha quedado resguardado en la principal norma el país: la Constitución. Durante el más reciente proceso de reforma constitucional en Bolivia, de 2006 a 2009, los movimientos sociales e indígenas lograron incluir en la agenda de la Asamblea Constituyente el debate sobre el alcance del derecho a la propiedad, que había sido constitucionalizado durante años pero que estaba aún vigente en la Constitución de 1967. En un contexto de crisis estructural que vivía el país y en un ambiente social de reforma de dicha constitución, se generaron diferentes espacios políticos para presentar las demandas sociales que alimentaran las nuevas dimensiones del derecho a la propiedad. En el desarrollo de los debates constituyente en la Asamblea, se observó una polarización muy marcada entre los bloques históricos que se disputaron el sentido del derecho a la propiedad. Como resultado de este proceso se puso en evidencia que tanto la forma como el contenido de un derecho como la propiedad pueden ser modificados en un escenario jurídico-político como la Asamblea Constituyente, el papel que juega el texto constitucional en la estructuración de las relaciones sociales y la incidencia de las fuerzas sociales en ese proceso de definición.

La pregunta por cómo transita, cambia o se mueve el derecho a la propiedad como expresión de una puja social en un escenario propio del liberalismo, pero bajo el impulso de movimientos sociales e indígenas que intentan avanzar sobre el terreno ganado por las estructurales liberales de la economía y el derecho, no puede ser respondida desde una sola disciplina o con un pie en un solo constructo teórico, menos si estos son el derecho, la ciencia política o la economía.[33] Así, esta investigación opta, como lo ha planteado Boaventura de Sousa Santos (2010), por reconocer, a partir de una sociología jurídica, tanto los usos sociales del derecho como el entramado sociohistórico que constituye el derecho como campo de disputa (Bourdieu, 2001). En esa lógica, para analizar la propiedad en el texto de la nueva Constitución boliviana se partió de evidenciar las sedimentaciones históricas que se han acumulado para dar cuenta de lo que el derecho a la propiedad es hoy. Tanto las raíces prehispánicas como las nociones republicanas hacen parte del derecho a la propiedad como una constitucionalización del pluralismo que coexiste el país. En ese sentido, hay que caracterizar y conocer una plurinacionalidad, en ocasiones polarizada en posturas liberales y comunitaristas, pero que en un escenario de acuerdo regulativo social logran juntarse en una pluralización de la propiedad que ya no solo se abre para acoger las diferentes formas de propiedad, sino que transforma los pesos específicos que esas propiedades pueden tener.

El debate democrático vivido en la Asamblea Constituyente y el reconocimiento plural de otras formas de propiedad son manifestaciones de lo que hoy se conoce como *nuevo constitucionalismo latinoamericano*. Como señala Martínez (2008), el proceso constitucional boliviano se caracteriza por plantearse

---

[33] Tal como lo han planteado Jean y John Comaroff (2013) y David Harvey (2009), la interdisciplinariedad tiende a ser vista con más familiaridad en la antropología y en los estudios culturales, pero pocas veces se ve como un escenario de posibilidad en la economía o el derecho, por tratarse de cánones disciplinares en los que ha imperado la perspectiva neoclásica y el positivismo, respectivamente. En el mismo sentido, la mirada desde el canon antropológico, tal como resaltan los Comaroff, tiende a mantener una definición hegemónica de la modernidad occidental que prefiere hacer exóticas las prácticas políticas de los países del sur, sin profundizar en las formas en las que "la ley del país y la vida cultural de sus habitantes traban discusiones respecto de la soberanía, la ciudadanía y los límites de la democracia liberal" (2013, p. 123).

una definición avanzada de *democracia*, en la que se reivindica el uso de las instituciones democráticas como escenarios para reconstruir los acuerdos regulativos de una nación. Dicha democratización se observa en la discusión sobre el derecho a la propiedad, en la que se no solo se reconocen unas formas diversas de propiedad existentes en las relaciones sociales y económicas, sino que se propone una transformación en cuanto a su reconocimiento normativo. Asimismo, la capacidad de este proceso de centrarse en temas fundamentales y de proponer soluciones constitucionales da cuenta de otro rasgo de este tipo de constitucionalismo, y es su originalidad. Como se observó, la demanda social de un cambio en la forma de entender la propiedad fue una constante durante el periodo constituyente; por tanto, esta problemática fue uno de los ejes en los debates que dieron origen a la Constitución de 2009.

Estas reflexiones sobre la constitucionalización pluralista del derecho a la propiedad en Bolivia, más que plantear conclusiones al respecto, pretenden abrir el debate acerca de cuáles son las dimensiones del nuevo constitucionalismo latinoamericano a partir de experiencias en derechos puntuales, en este caso la propiedad, qué implicaciones tiene para la democracia el debate de derechos como la propiedad, cómo abordar teóricamente realidades que proponen una ruptura con las concepciones modernas, cómo sería la discusión sobre una propiedad que en sentido estrictamente liberal ya no sería propiedad, para convertirse en una propiedad pluralista.

REFERENCIAS

Aguiló, J. (2003). Sobre el constitucionalismo y la resistencia constitucional. *Doxa* (26), *Cuadernos de Filosofía del Derecho*, Universidad de Alicante. Disponible en http://publicaciones.ua.es/filespubli/pdf/02148676RD41042486.pdf.

Ayllu Originario Caluyo (2011). *Estatuto*. Bolivia: Fundación Tierra, Taypi Qala.

Ayo, D. y Bonifaz, G. (2007). *Asamblea Constituyente: ¿hegemonía indígena o interculturalidad?* La Paz: FES-Ildis.

Barragán, R. (2006). *Asambleas constituyentes: ciudadanía y elecciones, convenciones y debates.* La Paz: Muela del Diablo.

Bourdieu, P. (2001). *Las estructuras sociales de la economía.* Buenos Aires: Ediciones Manantial.

Bourdieu, P. (2002). *Poder, derecho y clases sociales.* Bilbao: Desclée de Brouwer.

Carlsen, L. (2007). An Interview with Álvaro García Linera, Vice President of Bolivia. Bolivia-Coming to Terms with Diversity, noviembre 30. Disponible en http://www.cfr.org/world/cip-bolivia-coming-terms-diversity/p14773.

Centro de Estudios Latinoamericanos (2006). Base de Datos Políticos de las Américas. Estudio constitucional comparativo. Escuela de Servicio Exterior, Universidad de Georgetown.

Coalición Internacional para el Acceso a la Tierra (2011). Marcos Legales para el acceso a la tierra en América Latina: una mirada comparativa en ocho países de la región. Disponible en http://americalatina.landcoalition.org/node/2402.

Comaroff, J. y Comarrof, J. L. (2013). *Teorías desde el sur. O cómo los países centrales evolucionan hacia África.* Buenos Aires: Siglo XXI Editores.

Cordero, E. y Aldunate, E. (2008). Evolución histórica del concepto de propiedad. *Revista de Estudios Histórico-Jurídicos* (30), 345-385. Valparaíso.

Chávez, P. y Mokrani, D. (septiembre de 2007). Los movimientos sociales en la Asamblea Constituyente. OSAL, (22), año VIII, Buenos Aires, Clacso.

Dehesa, I. (2008). Bolivia: ¿es posible la construcción de un nuevo Estado? La Asamblea Constituyente y las autonomías departamentales. *Revista de Ciencia Política de la Universidad Internacional de Florida*, 28 (1), 61-79.

Elster, J. (1995). Forces and Mechanisms in the Constitution-Making Process. *Duke Law Journal*, 45 (2), Duke University School of Law.

Evia, J. L. *et al.* (2008). *Conflicto social y crecimiento económico en Bolivia (1970-2005).* Bolivia: Centro de Estudios de la Realidad Económica y Social CERES, Cochabamba.

Ezcurra, H. (2009). *El AED y el derecho a la competencia.* La Paz: Bullard Abogados.

Fernández, M. (2000). *La ley del ayllu.* La Paz: Fundación PIEB.

Foucault, M. (2007). *Nacimiento de la biopolítica.* Buenos Aires: Fondo de Cultura Económica de Argentina.

García, Á. (2008a). *La potencia plebeya.* La Paz: Muela del diablo, Comuna, Clacso.

García, Á. (2008b). El nuevo modelo económico nacional productivo. *Revista de Análisis: Reflexiones sobre la Coyuntura,* 2 (2). Bolivia, Vicepresidencia de la República de Bolivia.

García, Á. (2009). *Forma valor y forma comunidad: aproximación teórica-abstracta a los fundamentos civilizatorios que preceden al ayllu universal.* La Paz: Muela del Diablo, Comuna, Clacso.

García, Á., Chávez, M. y Costas, P. (2008). *Sociología de los movimientos sociales: estructuras de movilización, repertorios culturales y acción política.* La Paz: Plural Editores.

Gargarella, R. (2005). *Los fundamentos legales de la desigualdad: el constitucionalismo en América (1776-1860).* Buenos Aires: Siglo XXI.

Gargarella, R. y Courtis, C. (2010). *El nuevo constitucionalismo latinoamericano.* Santiago de Chile: Cepal, Asdi.

Goitia, C. (2006). *Constitución, Estado y economía.* La Paz: Azul.

González, B. (1996). Economías fundacionales: diseño del cuerpo ciudadano. En B. González (comp.), *Cultura y tercer mundo.* Caracas: Nueva Sociedad.

González, M. (abril de 2011). El proceso constituyente boliviano como escenario de disputas por la economía. *Nóma-*

das (34) 134.150. Disponible en http://www.redalyc.org/
pdf/1051/105118960010.pdf.

Gotkowitz, L. (2011). *La revolución antes de la revolución: luchas indígenas por la tierra y justicia en Bolivia, 1880-1952*. La Paz: Plural, Fundación PIEB.

Gramsci, A. (1931). Espontaneidad y dirección consciente. *Marxists Internet Archive*. Disponible en http://www.marxists.org/espanol/gramsci/gra1931.htm.

Gramsci, A. (1978). *Introducción a la filosofía de la praxis*. Barcelona: Península.

Grebe, H., Mayorga, F., Aguirre, F., Barrios, F., *et al.* (2007). *Contrapuntos al debate constituyente*. La Paz: Plural.

Grebe, H. (2009). Estado y mercado en Bolivia: una relación pendular. *Nueva Sociedad* (21), 137-150.

Gutiérrez, R. *et al.* (2000). *El retorno de la Bolivia plebeya*. La Paz: Comuna, Muela del Diablo.

Gutiérrez, Raquel *et al.* (2002). *Democratizaciones plebeyas*. La Paz: Comuna, Muela del Diablo.

Hardt, M. (2010). Política y multitud. En *I Ciclo de Seminarios Internacionales: pensado el mundo desde Bolivia*. La Paz: Vicepresidencia del Estado Plurinacional de Bolivia.

Harvey, D. (2009). *Breve historia del neoliberalismo*. Madrid: Akal Editores.

Huanacuni, F. (2010). *Vivir bien/buen vivir: filosofía, políticas, estrategias y experiencias regionales andinas*. Lima: Coordinadora Andina de Organizaciones Indígenas.

Infante, M. (2008). *Análisis económico del derecho a la propiedad privada*. Santo Domingo: Instituto Dominicano Law and Economics.

Instituto de Reforma Agraria (INRA) (2008). *Breve historia del reparto de tierras en Bolivia*. La Paz: Gráfica Andina.

Instituto Nacional de Estadísticas (INE) (2001). *Censo 2001*. La Paz: INE.

Kalyvas, A. (2005). Soberanía popular, democracia y poder constituyente. *Política y Gobierno*, XII (1), primer semestre.

Klein, H. (1995). *Haciendas y ayllus en Bolivia, ss. XVIII y XIX.* Lima: IEP.

Loayza, M. (2007). El estado de las cosas. Programa de Desarrollo de Naciones Unidas PNUD Bolivia.

Luna, G. (2002). *La economía boliviana del siglo XX.* La Paz: Plural, Instituto de Investigaciones Económicas.

Mamani, P. (2005). *Geopolíticas indígenas.* El Alto: Cades.

Martínez, R. (2008). *El proceso constituyente boliviano: perspectivas desde un nuevo constitucionalismo latinoamericano.* Cuadernos de Reflexión. La Paz: Vicepresidencia del Estado Plurinacional de Bolivia.

Mayorga, F. (2005). *El gobierno de Evo Morales: cambio político y transición estatal.* Cochabamba: Centro de Estudios Superiores Universitarios.

Negri, A. (2010). El movimiento de los movimientos. En *I Ciclo de Seminarios Internacionales: Pensado el Mundo desde Bolivia.* La Paz: Vicepresidencia del Estado Plurinacional de Bolivia.

Negri, A. (2012). *Marx, la biopolítica y lo común.* Bogotá: Universidad Nacional de Colombia.

Nogueira, H. (2008). Consideraciones sobre poder constituyente y reforma de la Constitución en la teoría y la práctica constitucional. *Ius et Praxis*, 15 (1), 229-262.

Núñez, J. (2009). *Economías indígenas.* La Paz: Presencia.

Pacto de Unidad (2006). Asamblea Nacional de Organizaciones Campesinas, Indígenas, Originarias y de Colonizadores de Bolivia. Disponible en http://bibliotecavirtual.clacso.org.ar/ar/libros/osal/osal22/AC22Documento.pdf.

Patzi, F. (2009). *Sistema comunal.* La Paz: Vicuña.

Prada, R. *et al.* (2005). *Horizontes y límites del Estado y el poder.* La Paz: Comuna, Muela del Diablo.

Prada, R. (2008). Análisis de la nueva Constitución Política del Estado. *Crítica y Emancipación: Revista Latinoamericana de Ciencias Sociales*, 1 (1), 35-50.

Radhuber, I. (2008). *El poder de la tierra.* La Paz: Plural.

Rajland, B. *et al.* (2009). Los nuevos poderes constituyentes en la América Latina y Caribeña de hoy y su relación con los procesos de cambio. En B. Rajland y M. C. Cotarelo (coords.), *La revolución en el bicentenario: reflexiones sobre la emancipación, clases y grupos subalternos*. Buenos Aires: Clacso.

Representación presidencial para la Asamblea Constituyente, Referéndum Autonómico (REPAC) y Vicepresidencia del Estado Plurinacional (2009). *Memoria institucional 2006-2009*. La Paz: Repac, Vicepresidencia del Estado Plurinacional.

Representación Presidencial para la Asamblea Constituyente y el Referéndum Autonómico (REPAC) (2006). *Sistematización de propuestas para la Asamblea Constituyente*. La Paz.

Rivera, J. (2005). *El proceso constituyente en Bolivia*. Cochabamba: Grupo Kipus.

Rivera, S. (1984). *Oprimidos pero no vencidos*. La Paz: Hisbol, CUSTB.

Santos B. de S. (2009). *Sociología jurídica crítica para un nuevo sentido común del derecho*. Bogotá: Trotta.

Santos, B. de S. (2010). *Refundación del Estado en América Latina*. Bogotá: Siglo del Hombre Editores.

Stefanoni, P. (2006). El nacionalismo indígena como identidad política: la emergencia del MAS-IPSP (1995-2003). Disponible en http://bibliotecavirtual.clacso.org.ar/ar/libros/becas/levy/11stef.pdf.

Svampa, M., *et al.* (2010). ¿Repartir la tierra en el umbral de la revolución? En M. Svampa, B. Fornillo y P. Stefanoni, *Debatir Bolivia: Perspectivas de un proyecto de descolonización*. Buenos Aires: Aguilar.

Tapia, L. (2002). *La condición multisocietal-multicultural: pluralismo, modernidad*. La Paz: CIDES-UMSA, Muela del Diablo.

Tapia, L. (2011). *El estado de derecho como tiranía* (tesis de posgrado). Universidad Mayor de San Andrés, Bolivia.

217

Tribunal Constitucional de Bolivia (2006). Sentencia SC 0045 del 2 de junio de 2006. Magistrada Relatora: Dra. Silvia Salame Farjat.

Uprimny, R., Rodríguez, C., García, M. (2006). *¿Justicia para todos?: sistema judicial, derechos sociales y democracia en Colombia*. Bogotá: Norma.

Urioste, M. (2011). *Concentración y extranjerización de la tierra en Bolivia*. La Paz: Fundación Tierra.

Valenzuela, C. (2008). *Tierra y territorio en Bolivia*. La Paz: Centro de Documentación e Información Bolivia (CEDIB).

Viciano, R. y Martínez, R. (2010). Aspectos generales del nuevo constitucionalismo latinoamericano. En Corte Constitucional de Ecuador para el Período de Transición, *El nuevo constitucionalismo en América Latina*. Quito: Corte Constitucional del Ecuador.

Wanderley, F. (2009). *Crecimiento, empleo y bienestar: por qué Bolivia es tan desigual*. La Paz: CIDES-UMSA.

Zibechi, R. (2007). *Dispersar el poder*. Bogotá: Ediciones Desde Abajo.

NORMAS Y DECRETOS

Código Civil de Bolivia, Decreto Ley 12760 de 1975.

Código Civil Ballivián (1843).

Congreso de la República (1967). *Constitución de la República de Bolivia*.

Congreso de la República (2009). Nueva Constitución Política del Estado, Bolivia.

Congreso de la República (2004). Ley n.° 2631, para la convocatoria a la Asamblea Constituyente y reforma de la Constitución de 1967.

Congreso de la República (1994). Ley n.° 1585, por la cual se reforma parcialmente la Constitución de 1967.

ANEXOS

ANEXO 1. *TABLA COMPARATIVA DEL DERECHO A LA PROPIEDAD PRIVADA EN LAS CONSTITUCIONES AMERICANAS*

Argentina	Artículo 14. Todos los habitantes de la nación gozan de los siguientes derechos conforme a las leyes que reglamenten su ejercicio, a saber: de usar y disponer de su propiedad... Artículo 17. La propiedad es inviolable y ningún habitante de la nación puede ser privado de ella, sino en virtud de sentencia fundada en ley. La expropiación por causa de utilidad pública debe ser calificada por ley y previamente indemnizada [...]. La confiscación de bienes queda borrada para siempre del Código Penal argentino. Ningún cuerpo armado puede hacer requisiciones, ni exigir auxilios de ninguna especie.
Bolivia	Artículo 7. Toda persona tiene los siguientes derechos fundamentales, conforme a las leyes que reglamenten su ejercicio: [...] j. A la propiedad privada, individual o colectivamente, siempre que cumpla una función social. Artículo 22. Se garantiza la propiedad privada siempre que el uso que se haga de ella no sea perjudicial al interés colectivo. La expropiación se impone por causa de utilidad pública o cuando la propiedad no cumple una función social, calificada conforme a ley y previa indemnización justa. Artículo 28. Los bienes de la Iglesia, de las órdenes y congregaciones religiosas y de las instituciones que ejercen labor educativa, de asistencia y de beneficencia, gozan de los mismos derechos y garantías que los pertenecientes a los particulares.
Brasil	Artigo 5. Todos são iguais perante a lei, sem distinção de qualquer natureza, garantindo-se aos brasileiros e aos estrangeiros residentes no País a inviolabilidade do direito à vida, à liberdade, à igualdade, à segurança e à propriedade, nos termos seguintes: • XXII-é garantido o direito de propriedade; • XXIII-a propriedade atenderá a sua função social; • XXIV-a lei estabelecerá o procedimento para desapropriação por necessidade ou utilidade pública, ou por interesse social, mediante justa e prévia indenização em dinheiro, ressalvados os casos previstos nesta Constituição; • XXV-no caso de iminente perigo público, a autoridade competente poderá usar de propriedade particular, assegurada ao proprietário indenização ulterior, se houver dano.
Chile	Artículo 19. La Constitución asegura a todas las personas: 23. La libertad para adquirir el dominio de toda clase de bienes, excepto aquellos que la naturaleza ha hecho comunes a todos los hombres o que deban pertenecer a la nación toda y la ley lo declare así. Lo anterior es sin perjuicio de lo prescrito en otros preceptos de esta constitución.

Chile	Una ley de quórum calificado y cuando así lo exija el interés nacional puede establecer limitaciones o requisitos para la adquisición del dominio de algunos bienes. 24. El derecho de propiedad en sus diversas especies sobre toda clase de bienes corporales o incorporales. Solo la ley puede establecer el modo de adquirir la propiedad, de usar, gozar y disponer de ella y las limitaciones y obligaciones que deriven de su función social. Esta comprende cuanto exijan los intereses generales de la nación, la seguridad nacional, la utilidad y la salubridad públicas y la conservación del patrimonio ambiental. Nadie puede, en caso alguno, ser privado de su propiedad, del bien sobre que recae o de algunos de los atributos o facultades esenciales del dominio, sino en virtud de ley general o especial que autorice la expropiación por causa de utilidad pública o de interés nacional, calificada por el legislador. El expropiado podrá reclamar de la legalidad del acto expropiatorio ante los tribunales ordinarios y tendrá siempre derecho a indemnización por el daño patrimonial efectivamente causado, la que se fijará de común acuerdo o en sentencia dictada conforme a derecho por dichos tribunales. A falta de acuerdo, la indemnización deberá ser pagada en dinero efectivo al contado. La toma de posesión material del bien expropiado tendrá lugar previo pago del total de la indemnización, la que, a falta de acuerdo, será determinada provisionalmente por peritos en la forma que señale la ley. En caso de reclamo acerca de la procedencia de la expropiación, el juez podrá, con el mérito de los antecedentes que se invoquen, decretar la suspensión de la toma de posesión.
Colombia	Artículo 34. Se prohíben las penas de destierro, prisión perpetua y confiscación. No obstante, por sentencia judicial se declarará extinguido el dominio sobre bienes adquiridos en perjuicio del tesoro público o con grave deterioro de la moral social. Artículo 58. Se garantizan la propiedad privada y los demás derechos adquiridos con arreglo a las leyes civiles, los cuales no pueden ser desconocidos ni vulnerados por leyes posteriores. Cuando de la aplicación de una ley expedida por motivos de utilidad pública o interés social, resultaren en conflicto los derechos de los particulares con la necesidad por ella reconocida, el interés privado deberá ceder al interés público o social. La propiedad es una función social que implica obligaciones. Como tal, le es inherente una función ecológica. El Estado protegerá y promoverá las formas asociativas y solidarias de propiedad. Por motivos de utilidad pública o de interés social definidos por el legislador, podrá haber expropiación mediante sentencia judicial e indemnización previa. Esta se fijará consultando los intereses de la comunidad y del afectado. En los casos que determine el legislador, dicha expropiación podrá adelantarse por vía administrativa, sujeta a posterior acción contenciosa-administrativa, incluso respecto del precio. Artículo 59. En caso de guerra y solo para atender a sus requerimientos, la necesidad de una expropiación podrá ser decretada por el Gobierno Nacional sin previa indemnización. En el expresado caso, la propiedad inmueble solo podrá ser temporalmente ocupada, para atender a las necesidades de la guerra, o para destinar a ella sus productos. El Estado será siempre responsable por las expropiaciones que el Gobierno haga por sí o por medio de sus agentes.

Costa Rica	Artículo 45. La propiedad es inviolable; a nadie puede privarse de la suya si no es por interés público legalmente comprobado, previa indemnización conforme a la ley. En caso de guerra o conmoción interior, no es indispensable que la indemnización sea previa. Sin embargo, el pago correspondiente se hará a más tardar dos años después de concluido el estado de emergencia. Por motivos de necesidad pública podrá la Asamblea Legislativa, mediante el voto de los dos tercios de la totalidad de sus miembros, imponer a la propiedad limitaciones de interés social.
Cuba	Artículo 14. En la República de Cuba rige el sistema de economía basado en la propiedad socialista de todo el pueblo sobre los medios fundamentales de producción y en la supresión de la explotación del hombre por el hombre. También rige el principio de distribución socialista "de cada cual según su capacidad, a cada cual según su trabajo". La ley establece las regulaciones que garantizan el efectivo cumplimiento de este principio. Artículo 21. Se garantiza la propiedad personal sobre los ingresos y ahorros procedentes del trabajo propio, sobre la vivienda que se posea con justo título de dominio y los demás bienes y objetos que sirven para la satisfacción de las necesidades materiales y culturales de la persona. Asimismo se garantiza la propiedad sobre los medios e instrumentos de trabajo personal o familiar, los que no pueden ser utilizados para la obtención de ingresos provenientes de la explotación del trabajo ajeno. La ley establece la cuantía en que son embargables los bienes de propiedad personal. Artículo 24. El Estado reconoce el derecho de herencia sobre la vivienda de dominio propio y demás bienes de propiedad personal. La tierra y los demás bienes vinculados a la producción que integran la propiedad de los agricultores pequeños son heredables y solo se adjudican a aquellos herederos que trabajan la tierra, salvo las excepciones y según el procedimiento que establece la ley. La ley fija los casos, las condiciones y la forma en que los bienes de propiedad cooperativa podrán ser heredables. Artículo 25. Se autoriza la expropiación de bienes, por razones de utilidad pública o interés social y con la debida indemnización. La ley establece el procedimiento para la expropiación y las bases para la determinar su utilidad y necesidad, así como la forma de indemnización, considerando los intereses y las necesidades económicas y sociales del expropiado. Artículo 60. La confiscación de bienes se aplica solo como sanción por las autoridades, en los casos y por los procedimientos que determina la ley.
Ecuador	Artículo 23. Sin perjuicio de los derechos establecidos en esta constitución y en los instrumentos internacionales vigentes, el Estado reconocerá y garantizará a las personas los siguientes: [...] 23. El derecho a la propiedad, en los términos que señala la ley. [...] Artículo 30. La propiedad, en cualquiera de sus formas y mientras cumpla su función social, constituye un derecho que el Estado reconocerá y garantizará para la organización de la economía. Deberá procurar el incremento y la redistribución del ingreso, y permitir el acceso de la población a los beneficios de la riqueza y el desarrollo. [...]

Ecuador	Artículo 33. Para fines de orden social determinados en la ley, las instituciones del Estado, mediante el procedimiento y en los plazos que señalen las normas procesales, podrán expropiar, previa justa valoración, pago e indemnización, los bienes que pertenezcan al sector privado. Se prohíbe toda confiscación.
El Salvador	Artículo 2. Toda persona tiene derecho a la vida, a la integridad física y moral, a la libertad, a la seguridad, al trabajo, a la propiedad y posesión, y a ser protegida en la conservación y defensa de los mismos. Artículo 11. Ninguna persona puede ser privada del derecho a la vida, a la libertad, a la propiedad y posesión, ni de cualquier otro de sus derechos sin ser previamente oída y vencida en juicio con arreglo a las leyes; ni puede ser enjuiciada dos veces por la misma causa. Artículo 106. La expropiación procederá por causa de utilidad pública o de interés social, legalmente comprobados, y previa una justa indemnización. Cuando la expropiación sea motivada por causas provenientes de guerra, de calamidad pública o cuando tenga por objeto el aprovisionamiento de agua o de energía eléctrica, o la construcción de viviendas o de carreteras, caminos o vías públicas de cualquier clase, la indemnización podrá no ser previa. Cuando lo justifique el monto de la indemnización que deba reconocerse por los bienes expropiados de conformidad con los incisos anteriores, el pago podrá hacerse a plazos, el cual no excederá en conjunto de quince años, en cuyo caso se pagará a la persona expropiada el interés bancario correspondiente. Dicho pago deberá hacerse preferentemente en efectivo. Se podrán expropiar sin indemnización las entidades que hayan sido creadas con fondos públicos. Se prohíbe la confiscación, ya sea como pena o en cualquier otro concepto. Las autoridades que contravengan este precepto responderán en todo tiempo con sus personas y bienes del daño inferido. Los bienes confiscados son imprescriptibles.
Guatemala	Artículo 39. Propiedad privada. Se garantiza la propiedad privada como un derecho inherente a la persona humana. Toda persona puede disponer libremente de sus bienes de acuerdo con la ley. El Estado garantiza el ejercicio de este derecho y deberá crear las condiciones que faciliten al propietario el uso y disfrute de sus bienes, de manera que se alcance el progreso individual y el desarrollo nacional en beneficio de todos los guatemaltecos. Artículo 40. Expropiación. En casos concretos, la propiedad privada podrá ser expropiada por razones de utilidad colectiva, beneficio social o interés público debidamente comprobadas. La expropiación deberá sujetarse a los procedimientos señalados por la ley, y el bien afectado se justipreciará por expertos tomando como base su valor actual. La indemnización deberá ser previa y en moneda efectiva de curso legal, a menos que con el interesado se convenga en otra forma de compensación. Solo en caso de guerra, calamidad pública o grave perturbación de la paz puede ocuparse o intervenirse la propiedad, o expropiarse sin previa indemnización, pero esta deberá hacerse inmediatamente después que haya cesado la emergencia. La ley establecerá las normas a seguirse con la propiedad enemiga.

Guatemala	La forma de pago de las indemnizaciones por expropiación de tierras ociosas será fijado por la ley. En ningún caso el término para hacer efectivo dicho pago podrá exceder de diez años. Artículo 41. Protección al derecho de propiedad. Por causa de actividad o delito político no puede limitarse el derecho de propiedad en forma alguna. Se prohíbe la confiscación de bienes y la imposición de multas confiscatorias. Las multas en ningún caso podrán exceder del valor del impuesto omitido.
Honduras	Artículo 103. El Estado reconoce, fomenta y garantiza la existencia de la propiedad privada en su más amplio concepto de función social y sin más limitaciones que aquellas que por motivos de necesidad o de interés público establezca la ley. Artículo 104. El derecho de la propiedad no perjudica el dominio eminente del Estado. Artículo 105. Se prohíbe la confiscación de bienes. La propiedad no puede ser limitada en forma alguna por causa de delito político. El derecho de reivindicar los bienes confiscados es imprescriptible. Artículo 106. Nadie puede ser privado de su propiedad sino por causa de necesidad o interés públicos calificados por la ley o por resolución fundada en ley, y sin que medie previa indemnización justipreciada. En caso de guerra o conmoción interior, no es indispensable que la indemnización sea previa, pero el pago correspondiente se hará, a más tardar, dos años después de concluido el estado de emergencia.
México	Artículo 14. Nadie podrá ser privado de la vida, de la libertad o de sus propiedades, posesiones o derechos, sino mediante juicio seguido ante los tribunales previamente establecidos, en el que se cumplan las formalidades esenciales del procedimiento y conforme a las leyes expedidas con anterioridad al hecho. Artículo 27. Las expropiaciones solo podrán hacerse por causa de utilidad pública y mediante indemnización. La nación tendrá en todo tiempo el derecho de imponer a la propiedad privada las modalidades que dicte el interés público, así como el de regular, en beneficio social, el aprovechamiento de los elementos naturales susceptibles de apropiación, con objeto de hacer una distribución equitativa de la riqueza pública, cuidar de su conservación, lograr el desarrollo equilibrado del país y el mejoramiento de las condiciones de vida de la población rural y urbana. En consecuencia, se dictarán las medidas necesarias para ordenar los asentamientos humanos y establecer adecuadas provisiones, usos, reservas y destinos de tierras, aguas y bosques, a efecto de ejecutar obras públicas y de planear y regular la fundación, conservación, mejoramiento y crecimiento de los centros de población; para preservar y restaurar el equilibrio ecológico; para el fraccionamiento de los latifundios; para disponer, en los términos de la ley reglamentaria, la organización y explotación colectiva de los ejidos y comunidades; para el desarrollo de la pequeña propiedad rural; para el fomento de la agricultura, de la ganadería, de la silvicultura y de las demás actividades económicas en el medio rural, y para evitar la destrucción de los elementos naturales y los daños que la propiedad pueda sufrir en perjuicio de la sociedad. [...]

México	Las leyes de la federación y de los estados en sus respectivas jurisdicciones determinarán los casos en que sea de utilidad pública la ocupación de la propiedad privada, y de acuerdo con dichas leyes la autoridad administrativa hará la declaración correspondiente. El precio que se fijará como indemnización a la cosa expropiada, se basará en la cantidad que como valor fiscal de ella figure en las oficinas catastrales o recaudadoras, ya sea que este valor haya sido manifestado por el propietario o simplemente aceptado por él de un modo tácito por haber pagado sus contribuciones con esta base. El exceso de valor o el demérito que haya tenido la propiedad particular por las mejoras o deterioros ocurridos con posterioridad a la fecha de la asignación del valor fiscal será lo único que deberá quedar sujeto a juicio pericial y a resolución judicial. Esto mismo se observará cuando se trate de objetos cuyo valor no esté fijado en las oficinas rentísticas. El ejercicio de las acciones que corresponden a la Nación, por virtud de las disposiciones del presente artículo, se hará efectivo por el procedimiento judicial; pero dentro de este procedimiento y por orden de los tribunales correspondientes, que se dictará en el plazo máximo de un mes, las autoridades administrativas procederán desde luego a la ocupación, administración, remate o venta de las tierras o aguas de que se trate y todas sus accesiones, sin que en ningún caso pueda revocarse lo hecho por las mismas autoridades antes que se dicte sentencia ejecutoriada.
Nicaragua	Artículo 44. Se garantiza el derecho de propiedad privada de los bienes muebles e inmuebles, de los instrumentos y medios de producción. En virtud de la función social de la propiedad, este derecho está sujeto, por causa de utilidad pública o de interés social, a las limitaciones y obligaciones que en cuanto a su ejercicio le impongan las leyes. Los bienes inmuebles mencionados en el párrafo primero pueden ser objeto de expropiación de acuerdo a la ley, previo pago en efectivo de justa indemnización. Tratándose de la expropiación de latifundios incultivados, para fines de reforma agraria, la ley determinará la forma, cuantificación, plazos de pagos e intereses que se reconozcan en concepto de indemnización. Se prohíbe la confiscación de bienes. Los funcionarios que infrinjan esta disposición responderán con sus bienes en todo tiempo por los daños inferidos.
Panamá	Artículo 44. Se garantiza la propiedad privada adquirida con arreglo a la ley por personas jurídicas o naturales. Artículo 45. La propiedad privada implica obligación para su dueño por razón de la función social que debe llenar. Por motivos de utilidad pública o de interés social definidos en la ley, puede haber expropiación mediante juicio especial e indemnización. Artículo 46. Cuando de la aplicación de una ley expedida por motivos de utilidad o de interés social resultaren en conflicto los derechos de particulares con la necesidad reconocida por la misma ley, el interés privado deberá ceder al interés del público o social. Artículo 47. En caso de guerra, de grave perturbación del orden público o de interés social urgente, que exijan medidas rápidas, el Ejecutivo puede decretar la expropiación u ocupación de la propiedad privada. Cuando fuese factible la devolución del objeto ocupado, la ocupación solo será por el tiempo que duren las circunstancias que la hubieren causado.

Paraguay	El Estado es siempre responsable por toda expropiación que así lleve a cabo el Ejecutivo y por los daños y perjuicios causados por la ocupación, y pagará su valor cuando haya cesado el motivo determinante de la expropiación u ocupación.
	Artículo 20. Del objeto de las penas. Quedan proscritas la pena de confiscación de bienes y la de destierro. Artículo 109. De la propiedad privada Se garantiza la propiedad privada, cuyo contenido y límites serán establecidos por la ley, atendiendo a su función económica y social, a fin de hacerla accesible para todos. La propiedad privada es inviolable. Nadie puede ser privado de su propiedad sino en virtud de sentencia judicial, pero se admite la expropiación por causa de utilidad pública o de interés social, que será determinada en cada caso por ley. Esta garantizará el previo pago de una justa indemnización, establecida convencionalmente o por sentencia judicial, salvo los latifundios improductivos destinados a la reforma agraria, conforme con el procedimiento para las expropiaciones a establecerse por ley.
Perú	Artículo 2. Toda persona tiene su derecho: [...] 16. A la propiedad y a la herencia. Artículo 70. El derecho de propiedad es inviolable. El Estado lo garantiza. Se ejerce en armonía con el bien común dentro de los límites de ley. A nadie puede privarse de su propiedad sino, exclusivamente, por causa de seguridad nacional o necesidad pública, declarada por ley, y previo pago en efectivo de indemnización justipreciada que incluya compensación por el eventual perjuicio. Hay acción ante el Poder Judicial para contestar el valor de la propiedad que el Estado haya señalado en el procedimiento expropiatorio. Artículo 71. En cuanto a la propiedad, los extranjeros, sean personas naturales o jurídicas, están en la misma condición que los peruanos, sin que, en caso alguno, puedan invocar excepción ni protección diplomática. Sin embargo, dentro de cincuenta kilómetros de las fronteras, los extranjeros no pueden adquirir ni poseer, por título alguno, minas, tierras, bosques, aguas, combustibles ni fuentes de energía, directa ni indirectamente, individualmente ni en la sociedad, bajo pena de perder, en beneficio del Estado, el derecho así adquirido. Se exceptúa el caso de necesidad pública expresamente declarada por decreto supremo aprobado por el Consejo de Ministros, conforme a ley. Artículo 72. La ley puede, solo por razón de seguridad nacional, establecer temporalmente restricciones y prohibiciones específicas para la adquisición, posesión, explotación y transferencia de determinados bienes. Artículo 73. Los bienes de dominio público son inalienables e imprescriptibles. Los bienes de uso público pueden ser concedidos a particulares conforme a ley, para su aprovechamiento económico.

República Dominicana	Artículo 8.-Se reconoce como finalidad principal del Estado la protección efectiva de los derechos de la persona humana y el mantenimiento de los medios que le permitan perfeccionarse progresivamente dentro de un orden de libertad individual y de justicia social, compatible con el orden público, el bienestar general y los derechos de todos. Para garantizar la realización de esos fines se fijan las siguientes normas: [...] 13. El derecho de propiedad. En consecuencia, nadie puede ser privado de ella sino por causa justificada de utilidad pública o de interés social, previo pago de su justo valor determinado por sentencia de tribunal competente. En casos de calamidad pública, la indemnización podrá no ser previa. No podrá imponerse la pena de confiscación general de bienes por razones de orden político. a. Se declara de interés social la dedicación de la tierra a fines útiles y la eliminación gradual del latifundio. Se destinan a los planes de la Reforma Agraria las tierras que pertenezcan al Estado o las que este adquiera de grado a grado o por expropiación, en la forma prescrita por esta constitución, que no estén destinadas o deban destinarse por el Estado a otros fines de interés general. Se declara igualmente como un objetivo principal de la política social del Estado el estímulo y cooperación para integrar efectivamente a la vida nacional la población campesina, mediante la renovación de los métodos de la producción agrícola y la capacitación cultural y tecnológica del hombre campesino. b. El Estado podrá convertir sus empresas en propiedades de cooperación o economía cooperativista...
Uruguay	Artículo 14. No podrá imponerse la pena de confiscación de bienes por razones de carácter político. Artículo 32. La propiedad es un derecho inviolable, pero sujeto a lo que dispongan las leyes que se establecieron por razones de interés general. Nadie podrá ser privado de su derecho de propiedad sino en los casos de necesidad o utilidad públicas establecidos por una ley y recibiendo siempre del Tesoro Nacional una justa y previa compensación. Cuando se declare la expropiación por causa de necesidad o utilidad públicas, se indemnizará a los propietarios por los daños y perjuicios que sufrieron en razón de la duración del procedimiento expropiatorio, se consume o no la expropiación; incluso los que deriven de las variaciones en el valor de la moneda. Artículo 231. La ley dictada por mayoría absoluta del total de componentes de cada Cámara podrá disponer expropiaciones correspondientes a planes y programas de desarrollo económico, propuestas por el Poder Ejecutivo, mediante una justa indemnización y conforme a las normas del artículo 32. Artículo 232. Dicha indemnización podrá no ser previa, pero en ese caso la ley deberá establecer expresamente los recursos necesarios para asegurar su pago total en el término establecido, que nunca superará los diez años; la entidad expropiante no podrá tomar posesión del bien sin antes haber pagado efectivamente por lo menos la cuarta parte del total de la indemnización. Los pequeños propietarios, cuyas características determinará la ley, recibirán siempre el total de la indemnización previamente a la toma de posesión del bien.

Venezuela	Artículo 115. Se garantiza el derecho de propiedad. Toda persona tiene derecho al uso, goce, disfrute y disposición de sus bienes. La propiedad estará sometida a las contribuciones, restricciones y obligaciones que establezca la ley con fines de utilidad pública o de interés general. Solo por causa de utilidad pública o interés social, mediante sentencia firme y pago oportuno de justa indemnización, podrá ser declarada la expropiación de cualquier clase de bienes. Artículo 116. No se decretarán ni ejecutarán confiscaciones de bienes sino en los casos permitidos por esta constitución. Por vía de excepción podrán ser objeto de confiscación, mediante sentencia firme, los bienes de personas naturales o jurídicas, nacionales o extranjeras, responsables de delitos cometidos contra el patrimonio público, los bienes de quienes se hayan enriquecido ilícitamente al amparo del poder público y los bienes provenientes de las actividades comerciales, financieras o cualesquiera otras vinculadas al tráfico ilícito de sustancias psicotrópicas y estupefacientes.

Fuente: elaboración propia a partir de la *Base de Datos Políticos de las Américas* (2006), Derecho a la propiedad privada, expropiación y prohibición de las confiscaciones. *Estudio constitucional comparativo.* Centro de Estudios Latinoamericanos, Escuela de Servicio Exterior, Universidad de Georgetown.

ANEXO 2. *RESUMEN COMPARATIVO DE LOS REPERTORIOS CULTURALES DE LOS MOVIMIENTOS SOCIALES EN BOLIVIA*

Organización	Reivindicaciones y demandas	Destinatario	Repertorios de acción	Posición ante el Estado	Identidad	Adversarios	Bases de movilización y zona de influencia	Organización matriz
CENTRAL OBRERA BOLIVIANA (COB). Fundación: 1952 Dirigente: Jaime Solares	ECONÓMICO-SOCIALES Aumento salarial, estabilidad laboral, demandas sectoriales POLÍTICO-REIVINDICATIVAS Derogación del DS 21060 y de la ley de capitalización, nacionalización de hidrocarburos POLÍTICO-ESTRUCTURALES Fin del neoliberalismo	Estado	Gestiones legales, marchas, huelgas de hambre, paro de actividades	Negociación y presión	Obrera clásica	Estado y empresariado	Maestros, Salud, jubilados, mineros de Huanuni LUGAR DE MOVILIZACIÓN Capitales de departamento	

Organización	Reivindicaciones y demandas	Destinatario	Repertorios de acción	Posición ante el Estado	Identidad	Adversarios	Bases de movilización y zona de influencia	Organización matriz
CONFEDERACIÓN SINDICAL ÚNICA DE TRABAJADORES CAMPESINOS DE BOLIVIA (CSUTCB) Fundación: 1979 Existen dos direcciones paralelas de la organización Líder de una confederación: Felipe Quispe (diputado del MIP renunció a su curul en 2004) Dirigente de la otra confederación: Román Loayza (senador suplente del MAS)	ECONÓMICO-SOCIALES Tractores, caminos vecinales, créditos agrícolas, indemnización para heridos y familiares de muertos POLÍTICO-REIVINDICATIVAS Sustitución de la ley INRA, derogación del DS 21060, nacionalización de los hidrocarburos POLÍTICO-ESTRUCTURALES Gobierno indígena, toma del poder, fin del "colonialismo" POLÍTICO-REIVINDICATIVAS Asamblea Constituyente	Estado	Gestiones legales, marchas, bloqueos, destrucción de oficinas públicas, insurrección, cerco a La Paz Participación electoral con el MIP Gestiones legales, marchas, bloqueos esporádicos y participación electoral con el MAS	Negociación/ presión desconocimiento e intentos de sustitución del Estado Negociación y presión	Nacionalismo indígena (aymara y quechua) y campesina Campesina, indígena	Estado q'ara, empresariado, élites blancoides Determinadas políticas gubernamentales	Comunidades campesinas y ayllus LUGAR DE MOVILIZACIÓN Principalmente las provincias del altiplano aymara Provincias de Sucre, Potosí y Cochabamba	COB, formalmente

Organización	Reivindicaciones y demandas	Destinatario	Repertorios de acción	Posición ante el Estado	Identidad	Adversarios	Bases de movilización y zona de influencia	Organización matriz
CONFEDERACIÓN DE INDÍGENAS DEL ORIENTE BOLIVIANO (CIDOB) Fundación: 1982 Dirigente: Egberto Tabo	ECONÓMICO-SOCIALES Postas médicas, saneamiento de tierras, educación bilingüe, proyectos de desarrollo POLÍTICO-REIVINDICATIVAS Territorialidad indígena (tierras comunitarias de origen), Asamblea Constituyente.	Estado	Gestiones legales, marchas, últimamente, cerco a instalaciones petroleras, participación electoral en diversos partidos	Negociación, alianza, presión	Étnica de tierras bajas (localista)	Madereros, hacendados, colonizadores	Comunidades y pueblos indígenas de tierras bajas LUGAR DE MOVILIZACIÓN Región del Oriente y Chaco	

Organización	Reivindicaciones y demandas	Destinatario	Repertorios de acción	Posición ante el Estado	Identidad	Adversarios	Bases de movilización y zona de influencia	Organización matriz
CENTRAL SINDICAL DE COLONIZADORES DE BOLIVIA (CSCB) Fundación: 1970 Dirigente: Sergio Loayza	ECONÓMICO-SOCIALES Otorgamiento de tierras fiscales, proyectos camineros, saneamiento de tierras controlado por los sindicatos POLÍTICO-REIVINDICATIVAS Asamblea Constituyente	Estado De caminos	Gestiones legales, marchas, bloqueos	Negociación y presión étnica	Campesinas y recientemente del Estado	Ciertas reparticiones de colonizadores empresarios	Comunidades campesinas LUGAR DE MOVILIZACIÓN Caravaní, Ichilo	COB
CONFEDERACIÓN NACIONAL DE AYLLUS Y MARKAS DEL QULLASUYO (CONAMAQ) Fundación: 1997 Dirigente: Gualberto Aguilar	ECONÓMICO-SOCIALES POLÍTICO-REINVINDICATIVAS Asamblea Constituyente	Estado	Gestiones legales, marchas	Negociación, presión, alianza	Étnica (localista)	Colonialismo interno	Ayllus y markas de Oruro, Potosí, Chuquisaca y La Paz	

Organización	Reivindicaciones y demandas	Destinatario	Repertorios de acción	Posición ante el Estado	Identidad	Adversarios	Bases de movilización y zona de influencia	Organización matriz
CONFEDERACIÓN DE PUEBLOS ÉTNICOS DE SANTA CRUZ (CPESC) Fundación: 1995 Dirigente: Manuel Dosapey	ECONÓMICO-SOCIALES POLÍTICO Postas médicas, saneamiento de tierras, educación bilingüe, proyectos de desarrollo REINVINDICATIVAS Territorialidad indígena (tierras comunitarias de origen) Asamblea Constituyente	Estado, petroleras, hacendados, madereros	Gestiones legales, marchas, bloqueos de instalaciones empresariales, participación electoral colectiva (MAS)	Negociación y presión	Étnica de tierras bajas (localista)	Hacendados madereros	Comunidades y pueblos indígenas de Santa Cruz LUGAR DE MOVILIZACIÓN Provincia Ñuflo Chávez	CSUTCB

Organización	Reivindicaciones y demandas	Destinatario	Repertorios de acción	Posición ante el Estado	Identidad	Adversarios	Bases de movilización y zona de influencia	Organización matriz
SEIS CONFEDERACIONES DE COCALEROS DEL TRÓPICO DE COCHABAMBA Fundación: 1992 Dirigente: Evo Morales	ECONÓMICO-SOCIALES POLÍTICO Acceso al cultivo de un cato de coca por familia, desarrollo alternativo controlado por los municipios de la zona, cese de la erradicación, libre comercialización de la coca REINVINDICATIVAS Anulación de la Ley 1008, que penaliza el cultivo de coca, Asamblea Constituyente, nacionalización de hidrocarburos	Estado, embajada de los EE. UU.	Gestiones legales, marchas, bloqueos, vigilias, comités de autodefensa, participación en elecciones con el MAS	Negociación y presión	Campesina, cocalera y étnica (quechuas regional)	Estado, gobierno de EE. UU.	Sindicatos y federaciones de cocaleros del Chapare LUGAR DE MOVILIZACIÓN Chapare y eventualmente la ciudad de Cochabamba	CSUTCB

Organización	Reivindicaciones y demandas	Destinatario	Repertorios de acción	Posición ante el Estado	Identidad	Adversarios	Bases de movilización y zona de influencia	Organización matriz
CONSEJO DE FEDERACIONES CAMPESINAS DE LOS YUNGAS (COFECAY) Fundación: 1994 Dirigente: René Llojita	ECONÓMICO-SOCIALES POLÍTICO Infraestructura, caminos y carreteras para su región, mercado para los productos campesinos REINVINDICATIVAS Modificación de la Ley 1008	Estado	Gestiones legales, marchas, bloqueos, participación en elecciones con el MAS	Negociación y presión	Campesina cocalera y étnica (aymara y regional)	Ciertas reparticiones del Estado	Sindicatos y federaciones de cocaleros de los Yungas LUGAR DE MOVILIZACIÓN Yungas y eventualmente la ciudad de La Paz	CSUTCB CSCB
FEDERACIÓN NACIONAL DE MUJERES CAMPESINAS DE BOLIVIA BARTOLINA SISA Fundación: 1980 Dirigente: Nemesia Achacollo	ECONÓMICO-SOCIALES POLÍTICO Se acoplan a las demandas de sus sectores (cocaleros, federación de campesinos) REINVINDICATIVAS Asamblea Constituyente	Estado	Gestiones legales, marchas, bloqueos, participación en elecciones con el MAS	Negociación y presión	Se acoplan a sus sindicatos	Estado	Sindicatos y federaciones de mujeres de los departamentos del occidente y centro de Bolivia	CSUTCB

Organización	Reivindicaciones y demandas	Destinatario	Repertorios de acción	Posición ante el Estado	Identidad	Adversarios	Bases de movilización y zona de influencia	Organización matriz
MOVIMIENTO SIN TIERRA (MST) Fundación: 2000 Existen dos direcciones paralelas Dirigente: Ángel Durán Dirigente: Moisés Torres	ECONÓMICO-SOCIALES POLÍTICO Reversión de tierras improductivas, saneamiento de tierras controlado por los sindicatos REIVINDICATIVAS Asamblea Constituyente	Estado, hacendados	Gestiones legales, marchas, tomas de haciendas, participación en elecciones con el MIP Gestiones legales, marchas, tomas de haciendas, participación en elecciones con el MAS	Negociación y presión étnica	Campesina clásica	Hacendados, Estado	Asociación de campesinos sin tierra en Tarija, La Paz, Santa Cruz, Cochabamba y Potosí LUGAR DE MOVILIZACIÓN Provincia de Aroma, Sara, Gran Chaco, O'Connor. Provincias de Santa Cruz, Cochabamba y Potosí	

Organización	Reivindicaciones y demandas	Destinatario	Repertorios de acción	Posición ante el Estado	Identidad	Adversarios	Bases de movilización y zona de influencia	Organización matriz
FEDERACIÓN DE JUNTAS VECINALES DE EL ALTO (FEJUVE) Fundación: 1979 Dirigente: Abel Mamani	ECONÓMICO-SOCIALES Apoyo a pequeños microindustriales, conexión de gas domiciliario, revisión de contratos con empresas de servicios públicos, infraestructura urbana POLÍTICO REIVINDICATIVAS Anulación de la ley INRA, anulación del DS 21060, nacionalización de hidrocarburos, Asamblea Constituyente	Estado, Alcaldía	Gestiones legales, marchas, bloqueos, insurrección	Negociación y presión	Vecinal popular (obrera, gremial, indígena)	Alcaldía, Estado, empresas transnacionales que operan en Bolivia	Juntas vecinales de la ciudad de El Alto LUGAR DE MOVILIZACIÓN El Alto	COB

Organización	Reivindicaciones y demandas	Destinatario	Repertorios de acción	Posición ante el Estado	Identidad	Adversarios	Bases de movilización y zona de influencia	Organización matriz
Coordinadora del Agua/ Regantes Fundación: 1999 Dirigente: Óscar Olivera /Omar Fernández	ECONÓMICO-SOCIALES Respeto a los usos y costumbres de la gestión del agua POLÍTICO-REIVINDICATIVAS Nueva ley de aguas, Asamblea Constituyente, nacionalización de hidrocarburos	Estado	Gestiones legales, marchas, luchas simbólicas, bloqueos, desacato civil, insurrección	Negociación y presión desconocimiento	Campesina, regante, popular	Estado, empresas transnacionales que operan en Bolivia	Regantes, fabriles, cocaleros, vecinos, gremiales de Cochabamba LUGAR DE MOVILIZACIÓN Ciudad y valles de Cochabamba	

Fuente: tomado de García, Chávez y Costas, 2008, pp. 663-665.

JUSTICIA INDÍGENA Y JUSTICIA DE PAZ URBANA: DE LA POLÍTICA PÚBLICA Y OTROS ENREDOS DE LA EXPERIENCIA DE BOGOTÁ, D. C.

Rosembert Ariza Santamaría[1]

INTRODUCCIÓN

El Acuerdo n.º 359 de 2009, que establece los lineamientos de política pública para los indígenas en la ciudad de Bogotá, en su numeral 1.6 define así el pluralismo jurídico:

---

[1] Abogado por la Universidad Santo Tomás, magíster en Estudios Políticos por la Pontificia Universidad Javeriana y doctor en Sociología Jurídica e Instituciones Políticas por la Universidad Externado de Colombia. En la actualidad cursa un posdoctorado en Derecho en la Universidade de Brasilia. Es profesor del Departamento de Sociología de la Universidad Nacional de Colombia y miembro del Grupo por el Pluralismo Jurídico Prujula-Clacso, de la Red Latinoamericana de Antropología Jurídica (Relaju) y de la Red de Constitucionalismo Democrático de Latinoamérica.

Para la garantía y el restablecimiento de derechos individuales y colectivos a las poblaciones indígenas se debe aplicar el pluralismo jurídico, establecido en el bloque de constitucionalidad, consistente en dar vigencia armónica y complementaria a: la legislación general de la República, la legislación especial indígena nacional y de la ley de origen o derecho propio de los pueblos indígenas.

Este numeral guarda concordancia con la jurisprudencia constitucional y expresa lo dictado en el artículo 246 de la Constitución Política de Colombia, donde a los pueblos indígenas se les reconoce el derecho fundamental a administrar justicia, que se expresa en la autonomía jurídica o normativa, entendida como el derecho de identificar, recuperar y elaborar normas, procedimientos, instituciones e instancias del derecho propio de la tradición cultural de cada pueblo indígena.

En este marco, Bogotá se constituye en un laboratorio ideal para entender, proyectar y hacer realidad los retos que tiene un Estado pluriétnico y multicultural frente a los derechos de las diversas poblaciones que residen en el distrito capital, entre ellas los diferentes pueblos étnicos, y en este caso los diversos pueblos indígenas, sin dejar de reconocer la tensión entre lo nacional y local que prevalece en un Estado centralista como el colombiano.

Las normas informales, como las culturales y sociales, por un lado, y por otro las formales que organizan el aparato del Estado, son reconocidas en la sociología jurídica bajo el título de *pluralismo jurídico*. El profesor Boaventura de Sousa Santos señala que

> Las reformas de cuño alternativo constituyen hoy una de las áreas de mayor innovación de la política judicial, ellas pretenden crear sistemas paralelos a la administración de justicia convencional, nuevos mecanismos de resolución de conflictos, caracterizados tanto por la rapidez y participación activa de la comunidad como por instituciones livianas relativas o totalmente desprofesionalizadas,

a veces impidiendo hasta la presencia de abogados, de utilización barata y hasta gratuita, localizados de modo que aumente el acceso a sus servicios, operando por vía rápida y poco regulada con vistas a la obtención de soluciones mediadas entre las partes. (Santos y García, 2001, p. 2)

Esta dinámica pluralista pone de manifiesto la desmitificación de la concepción unívoca del derecho impuesta en la modernidad, en la cual se había subsumido la existencia de otras realidades de producción de derecho y de justicia, pero también da cuenta de la crisis de fundamentos del paradigma jurídico estatal, que se ve cada vez más abocado a reconocer y convivir con otras formas y con dinámicas alternativas e informales que se producen en el seno de la sociedad civil. Mientras que para algunos autores esta dinámica pluralista es la expresión de la disminución del poder estatal, de su transformación y a la vez del progresivo fortalecimiento de la sociedad civil favorecido por la democratización (Wolkmer, 2006), desde otras perspectivas, sin embargo, se plantea que el auge del pluralismo jurídico no se debe a la disminución del poder estatal. Por el contrario, en la medida en que el mismo Estado está reconociendo y planteando la creación de tales instituciones, estas dinámicas se enmarcan como estrategias intencionadas del Estado para buscar la legitimación del derecho estatal mediante los mecanismos alternativos de resolución de conflictos, pero también como un proceso intencionado de fortalecer la democracia, por un lado, y por el otro, de permitir a las instancias estatales volcarse hacia las demandas derivadas de la globalización.

En cuanto a la política de jueces de paz de Bogotá, está inscrita en la perspectiva de la llamada *segunda ola de derecho y desarrollo*, que autores como Boaventura Santos, Cesar Rodríguez y otros identifican con una concepción de acceso a la justicia entendida como "el derecho de prestación a cargo del Estado para atender en el sistema de justicia las demandas individuales y colectivas de solución de conflictos y de goce y disfrute de derechos" (Santos y García, 2001, p. 3). Esto tiene especial relevancia en la generación de políticas públicas orientadas al cumplimiento de las demandas de formalización de los problemas de sectores sociales marginales y en la judicialización de los temas centrales al mercado.

Como se revisará más adelante, el proceso de implementación municipal de la justicia de paz ha puesto en evidencia la ausencia de una orientación institucional razonable para cubrir las fases implícitas en la ejecución de este mecanismo, que se supone está concretado por una política pública que da coherencia a la intervención de los actores administrativos, institucionales, académicos y sociales cuyas actividades van materializando la orientación del Estado y las instituciones.

En materia de política pública de indígenas revisaremos solamente lo concerniente a la interculturalidad y a la posibilidad de materializar el enfoque de pluralismo jurídico en los programas y proyectos adelantados por la Administración distrital.

JURISDICCIÓN ESPECIAL INDÍGENA Y JURISDICCIÓN ESPECIAL DE PAZ: DOS JUSTICIAS EN LA REALIDAD DISTRITAL

La complementariedad es, sin duda, una de las características más claras que tanto el legislador como la jurisprudencia, y la propia política pública, les quieren reconocer a estas jurisdicciones especiales, así llamadas por la Constitución de 1991. Ellas son complementarias en la medida en que realizan tareas —o contribuyen o colaboran a realizarlas— que el Estado "delega temporalmente".

La posición de la Corte Constitucional colombiana en cuanto a la jurisdicción especial de paz no dista mucho de lo que subyace a la jurisdicción especial indígena. Estas jurisdicciones se asumen como incomparables[2] la doctrina y la propia

---

[2] Proyecto de Acuerdo n.º 062 de 2009, "Por medio del cual se establecen los

jurisprudencia asumen que estas jurisdicciones son incomparables. Sin embargo, comparten la calidad de "especiales"; por tanto, tienen los mismos límites, lo cual genera interpretaciones encontradas, por ejemplo sobre el debido proceso, en las respectivas jurisdicciones.

De hecho, el ejercicio de estas encuentra en el debido proceso, cuando es enfrentado por personas que ignoran el derecho, como son las autoridades indígenas y los jueces de paz, una talanquera que suscita interpretaciones muy amplias de un sector de la Corte Constitucional e interpretaciones muy positivistas de otras entidades.

Otro elemento que hace similares a las dos jurisdicciones son los límites que la jurisprudencia progresivamente les ha fijado en los últimos años, límites a los límites, con una constante que algunos denominan *capacidad legislativa de la Corte*,[3] pues paulatinamente establece características (como el mínimo vital, principios, reglas, entre otros) que, en últimas, determinan las condiciones para el ejercicio de cada derecho. El derecho de acceso a la justicia y de administración de justicia, en los dos casos analizados, resulta bastante afectado, y genera el efecto de "paralización", pues cada derecho tiene tantas condiciones para su aplicación que finalmente es inoperable.

Los límites fijados para temas como la competencia, en el caso de la jurisdicción indígena, son bastante amplios, si se miran respecto a la jurisdicción de paz.

---

lineamientos de la Política Pública de la Jurisdicción Especial de Paz en Bogotá, D. C.", Concejo Distrital de Bogotá.

[3] El profesor Diego López Medina (2002) sostiene que "inevitablemente los jueces, al decidir casos, crean en ocasiones derecho, puesto que precisan el alcance de las reglas jurídicas existentes o llenan vacíos y resuelven contradicciones del ordenamiento", y agrega que "para que esa producción incidental e intersticial de derecho por parte de los jueces no sea riesgosa para la democracia, es necesario que ella ocurra exclusivamente en el ámbito de la resolución de casos". Así, consideró la situación de la Corte frente al tema de análisis que nos ocupa.

Estos límites, sin duda, van fijando el encuadre institucional y legal de dichas jurisdicciones, y restringen el "control" del Estado, pero además, la vía de los límites de los límites no suscita otra cosa que la "subordinación *per se*" de los órdenes jurídicos indígenas y comunitarios al orden jurídico estatal. La jurisprudencia constitucional en lo concerniente a la jurisdicción indígena y su interpretación por la Corte ha conducido a una restricción de los derechos de los pueblos, tanto en su calidad de sujeto colectivo como de sujetos individuales. Estas múltiples interpretaciones menoscaban diferentes derechos de los pueblos indígenas, pero de hecho el más afectado a lo largo de estos años ha sido el del ejercicio de la propia jurisdicción, derecho sobre el que, a medida que avanza el tiempo, se establecen mayores limitantes, que les impiden a las autoridades indígenas administrar justicia.

Por su parte, los jueces de paz encuentran en los gobiernos municipales y distritales las mayores trabas para el desarrollo de esta jurisdicción, y el asunto empieza principalmente por la concepción de *jurisdicción* o de *mecanismos alternativos*, lugar en el que los municipios quieren encuadrar estas instancias judiciales. En lo que concierne al ejercicio jurisdiccional por los pueblos indígenas, la traba más destacada es el concepto de *territorio* y *territorialidad*, y la identificación de las respectivas autoridades, entre otras.

La política pública en materia indígena en Bogotá

En Bogotá el censo de población de 2005 arrojó como resultado 6 778 691 habitantes, de los cuales 15 032 (0,22 %) corresponden a población indígena; el pueblo rom o gitano está conformado por 523 personas, mientras que los afrocolombianos ascienden a 97 885 personas (1,5 %), siendo este último grupo étnico el mayoritario en la población total de la ciudad. Estas poblaciones étnicas suman casi un 2 % del total de la población de la ciudad. Esto significa un reconocimiento étnico de parte de ellos, sin tener en cuenta a 214 922 personas (3,1 %) que se reconocieron como pertenecientes a algún grupo étnico, pero no fueron clasificados en alguna de las tres categorías nombradas. El Observatorio Étnico Cecoin (Molina, 2012) revela que Bogotá sigue siendo una de las principales ciudades receptoras de la población desplazada del país. Con una población de 15 032 indígenas, 7288 de ellos (el 48,48 %) se tipifican bajo la figura de desplazados.

El desarrollo de la política en el Distrito está orientada, entonces, en primer lugar, a cubrir a este grupo poblacional, pero se requiere que tanto las políticas y sus características de enfoque de derechos, como sus implicaciones en los procesos de construcción de políticas públicas, se tomen en serio y se ajusten a la realidad cultural. En esta línea se expresa el documento de "Formulación participativa de la política pública distrital para el reconocimiento, garantía, protección y restablecimiento de derechos de los pueblos indígena en Bogotá", de septiembre de 2011, donde se afirma precisamente que

> ... el proceso de construcción de políticas públicas dirigidas al mejoramiento de la calidad de vida de los y las ciudadanos/as, y especialmente de aquellos sectores históricamente excluidos, lleva poco más de una década, resaltando que la formulación de una política pública exclusiva para los pueblos indígenas en un entorno de ciudad es un ejercicio inédito en el contexto nacional y latinoamericano, el cual tiene como finalidad el reconocimiento de los derechos diferenciales y el *buen vivir y el vivir bien*. (p. 62)

El Gobierno distrital anterior explicitó su decisión política de avanzar en la construcción de una "ciudad de derechos", que se orientó de forma prioritaria a satisfacer progresivamente los derechos económicos, sociales y culturales (DESC) para lograr la inclusión social, ampliar las capacidades humanas y garantizar la realización de los derechos humanos, así como facilitar la salida del círculo perverso de exclusión-empobrecimiento y transitar hacia el círculo virtuoso de inclusión creativa, libertad y desarrollo, y de la democracia en profundidad.

La incorporación del enfoque de derechos en el anterior Plan de Desarrollo formó parte medular del objetivo estructurante "Ciudad de derechos". El actual Plan de Desarrollo 2012-2016 centra sus apuestas en los ejes estratégicos de la "Bogotá humana", una ciudad que reduce la segregación y la discriminación, en la que el ser humano es el centro de las preocupaciones del desarrollo, un territorio que enfrenta el cambio climático y se ordena alrededor del agua, y una Bogotá en defensa y fortalecimiento de lo público.

De estos elementos, el tema del territorio será, sin duda, la base sobre la cual gravite la política de indígenas de la ciudad capital, sin dejar de lado otros elementos retomados a partir del Acuerdo n.º 359 de 2009, que fija el conjunto de estrategias, acciones, planes y programas que la Administración distrital, en todos sus órdenes, desarrolla en concertación con los pueblos indígenas, para garantizar igualdad de oportunidades, acceso y permanencia en el goce efectivo de sus derechos y el mejoramiento de sus condiciones de vida.

La política fijada a partir del Acuerdo incluye en su conjunto los siguientes lineamientos de política:

• Fortalecimiento de la identidad cultural y ejercicio de derechos de los pueblos indígenas en el distrito capital y mejoramiento de sus condiciones de vida.

• Garantía de atención oportuna e integral, con enfoque diferencial, a la población indígena en situación de desplazamiento forzado por la violencia, en responsabilidad compartida con el Gobierno nacional.

• Promoción de relaciones de entendimiento intercultural entre los indígenas y el conjunto de la población bogotana.

• Promoción de Bogotá como ciudad multiétnica e intercultural, incluyente de todos los grupos culturales y sociales con identidades indígenas particulares. Una ciudad solidaria y respetuosa de la diversidad.

• Erradicación de prejuicios, estereotipos y prácticas sociales y simbólicas de discriminación e inequidad hacia los indígenas por razón de su etnicidad.

• Reconocimiento y apoyo a las iniciativas de los pueblos indígenas relacionadas con la acción política no violenta, la resistencia civil y la solución política al conflicto armado.

• Promoción de relaciones de corresponsabilidad social, transparencia y confianza entre el Distrito Capital y las autoridades y organizaciones indígenas.

• Garantías para el funcionamiento de los cabildos indígenas, en su calidad de entidades públicas de carácter especial que cumplen funciones administrativas, legislativas y jurisdiccionales en sus asuntos comunitarios.

Estos lineamientos nos permiten identificar los niveles de preocupación del Distrito en estas materias. Tanto la atención, promoción, el reconocimiento y las garantías están enmarcados en un orden institucional e instituyente muy claro en la perspectiva diferencial, a pesar de lo cual los resultados aún son desesperanzadores, como lo afirma Hernán Molina, del Observatorio Étnico:

> Es de resaltar que en distintas ciudades del país los procesos de construcción de política pública han sido incipientes y no se muestran mayores avances. En el caso de Bogotá se tiene concertada y formulada una política pública para los indígenas de la ciudad y un Plan de Acciones Afirmativas. A pesar de la formulación del Plan de Acciones Afirmativas, persiste la violación sistemática de los derechos fundamentales, representada en los derechos colectivos, civiles y políticos. Todo este compendio de derechos, desde el punto vista jurídico y normativo, desemboca en la necesidad de construir políticas públicas con un enfoque diferencial teniendo en cuenta la dimensión de la salvaguardia y

protección de la integridad física y cultural de los pueblos originarios al amparo de lo consagrado en la Sentencia T 025 de 2004 y del Auto n.º 004 de 2009 emanado de la Corte Constitucional de Colombia. (Molina, 2012)

En el artículo 7.º del Acuerdo Distrital, referente a "ejes estratégicos" de la Política, se plantea incluir en conjunto lo siguiente:

Territorialidad. Se respetarán las formas de concebir y vivir el territorio que son propias de la población indígena en Bogotá, D. C., y en particular de la población ancestral de este territorio, así como su patrimonio cultural inmaterial. Este eje incluye:

• Garantía del acceso a sitios sagrados, así como rescate y realce del patrimonio cultural indígena que tiene lugar en este territorio. Asimismo, se apoyarán las manifestaciones artísticas y demás elementos de interés para la cultura y territorialidad indígena.
• Apoyo a iniciativas de regulación y gestión pública ancestral del territorio que habitan.
• Reconocimiento y promoción de la producción social del hábitat propio de las culturas indígenas, con énfasis en oferta de vivienda con criterios de dignidad adecuados a sus particularidades socioculturales.

Revisando este eje encontramos que Bogotá es una de las ciudades del país que mayor reconocimiento han dado a los cabildos indígenas urbanos. Este proceso en la política de reconocimiento de la diversidad cultural ha logrado que de cinco cabildos legalmente reconocidos se pase a un total de catorce.

Es notoria la construcción y el uso de malocas en Bogotá. La pregunta ineludible frente al tema es qué ritual o ruta se sigue para realizar tal propósito. Sobre el tema, la antropóloga Luisa Fernanda Sánchez afirma que

La construcción de una maloca es el producto de la carrera ceremonial de un jefe de familia; allí se depositan la tradición y los conocimientos de sus antepasados; desde ella se dicta el buen manejo del territorio, el equilibrio entre las acciones de los seres humanos y del entorno natural del que son parte. (Sánchez, 2004)

Y la autora se pregunta: ¿Es posible entonces pensar en una maloca fuera del territorio tradicional? A lo que responde que, de acuerdo con los parámetros tradicionales que dictan que cada maloca se construye en el territorio propio, esto parecería una contradicción. Sin embargo, desde los años noventa Bogotá presenció una proliferación sin precedentes en la construcción de malocas en la ciudad y sus alrededores.

Pero más allá de promover la construcción de malocas y el traslado de rituales está la reflexión sobre el papel de política pública local en el tema, y sin duda Bogotá requiere aún repensar profundamente el alcance y los límites de la Política cuando la integridad cultural de un pueblo está en cuestión.

LA INTERCULTURALIDAD EN LA VIDA CITADINA

Esta preocupación es latente tanto para las instituciones como para los propios representantes de los pueblos indígenas. La exconcejala indígena de Bogotá Ati Quigua propuso para Bogotá una educación intercultural cuyos principales puntos podrían resumirse así:

- Interculturalidad para todos, no solo para los indígenas. Para todos los niveles de educación en los centros urbanos. Hay que contar con las personas indígenas que se han formado en la universidad. Tienen la vivencia.
- Interculturalidad no es multiculturalismo. No es tolerancia, es diálogo y valoración del diferente. No se trata de producir sociedades paralelas, se trata de producir sociedades integradas.

• Las políticas interculturales no son acciones afirmativas (como en el multiculturalismo), aunque no se oponen a que existan transitoriamente, son acciones transformativas con un horizonte de largo plazo. Buscan transformar las relaciones simbólicas con las que se instruyen relaciones entre diferentes.

• (Por tanto) La interculturalidad como proyecto político implica una nueva manera de entender la ciudadanía.

• La interculturalidad solo es posible como política de Estado si se trabaja en todos los sectores. No tiene sentido si se restringe al sector educación.

• La interculturalidad no es un proyecto antimoderno, es un proyecto para cultivar la transmodernidad desde diferentes tradiciones. (Quigua, 2008)

La parte que destaca la exconcejala es la comprensión de la interculturalidad como proyecto político que llama a una nueva concepción de ciudadanía. Esta concepción, según lo aclara ella misma, no es la ciudadanía del multiculturalismo concebido en la fórmula de iguales, pero sin reconocer la diferencia; esta nueva ciudadanía implica una mirada y práctica distinta de la convivencia con la diferencia.

La propia concejala señala que la misión de las políticas educativas en Colombia debe establecer canales de comunicación entre las tradiciones de pensamiento indoamericano para que dialoguen con las tradiciones de pensamiento occidental y de otras procedencias, con miras a generar respuestas culturalmente pertinentes a los retos y problemas que enfrenta la sociedad y la ciudad de Bogotá.

En este sentido, el artículo 7 del Acuerdo 359 de 2009 establece la generación de interculturalidad, con el objeto de propiciar un ambiente de convivencia respetuosa entre las personas procedentes de diferentes pueblos indígenas y tradiciones culturales coexistentes en Bogotá, y avanza en la manera como puede realizarse dicha interculturalidad asumiendo las siguientes tareas concretas:

• Promoción de educación intercultural en todos los niveles del sistema escolar de la ciudad, de manera que el reconocimiento y respeto de las diferencias étnicas y culturales, en particular la representada por los pueblos indígenas del país, se afiance en el *ethos* de la capital del Estado colombiano.

• Fomento a la comprensión y gestión intercultural del territorio y el ambiente. Deberán desarrollarse iniciativas y proyectos de apropiación, planificación y gestión del territorio y el ambiente desde perspectivas interculturales, a efectos de recuperar saberes ancestrales, generar conocimiento apropiado y arraigo cultural en una perspectiva de sostenibilidad ambiental de mediano y largo plazo.

• Fomento a la participación de los indígenas en la ciudad, en los escenarios culturales distritales y, en general, en el Sistema Distrital de Cultura.

• Impulso al reconocimiento, respeto y valoración mutua entre las culturas indígenas y no indígenas a través de los medios masivos de comunicación, con énfasis en estrategias y campañas de prevención de toda forma de discriminación contra la población indígena.

Para lograr dicho cometido, el Acuerdo del Concejo Distrital propone una adecuación institucional en la que todas las entidades del Distrito Capital que tienen responsabilidades, funciones, competencias y programas con población indígena hagan la adecuación institucional pertinente para brindarles una atención adecuada a sus especificidades culturales. Esta adecuación, según el Acuerdo, debe incluir ajustes de los sistemas de información sectoriales, institucionales y distritales de manera que permitan registrar la información concerniente a la atención en servicios sociales, programas y proyectos a los indígenas (inclusión de la variable étnica), construcción de indicadores, registro efectivo de esa información y diseño de mecanismos e instrumentos para integrarla y ponerla al servicio de la ciudadanía. Igualmente, se deben adecuar los criterios de asignación presupuestal, focalización y de elegibilidad para que los indígenas puedan acceder a los distintos servicios sociales, programas y proyectos a fin de aplicar en ellos las acciones afirmativas en beneficio de los mismos.

Este aprestamiento institucional es el punto de partida para lograr una visión-acción local en la que los ajustes técnicos son necesarios para cambiar y adecuar lo municipal a la diferencia. Es pertinente también el giro de la política, y tal vez lo faltante es la capacidad de trasformar la cultura segregacionista y el racismo soterrado de nuestras ciudades.

LA JURISDICCIÓN INDÍGENA EN EL DISTRITO CAPITAL

El ejercicio de la jurisdicción especial indígena pasa por la interpretación restrictiva del Consejo Superior de la Judicatura, que no coincide con la interpretación amplia de la Corte Constitucional colombiana. El caso que mejor ilustra el estado del tema en el distrito capital y en el país es el acaecido al personero distrital de Bogotá, el abogado e indígena Francisco Rojas Birry, quien al entrabar un conflicto de competencia entre la jurisdicción ordinaria y la jurisdicción indígena, suscitó un debate nacional de tipo jurídico.

El indígena Otoniel Queragama, presidente del Consejo de Justicia Indígena del Chocó, de la Asociación de Cabildos Indígenas Wounaan, Embera Dobida, Katío, Chamí y Tule del Chocó (Orewa), organización debidamente reconocida y avalada por la Dirección de Etnias del Ministerio del Interior, solicitó que el proceso en cuestión se remitiera a la jurisdicción indígena, fundando tal petición en los siguientes hechos:

1. El señor Rojas Birry forma parte de la comunidad embera dobida de Catrú.

2. La conducta cuestionada al señor Francisco Rojas Birry no se encuentra taxativamente excluida de las que puede atender la jurisdicción especial indígena en el marco de sus usos

y costumbres, y el Consejo de Justicia Indígena garantiza una aplicación eficaz de la justicia.

El Consejo Superior de la Judicatura resolvió con ponencia del magistrado Pedro Alonso Sanabria Buitrago (Radicado 11001 01 02 0002012 01113 00, aprobado según Acta de Sala n.º 40 del 15 de mayo de 2012). En dicha resolución la Sala Jurisdiccional Disciplinaria del Consejo Superior de la Judicatura estableció que la jurisdicción ordinaria, en cabeza del Juzgado Noveno Penal del Circuito Especializado de Bogotá, era la competente para conocer del proceso contra Francisco Rojas Birry, por haber recibido dineros de la captadora DMG para su campaña a la Personería de Bogotá.

Señaló la Sala que los hechos por los cuales se juzgó al expersonero de Bogotá *no ocurrieron en territorio indígena*, que es una de las condiciones para que esa jurisdicción especial conozca de los procesos judiciales contra personas pertenecientes a las comunidades nativas.

Igualmente, aseguró el Consejo Superior de la Judicatura que la conducta que se le reprochó al expersonero "sobrepasa los linderos propios de los usos y costumbres" de la cultura indígena y trasciende la afectación de los intereses predominantes para la población nacional. "Otra circunstancia que impide acceder a que el asunto sea de conocimiento de la jurisdicción indígena es que el señor Rojas Birry se postuló para desempeñarse como personero del Distrito Capital de Bogotá, lo cual lleva a la conclusión de que el procesado penalmente tiene una cosmovisión de las costumbres de la cultura mayoritaria", precisó la Judicatura.

Los tres elementos expuestos por el Consejo Superior —territorio, usos y costumbres, y conocimiento de las costumbres de la cultura mayoritaria— denotan la celeridad con que esa sala quiso salir al paso de este tema, que ameritaba un mayor estudio y análisis del precedente constitucional, como también de lo avanzado en el tema desde la perspectiva jurídica y política.

Esta decisión empaña lo que en esta materia se avanzó a nivel nacional gracias a la Corte Constitucional. El hecho de que un funcionario distrital de Bogotá avanzara, como es el caso del personero, en su condición de indígena, y la "gravedad" de su acto punible, borraron gran parte de las interpretaciones que se daban por ciertas, aunque esta polémica decisión dejó establecida la realidad de lo realmente logrado en la materia en estos años en el ámbito nacional, como lo poco avanzado en el tema en los ámbitos distrital y local.

El Distrito Capital creó el 28 de junio de 2011 la Dirección de Asuntos Étnicos mediante el Decreto 280. Este acto administrativo da cuenta del interés distrital en el tema. Entre los objetivos de esta nueva institucionalidad se estableció la de fortalecer la jurisdicción especializada de justicia propia dirigida a los grupos afrocolombianos, negros, palenqueros, raizales, indígenas y rom residentes en Bogotá. Está todo por hacer y la voluntad de la Administración distrital es más que evidente. Ojalá la suerte del tema en el distrito no sea la misma que en el orden nacional.

La ciudad tiene al frente el reto de materializar todas las formulaciones, los lineamientos de política y nueva institucionalidad pública diseñada para encarar estas realidades multiculturales. Sin embargo, las miradas jurídicas positivistas y restrictivas de un sector de la justicia siguen siendo el obstáculo y desafío más grande porsuperar.

LA POLÍTICA PÚBLICA EN MATERIA DE JUECES DE PAZ EN BOGOTÁ

La mayor parte de los analistas e investigadores[4] coincide en señalar tres elementos comunes al proceso desarrollado en los

---

[4]   Entre otros, Guillermo Segovia Mora, Francisco Gutiérrez S. y Raúl Velásquez G.

últimos doce años en Bogotá en relación con el tema de justicia y seguridad:

1. La obediencia como núcleo constitutivo de la ciudadanía conformó el discurso dominante en la ciudad;
2. la ideología disciplinaria que promete una determinada distribución de premios y castigos, de bienes y males en correspondencia con una serie de actos, y
3. la centralidad de las instituciones en la regulación y gestión de los conflictos.

Los tres elementos se desarrollaron de manera concomitante en la política pública en el distrito capital. Sin embargo, el énfasis recayó en el último aspecto. De este se parte para revisar lo actuado por el Distrito en lo que concierne a la justicia de paz. No obstante, se presenta la perspectiva política desarrollada por los gobiernos anteriores, pues es factible —a partir de estos planteamientos— dilucidar el trasfondo que subyace al modelo de política en justicia de paz impulsado en la ciudad.

ITINERARIO DE LO NORMATIVO Y LA ACCIÓN LEGAL

Es importante resaltar que en la mayoría de la normatividad se encuentran adelantos procedimentales que organizan a nivel institucional la figura de los jueces de paz. Estos aspectos normativos evidencian —aunque no siempre— las fortalezas y dificultades que contiene su desarrollo. En razón de lo anterior, para el presente análisis se dividen dichos desarrollos en dos aspectos: 1) referentes a la puesta en funcionamiento y 2) fortalecimiento formal de los jueces de paz. Estos dos aspectos nos brindan elementos para establecer los itinerarios básicos de la acción legal, en el caso del distrito de Bogotá, en el tema de jueces de paz.

La puesta en funcionamiento

Este es uno de los ítems que se encuentran descritos de forma incipiente en los diferentes pronunciamientos distritales. A partir de los diferentes decretos, memorandos, acuerdos y conceptos analizados se pudo establecer que en la puesta en marcha de la figura de jueces de paz, en Bogotá fueron desarrollados los mínimos para su primera elección mediante una división de competencias institucionales que no son suficientes para una labor tan compleja e importante. Esta primera designación de responsabilidades se estableció así:

> El Decreto 247 de 2003 determinó todo el procedimiento electoral; sin embargo, se encontró una inconsistencia en la norma que puede vulnerar el proceso. El art. 1, parágrafo, establece, "que la fecha prevista para las elecciones puede modificarse cuando las circunstancias lo exijan". Estas circunstancias no son expresas en la misma ley, generando que este criterio quede a discrecionalidad de la entidad y/o voluntad política de la Administración distrital. La Personería será quien cumpla el apoyo en este tema, como se establece en la Ley 489 de 1998, donde se expresa que para la materialización de los fines de la Constitución Política el ente administrativo central podrá delegar las funciones para poner en práctica las necesidades de las instituciones, figuras y todo aquello que disponga la Carta y los fines del Estado. En este mismo sentido, la Resolución 269 de 2003 estableció que para todo aquello que se requiera en el distrito para llevar a cabo el proceso democrático de elección y el respectivo nombramiento, está encargada dicha entidad.

Por su parte, en su artículo segundo, la Resolución n.° 002543 de 2003 del Consejo Nacional Electoral reglamenta, frente al proceso de votación para la elección de jueces de paz y jueces de paz de reconsideración, que la inscripción de candidatos a jueces de paz y jueces de paz de reconsideración deberá efectuarse ante el personero municipal correspondiente.

Analizar el proceso democrático por el cual son elegidos los jueces obliga a tener presentes algunos aspectos en los cuales son necesarios la creación de responsabilidades por una entidad, o los elementos para realizar las jornadas de votación, y además emprender un proceso de concientización, apropiación y socialización en la comunidad que, en efecto, en la primera elección fue insuficiente.

Aunque hay un reconocimiento de las falencias de la primera convocatoria, en la que estuvieron involucradas varias entidades, como "la Personería de Bogotá, la Controlaría de Bogotá, las inspecciones de policía, Secretaría Distrital de Integración Social y el Instituto de la Participación y Acción Comunal y [...] otras organizaciones quienes adelantaron acciones de planificación y concertación" (Alcaldía Mayor de Bogotá, s. f., p. 3). En el documento de Política Pública Distrital se evidencia cómo este proceso fue liderado por las instituciones, sin que el impacto causado en la comunidad haya sido evaluado.

Para la materialización del proceso de elección fue necesaria la definición de competencias y territorio, por lo cual el Decreto 23 de 2002 definió los ámbitos de competencia territorial para asignar la respectiva circunscripción electoral. De acuerdo con los considerandos del decreto en mención, los círculos de paz son unidades territoriales cuya división estuvo fundamentada en el concepto de unidades de planeación zonal (UPZ). Estas fueron divididas en algunos casos en dos o tres territorios en razón de los barrios que las conforman; en otros, se agruparon dos o más de ellas, tomando en cuenta su extensión espacial y su densidad demográfica.

Sin embargo, conforme a lo analizado se comprobó que esta lógica de organización geográfica no corresponde a los contextos sociodemográficos y de conflictividad que atienden los jueces de paz, ya que en la práctica los jueces de paz y sus usuarios responden más al imaginario de localidad y de barrio que de círculos de paz. Los conflictos, al igual que el reconocimiento de estos actores, no han dependido de una división territorial, dado que el acercamiento y fortalecimiento de la misma depende más de la dinámica social y del reconocimiento de los jueces como líderes zonales y comunitarios en general.

No obstante, esta división territorial tiene relevancia práctica solo para la realización de las elecciones, por cuanto facilita el establecimiento de las mesas de votación conforme a la idea de los llamados *círculos de paz*.

Respecto a lo anterior, los jueces manifestaron que para materializar la figura se deben tener en cuenta los siguientes presupuestos: "Primera, que exista un conocimiento real de la comunidad donde se trabaja; segunda, que se atiendan los conflictos de los involucrados, y tercera, que estos salgan satisfechos". Y argumentan que la jurisdicción de paz "es desconocida por muchos ciudadanos y ciudadanas y muy poco se hizo por la divulgación y difusión de la justicia de paz en estos años, sobre todo después de la elección" (Ariza, 2009).

En este sentido, es claramente determinante la división territorial que establece la norma en cuanto a la legitimidad y el reconocimiento de los jueces en las localidades. Por este motivo es necesario hacer una revisión de la forma en que se dividen los territorios de competencia de la figura, pues en la mayoría de los casos lo jueces desbordaron el círculo y asumieron una competencia territorial más amplia.

Igualmente, en términos funcionales, la Secretaría de Gobierno, conforme a lo dictado por el artículo 1 del Decreto 395 de 2006, cumple la función de aceptar la renuncia de los jueces al finalizar el tiempo por el cual fueron nombrados y reglamentar (art. 2) las medidas necesarias para proceder a elegir o reemplazar el cargo acéfalo. No obstante, en los documentos encontrados no existe una reglamentación clara al respecto. En este sentido, la Contraloría de Bogotá (2005), en concepto presentado al alcalde Luis Eduardo Garzón en julio de 2005, reflexionó acerca de la falta de especificidad de una autoridad que imponga la obligatoriedad de los jueces para cumplir las funciones por las que fueron elegidos, lo cual genera una ambigüedad respecto a la condición de trabajo voluntario y desvirtúa el espíritu de la política pública, lo cual impide que se garantice la continuidad del proceso.

Por otro lado, en el desarrollo normativo se encuentra un vacío en la definición de la entidad de control y de seguimiento y acompañamiento a la actuación de los jueces de paz. La Contraloría de Bogotá, al respecto, manifiesta:

El seguimiento y acompañamiento, bajo la coordinación institucional y dirección de la Secretaría de Gobierno, en concepto de la Contraloría de Bogotá, ha sido deficiente, por cuanto las entidades involucradas no han dado solución a la problemática más sentida en la aplicación de la justicia de paz, como es brindarle la infraestructura y logística necesarias para la puesta en marcha de esta justicia comunitaria... (Contraloría de Bogotá, 2005, p. 3)

En cuanto a la creación de instituciones que fortalezcan y desarrollen los objetivos de la figura, el Decreto 503 de 2003 (art. 14) establece la creación de unidades de justicia comunitaria en las que los jueces de paz serían una de las bases y apoyo para la consecución de los fines de esta justicia. Afirma igual que los centros de convivencia se fortalecerán y organizarán de acuerdo a la necesidad de la zona. Estos, además de instituciones formales, deberán tener como base los actores de convivencia. Igualmente, es necesario resaltar cómo el art. 17 define que debe haber un mínimo de tres actores comunitarios por barrio; sin embargo, al especificar el tipo de actores, no hace mención de los jueces de paz.

En contradicción con la idea anterior, cuya intención es el fortalecimiento de la figura a partir del apoyo institucional, se encuentra el Memorando 480/2004 de la directora de Derechos Humanos y Apoyo a la Justicia de la Secretaría de Gobierno, enviado a la Dirección de Participación Ciudadana de la Alcaldía Mayor, donde "*se determinó que los jueces de paz y de reconsideración no deben atender a la comunidad desde espacios institucionales, sino que deben hacer presencia en la comunidad que los eligió*" (énfasis agregado). Aparentemente, la norma manifiesta algunos apoyos institucionales a los jueces de paz, pero en el ejercicio de sus funciones se encuentran con serias limitantes y con la negativa de las instituciones a reconocerlos y brindarles los mínimos necesarios para el funcionamiento de la figura.

La Contraloría (2005, p. 4) agrega:

> Se debe garantizar una comunicación efectiva que evite interpretaciones erróneas y distorsionadas y, por parte del Colegio de Jueces, lograr encontrar un canal que permita discutir y llegar a un acuerdo acerca de las propuestas planteadas por el Comité, siendo claro que la aplicación de la justicia comunitaria es gratuita para los habitantes y no debe ser onerosa para quienes están encargados de ejercerla, debido a que los jueces de paz y reconsideración son los que están aportando sus residencias y suministrando los elementos de trabajo necesarios para atender a la ciudadanía cuando son requeridos.

En ese orden de ideas, con el fin de realizar el seguimiento y control de la gestión desarrollada por los jueces de paz y reconsideración, y brindarles la infraestructura y logística que requieren, la Secretaría de Gobierno ha solicitado la inscripción de los mismos a la Red Distrital de Actores Voluntarios de Paz, con el propósito de conocer las estadísticas de los casos atendidos, mediados y conciliados, de la misma forma que se realiza con las unidades de mediación y conciliación.

En este punto es dable aclarar que los jueces de paz solo tienen el deber legal de informar al Consejo Seccional de la Judicatura, y la Alcaldía carece de competencia para solicitar dicha información (si la requiere, la puede solicitar a la Unidad de Desarrollo y Análisis Estadístico del Consejo Superior).

Concluye el ente de control distrital:

Para que la justicia de paz adquiera posicionamiento dentro de la comunidad se requiere de promoción, difusión y acompañamiento. Es importante que sea conocida y se entiendan los beneficios de acudir a esta jurisdicción de paz, por ser más expedita en la solución de conflictos que de común acuerdo y de forma voluntaria sometan a su conocimiento y por tener a su vez gran preponderancia frente a la cobertura de la justicia formal, tal como se evidencia en países como España, Inglaterra, Perú y Venezuela, entre otros, donde se ha implantado con éxito la figura. (Contraloría, 2005, p. 5)

FORTALECIMIENTO FORMAL DE LA FIGURA

En el fortalecimiento formal de la figura corresponde evidenciar desde el marco normativo el papel de las diferentes instituciones en dicho propósito y establecer el alcance de dichas pretensiones. La normatividad fija sin duda un sinnúmero de responsabilidades y obligaciones que —muchas de ellas— se soslayan en el "leguleyismo" o simplemente se ignora su existencia. Evidentemente, algunas de las tareas adelantadas por el Distrito, en particular en los dos primeros años, estaban definidas en la idea de fortalecer la figura en la ciudad.

La Secretaría de Gobierno y el Consejo Superior de la Judicatura son parte de las instituciones que tienen como función la definición de las estrategias y la financiación de esta figura en los órdenes distrital y nacional, respectivamente.

Al Ministerio del Interior y de Justicia, conforme a la Ley 497 de 1999, le corresponde el proceso previo a las elecciones, tarea que no ha cumplido en ningún municipio de Colombia, y que por supuesto no realizó en Bogotá.

Son numerosos los pronunciamientos institucionales a favor y en contra de la figura, hecho que afectó significativamente el desarrollo de la justicia de paz en la ciudad.

El concepto de la Dirección Jurídica distrital cambió el rumbo del tema, pues dictaminó que no era obligación del Distrito respaldar institucionalmente la justicia de paz; pero igual recomienda que la figura se aplique a la comunidad, si bien no le brinda las condiciones para tal tarea.

Es necesario tener en cuenta los pronunciamientos de entes como la Personería y la Contraloría, entre otros, que adoptaron una posición de respaldo a los jueces de paz y que en su momento recomendaron al Distrito que atendiera los requerimientos de los jueces de paz, *a contrario sensu* de la Secretaría de Gobierno y la Dirección Jurídica.

LAS ESQUIZOFRENIAS DE LA POLÍTICA DE JUSTICIA EN BOGOTÁ

La justicia de paz tiene un gran potencial en la construcción de convivencia, sobre todo en los sectores donde más alta influencia ostenta, pues sin duda conoce esencialmente la conflictividad de sectores marginados y ello le da una connotación que es evidente. No obstante, los jueces pueden hacer diferentes tareas, pero sin aislarse de la comunidad y sin dejarse burocratizar en espacios institucionales como las casas de justicia, las unidades de mediación u otros escenarios que los terminan alejando de la posibilidad de trabajar en y por la convivencia comunitaria, labor que en esencia es la razón de ser de los jueces en estos contextos, tal como lo concibió el Constituyente de 1991.

En Bogotá es claro que

> Buena parte de la labor de la Secretaría de Gobierno se ha dirigido a desarrollar las figuras de justicia en equidad con un criterio territorial. Así, los jueces de paz están atados a círculos y distritos de paz; la promoción de los conciliadores y los mediadores se ata a las localidades. Con el mismo criterio, las unidades de mediación y conciliación, responsables del apoyo a las expresiones de la justicia comunitaria, se establecen por localidades. (Ariza, 2006)

Restringir la jurisdicción especial de paz a una dimensión territorial de lo comunitario lleva a que se desconozca que muchas de las dinámicas de conflicto y de alteración de la convivencia trascienden el barrio o la localidad, y más bien se encuentran insertas en identidades que se relacionan mediante redes y organizaciones. Las comunidades de credo religioso y los vínculos étnicos y de origen tradicional, por un lado, o fuertes procesos identitarios que se desarrollan en diversos sectores, especialmente entre mujeres y entre jóvenes, por el otro, no solo determinan la manera como se actúa, se relaciona y se participa en la ciudad, sino que configuran y tramitan la conflictividad de la ciudad.

La justicia en equidad se construye y opera en torno al justo comunitario que no se puede de manera simple reducir a las llamadas *identidades territoriales*. Otras identidades, como las religiosas, por ejemplo, pueden atravesar de un lado a otro la ciudad, porque se producen y reproducen en red. Tales identidades en una ciudad constituyen la mejor ruta para ubicar los valores de justicia que existen en una comunidad, porque en muy buena medida las comunidades son redes cuya cotidianidad se alimenta en la producción de identidad.

Una política pública coherente debe buscar un sistema de complementariedad y coordinación entre las distintas figuras y operadores de justicia en equidad. Para ello no solo deben promoverse mecanismos expeditos de coordinación, sino de la construcción de una carrera de justicia en equidad que fortalezca la eficacia de los operadores y su dignificación como actores de la sociedad y articulación con los procesos comunitarios con los que se relacionan. (Proyecto de Acuerdo Distrital Concejo de Bogotá)

Tenemos que preguntarnos entonces si el enfoque territorial es el pertinente para el ejercicio de la justicia de paz en Bogotá, o si el acertado es el propuesto por el concejal Antonio Sanguino en las redes sociales, según su proyecto de acuerdo mencionado arriba. Es necesario abrir el escenario reconociendo que hay dimensiones de la conflictividad para las que es eficiente una operación localizada, y otras en las que es indispensable operar desde identidades que atraviesan la ciudad. Con ello se multiplicará su incidencia al mejorar las condiciones para que los operadores laboren con mayor eficacia al afinar su interacción con los procesos identitarios que están en la base de los conflictos y en las rutas para gestionarlos con equidad.

Es claro entonces que se pretende incluir a los jueces bien como actores voluntarios de convivencia comunitaria (AVCC) o bien como justicia con equidad. En cualquiera de las dos perspectivas se desconoce el carácter de jurisdicción de los jueces de paz, y si se les reconoce, es solo para que el Consejo Superior de la Judicatura asuma su funcionamiento y el Distrito pueda descargar algunas de sus responsabilidades en el tema.

Por otra parte, los diversos actores del tema tienen distintas versiones sobre el fracaso de la política distrital en cuanto a justicia de paz se refiere. La Personería Distrital, en una entrevista, reconoce que

> algunas instituciones están muy prevenidas con los jueces de paz y con la jurisdicción, pero aun es más clara la prevención con la organización de los jueces de paz, desconociendo por ello las responsabilidades propias del Distrito en el tema, y es evidente que faltó gestión del Distrito en esta materia, y ello conlleva a una clara omisión del Distrito. (Ariza, 2009)

En las entrevistas realizadas a los jueces de paz y a algunos funcionarios, estos afirman que los "Problemas personales definieron el rumbo de la política del Distrito en materia de justicia de paz"(Ariza, 2009).

La Personería igualmente reconoce el proceso de autogestión que les correspondió a los jueces de paz por "el abandono de funciones de la Secretaría de Gobierno" (Ariza, 2009) lo cual incrementa el inconformismo tan acentuado de los jueces para con el Distrito. Reafirma la Personería que la figura es muy importante para el Distrito, por su origen comunitario y por su naturaleza. Y agrega finalmente que se debe hacer una profunda evaluación de la política que adelantó el Distrito en su conjunto frente a los jueces de paz. Los jueces de paz reconocen que "gracias a la orfandad del Distrito, estos se mantuvieron unidos" y "que no importa lo que diga la Secretaría, hay que llevarle la contraria" (Ariza, 2009). Pero aún es más contundente la presidente del Colegio de Jueces de Paz, que afirma sobre la oficina responsable del tema: "De esta oficina no queremos nada" (Ariza, 2009).

Estos elementos señalan, si no el principal problema del tema, uno de los principales, que es la ausencia de un manejo institucional de la política en materia de jueces de paz. La ausencia de un manejo institucional y los problemas personales torcieron el rumbo de la política en el distrito capital.

Por otra parte, las distintas instituciones del distrito reconocen en materia de capacitación que los jueces de paz participaron en sus procesos formativos, y que mayoritariamente trabajaron estos temas:

• Derechos humanos
• Mecanismos de resolución de conflictos
• Mecanismos constitucionales
• Técnicas de manejo de audiencia
• Actas y formación en valores

Se pudo establecer que los jueces, en los cinco años de su periodo, participaron por lo menos en diez procesos de capacitación de la oferta distrital general, y al menos en cinco del orden local. Son disímiles las opiniones sobre la "calidad" de estos procesos, y la recordación de los mismos es muy baja.

Los funcionarios tienen una percepción generalizada de que el proceso de capacitación impartido por la Universidad Nacional les creó a los jueces de paz unas expectativas que no correspondían a la realidad. Una juez de paz afirmó que "La cátedra de derecho para no abogados que dictó la Universidad Nacional incidió en el tinte legalista de las actuaciones de los jueces de paz".[5]

Por último, cinco son los elementos más destacados como falencias del proceso de capacitación-formación de los jueces de paz:

1. No existe articulación de la oferta formativa del Distrito en materia de justicia para los jueces de paz.

2. En el orden local no se responde a las necesidades de formación que solicitan los jueces de paz, a partir de su contexto conflictivo, pues las localidades están sujetas a lo distrital.

3. Se repiten formaciones en los mismos campos sin efectos prácticos (mecanismos y técnicas de resolución de conflictos y derechos humanos, entre otros).

4. No hay evaluación de efectos tempranos y a mediano plazo de los procesos de capacitación y formación.

5. No hay seguimiento y acompañamiento a los jueces capacitados y formados.

CONCLUSIÓN. LOS JUECES DE PAZ Y LA JURISDICCIÓN INDÍGENA: PARTE DE TODO Y DE NADA

Visto lo realizado por el Distrito en materia de políticas indígenas, el tema apenas comienza, y sin duda el desafío más grande es implementar las condiciones para el ejercicio de la jurisdicción especial indígena en la ciudad, desarrollando nociones amplias del territorio y creando las condiciones necesarias para que las autoridades tradicionales ejerzan la jurisdicción. Lo que aconteció con el personero indígena deja un sabor agridulce, pues denota claramente el alcance y los límites del tema.

---

[5] Entrevista realizada a funcionarios de la Contraloría para fines de este artículo. Ellos pidieron mantener la confidencialidad.

Por su parte, la "jurisdicción" especial de paz mantiene un carácter nacional y una vocación de constructores de convivencia en el ámbito municipal. Este aspecto hace que en el ámbito local, en muchos casos se ignoren las responsabilidades que, respecto al tema, les atañe a los gobiernos municipales.

Además de lo anterior, algunos jueces de paz, se ven ante otras figuras, como los conciliadores en equidad, los mediadores comunitarios, e incluso ante la jurisdicción indígena, como una institución de mayor jerarquía en los asuntos que tramitan. Cierto es que el juez de paz actúa bajo los parámetros de la ley y en relación con las realidades de cada contexto, es decir, en consideración de las vivencias comunitarias a la hora de tratar los conflictos. Este doble condicionamiento es determinante para su función conciliatoria, pero cuando asume el fallo con equidad termina poniendo en entredicho el papel de estos operadores, que muchas veces actúan como abogados apegados literalmente a la ley.

Las conflictividades que tramitan, en algunos casos tienen unas particularidades procesales, sustanciales propias de los discursos jurídicos que están incluidos en los códigos; esto se enfrenta con las perspectivas que se asumen sobre el mismo conflicto cuando se tramitan ante la justicia de paz, ya que esta, en razón de su naturaleza, procede a partir de los saberes comunitarios, muchas veces en contra de lo preestablecido en la norma. Allí se evidencia una serie de complejidades que en últimas pone en calzas prietas a la propia comunidad, a la misma justicia de paz y a los jueces de paz.

La justicia de paz carga, entonces, con un legado que se insertó en la administración de justicia. Los fenómenos del exacerbado formalismo jurídico han minado la administración de justicia, y hacen que en nuestro país la población tenga un nivel muy bajo de acceso a la justicia. Ojalá la jurisdicción especial indígena cuente con los antídotos necesarios para no sucumbir a la cooptación del discurso jurídico.

La justicia de paz es, sin duda, una oferta de acceso a la justicia desde la equidad, que promueve en los contextos de actuación nuevas formas para que las partes en conflicto tengan la opción de buscar alternativas para tratar sus diferencias, teniendo presentes los criterios de justicia propios de la comunidad. La jurisdicción indígena hace lo propio desde el saber ancestral, y a partir de su cosmovisión asume la armonización del sujeto colectivo y de su territorio, esté donde esté tal noción.

Los compromisos asumidos por los jueces de paz de Bogotá están orientados desde la relación que estos han tenido con lo comunitario. Tal asunto se evidencia en el respaldo que la comunidad les otorga, por un lado, en su postulación y elección, y por otro, en la validación de sus actuaciones, algo palpable en el hecho de que acuden ante ellos. El Distrito Capital también demanda una serie de responsabilidades que muchas veces los jueces no las ven como parte de su quehacer. Igual sucede con las responsabilidades y tareas que el Consejo Superior de la Judicatura establece para la jurisdicción especial de paz. Seguramente a la jurisdicción especial indígena, los expertos judiciales le definirán la competencia y los alcances en lo urbano.

En cualquier caso, estas jurisdicciones especiales están entre las demandas de la comunidad, del Distrito y del Consejo Superior de la Judicatura. Ellos esperan de los jueces y de las autoridades tradicionales indígenas que actúen en consonancia con sus intereses. Pero en lo concerniente al apoyo para que funcionen estas jurisdicciones, parece que los tres prefieren que una entidad distinta a ellos asuma dicha responsabilidad, o que los jueces y autoridades por sí solos resuelvan sus propias demandas. En últimas, son parte de todo y de nada.

Referencias

Acero Velásquez, H. (2003). La seguridad ciudadana en entornos urbanos complejos. Bogotá, Colombia, 1995-2002. En M. V. Llorente, M. Rubio, M. C. Holguín, *Elementos para una criminología local: políticas de prevención del crimen y la violencia en ámbitos urbanos.* Bogotá: Ediciones Uniandes.

Alcaldía Mayor de Bogotá (2003). Decreto 503, "Por el cual se adopta el Plan Maestro de Equipamientos de Seguridad Ciudad, Defensa y Justicia para Bogotá, D. C.".

Alcaldía Mayor de Bogotá (2005). *Memorias Primer Encuentro Distrital de Justicia Comunitaria y Alternativa.* Bogotá: Ipazud.

Alcaldía Mayor de Bogotá (2011). *Formulación participativa de la política pública distrital para el reconocimiento, garantía, protección y restablecimiento de derechos de los pueblos indígenas en Bogotá.* Bogotá: Alcaldía Mayor de Bogotá.

Alcaldía Mayor de Bogotá (s. f.). Esbozo de política pública para la justicia de paz en Bogotá, D. C. (mimeo).

Ariza Santamaría, R. (2006). *El culto y la cultura de la ley en el modelo de política de justicia en Bogotá.* Bogotá: Red de Justicia Comunitaria.

Ariza Santamaría, R. y Abondano, C. (2009). *Jueces de paz: el dilema de lo justo.* Bogotá: Universidad Santo Tomas.

Barreto, A. y Perafán Liévano, B. Y. (dirs.) (2000). *La dimensión cotidiana del conflicto: análisis sobre el programa distrital de las unidades de mediación y conciliación implementadas en Bogotá.* Bogotá: Universidad de los Andes.

Cámara de Comercio de Bogotá (2005). *Que los relatos cuenten nuestras experiencias: aporte de las unidades de mediación y conciliación y de los actores voluntarios de la convivencia en Bogotá.* Bogotá: Grafucol.

Cárdenas Torres, P. E. (2002). *Jueces de paz: nuevo paradigma de la justicia democrática.* Bogotá: Legis.

Carrillo Fernández, C. (1991). *La interacción en la reconstrucción de legalidad y moralidad* (tesis inédita de pregrado). Bogotá: Universidad Nacional de Colombia, Departamento de Filosofía.

Concejo de Bogotá (2004). *Plan de Desarrollo Económico, Social y de Obras Públicas para Bogotá, D. C., 2004-2008, "Bogotá sin indiferencia: un compromiso social contra la pobreza y la exclusión"*, Acuerdo n.º 119 de 2004.

Contraloría de Bogotá (2005). Pronunciamiento sobre implementación de la figura de jueces de paz en el distrito capital (35000-15767).

Córdoba, Á. F. (2004). *Jueces de paz: justicia de reconciliación.* Bogotá: Corporación Viva la Ciudadanía.

Corporación Excelencia en la Justicia, Contraloría General de la República (2003). *Jueces de paz en Colombia: del crecimiento a la consolidación.* Bogotá: Legis.

Corporación Excelencia en la Justicia, Unión Europea (2006). *Descifrando la justicia de paz en Bogotá.* Bogotá: Editorial Atenas.

Departamento Administrativo de Acción Comunal (2003). Informe final "Elecciones de jueces de paz y de reconsideración". Bogotá.

Gordillo Guerrero, C. L. (2006). *Memorias del Taller sobre los Procesos Formativos en la Justicia en Equidad.* Bogotá: Consejo Superior de la Judicatura, Escuela Judicial Rodrigo Lara Bonilla, Ministerio del Interior y de Justicia (mimeo).

Gutiérrez Sanín, F. (1998). *La ciudad representada: política y conflicto en Bogotá.* Bogotá: Tercer Mundo Editores, Iepri.

López Medina, D. (2012). Los principios jurídicos en el "viejo" y en el "nuevo" derecho examen del contraste entre el "rigor formal" y la "flexibilidad basada en principios" en la teoría jurídica romanística. *Revista de Derecho Privado* 47 Enero- Junio. Universidad de los Andes Facultad de Derecho.

Molina, H. (2012). La población indígena y las ciudades. Observatorio Étnico Cecoin. Disponible en http://observatorioetnicocecoin.org.co/cecoin/index.php?option=com_content&view=article&id=321:la-poblacion-indigena-y-las-ciudades&catid=45:indgenas-en-la-ciudad&Itemid=103.

Morrison, A. (2003). La prevención de la violencia y el crimen: la experiencia del BID. En M. V. Llorente, M. Rubio, M. C. Holguín, *Elementos para una criminología local: políticas de prevención del crimen y la violencia en ámbitos urbanos*. Bogotá: Ediciones Uniandes.

Pinzón Contreras, R. (2007). *Análisis del proceso de elección de jueces de paz: el caso de la localidad de Kennedy en la ciudad de Bogotá, D. C.* (tesis inédita de maestría). Bogotá: Pontificia Universidad Javeriana.

Quigua, A. (2008). La interculturalidad como proyecto político. Bogotá. Disponible en http://www.mineducacion.gov.co/cvn/1665/articles-175893_archivo_pdf7.pdf.

Roth Deubel, A. N. (2002). *Políticas públicas: formulación, implementación y evaluación*. Bogotá: Ediciones Aurora.

Sánchez, L. F. (2004). La ciudad de paisanos: la construcción de la identidad étnica indígena en Bogotá a partir de un caso de migración (tesis inédita de maestría). Bogotá: Universidad de los Andes.

Santos, B. de S. y García Villegas, M. (2001). *El caleidoscopio de las justicias en Colombia*, tomo II. Bogotá: Siglo del Hombre Editores y Universidad de los Andes.

Universidad Nacional Abierta y a Distancia (UNAD) (2007). Informe final del proyecto "Causas de deserción de los jueces de paz en la ciudad". Bogotá.

Universidad Nacional de Colombia, Escuela de Justicia Comunitaria (2007). Informe final del proyecto "Bogotá sin indiferencia a la justicia en equidad". Bogotá.

Velásquez Gavilanes, R. (2003). *Bogotá: políticas públicas de gobierno local*. Bogotá: Centro Editorial Javeriano, CEJA.

Wiesner, E. (1997). *La efectividad de las políticas públicas en Colombia: un análisis neoinstitucional*. Bogotá: Universidad Externado de Colombia.

Wolkmer, A. C. (2006). *Pluralismo jurídico: fundamentos de una nueva cultura del derecho*. São Paulo: Textos Jurídicos, Colección Universitaria.

APROXIMACIÓN HISTÓRICA AL RECONOCIMIENTO Y CONFIGURACIÓN NORMATIVA DEL DERECHO AL TERRITORIO DE LOS PUEBLOS INDÍGENAS[*]

Juan Pablo Muñoz Onofre[1]
Gloria Amparo Rodríguez[2]

[*] Este artículo fue elaborado de manera conjunta entre los autores en el marco del desarrollo de la tesis presentada por Juan Pablo Muñoz Onofre para obtener el título de magíster en Derecho Administrativo por la Universidad del Rosario, la cual se titula "La brecha entre el reconocimiento y la implementación de los derechos territoriales de los pueblos indígenas: análisis sobre su configuración en las normas, las políticas y los jueces tras la aprobación de la Constitución Política de 1991", trabajo dirigido por la profesora Gloria Amparo Rodríguez.

[1] Abogado y magíster en Derecho Administrativo por la Universidad del Rosario. Realizó su trabajo de grado en la línea de investigación de derecho ambiental en la Universidad del Rosario. Actualmente es consultor e investigador independiente en temas ambientales y derechos territoriales étnicos y campesinos.

[2] Abogada, especialista en Derecho Ambiental, Negociación, Conciliación y Arbitraje y Derecho Médico y Sanitario por la Universidad Colegio Mayor de Nuestra Señora del Rosario (Bogotá), magíster en Medio Ambiente y Desarrollo con énfasis en Gestión Ambiental por la Universidad Nacional de Colombia y doctora en Sociología Jurídica e Instituciones Políticas por la Universidad Externado de Colombia. Actualmente se desempeña como profesora titular y directora de la especialización y de la línea de investigación en Derecho Ambiental de la Facultad de Jurisprudencia de la Universidad del Rosario. Cuenta con diferentes publicaciones sobre temas ambientales y étnicos y ha sido editora académica de diversas obras.

Introducción

Hablar del reconocimiento de los derechos de los pueblos indígenas sobre sus territorios es referirse a un proceso histórico
cargado de fuertes tensiones entre estos, la sociedad hegemónica
y los poderes de gobierno. Dichas tensiones incluyen variables
de orden jurídico, político, cultural y económico, y han sido
objeto de una regulación normativa cuyas transformaciones a
lo largo del tiempo han sido fiel reflejo de aquellas produci-
das en las políticas internacionales y estatales en esta materia.
Un ejercicio de aproximación a estas transformaciones permite identificar cuáles han sido históricamente las políticas de
gobierno sobre los territorios indígenas, y cuál la medida y el
carácter de sus efectos.

La historia de la reivindicación de derechos sobre la tierra
propia ha sido escrita por los pueblos indígenas a lo largo de
una ininterrumpida defensa de su cultura y autonomía. Hoy,
amparados en las normas jurídicas nacionales e internacionales que reconocen su identidad cultural, estos pueblos vienen
reafirmando, entre otros, sus derechos colectivos sobre las tierras, el vínculo cultural material e inmaterial con las mismas, su
derecho a decidir sobre sus propias prioridades de desarrollo,
a participar en las decisiones que los afecten, así como al uso y
aprovechamiento de los recursos naturales.

El territorio les permite a los pueblos indígenas garantizar
tanto la existencia de una identidad cultural como sus formas
organizativas y el gobierno propio. El sentido de *territorialidad* es
fundamental para los indígenas, porque es en el territorio donde
habitaban sus antepasados, donde nacieron, se desarrollaron y
donde, a lo largo del tiempo, su colectividad ha manifestado su
cultura. En este sentido, le corresponde al Estado colombiano
respetar la importancia especial que para las culturas y sus valores espirituales reviste la relación de estas comunidades con
las tierras o territorios que han habitado.

El objetivo del artículo es realizar una caracterización de lo que ha sido el proceso de incorporación de las disputas por el reconocimiento de los derechos territoriales de los pueblos indígenas a las normas jurídicas de los ámbitos nacional e internacional. Para ello se hace una presentación que está constituida en cuatro partes o secciones que se corresponden a su vez con los diferentes momentos históricos de dicho proceso. Así pues, en la primera se aborda el periodo colonial, en la segunda el republicano previo a la Constitución de 1991, la tercera se detiene por su parte en un período que se propone como de *posicionamiento de la causa indígena* y una cuarta sección en aquel iniciado durante la última década del siglo XX. Finalmente se proponen algunas conclusiones.

LAS TIERRAS INDÍGENAS EN EL PERIODO COLONIAL

La problemática relativa al reconocimiento de los derechos de los pueblos indígenas de América sobre sus territorios ancestrales es una cuestión cuya trascendencia para el pensamiento de Occidente se inicia con el encuentro colonial entre estos y los europeos. El "hallazgo" del "Nuevo Mundo", ocurrido entre los siglos XV y XVI, supuso, en efecto, el surgimiento de hondos debates de carácter filosófico y jurídico, y en este marco, la cuestión relativa a la *legitimidad* de la conquista y ocupación de los territorios previamente poblados por estos pueblos se convertiría, desde entonces, en el centro de variadas y opuestas disertaciones.

Fueron de diferente índole los presupuestos que llegaron a ser invocados en favor de dicha legitimidad. Uno de gran peso fue la obtención de títulos jurídicos oponibles a otros imperios europeos, asunto que nunca dejó de inquietar a los reyes Católicos y que fue finalmente satisfecho por el papa Alejandro VI, quien actuando como máximo vocero de Dios en la tierra, y bajo el entonces común entendido según el cual "era lícito apropiarse de los países recién descubiertos que pertenecieran a príncipes no cristianos" (Konetzke, 1974, p. 21), concedió a los monarcas españoles dichos títulos mediante las llamadas *Bulas Alejandrinas* del año de 1493, invistiéndolos así de una "plena y libre y omnímoda potestad, autoridad y jurisdicción" (Konetzke, 1974, p. 24) sobre esos territorios. Otras de las razones invocadas como justificación del dominio que ejercieron los monarcas españoles obedecieron al hecho mismo del descubrimiento y ocupación, así como a las tesis de la guerra justa[3] y del salvajismo de los pobladores de esos territorios (Díaz, 1992, p. 345).

Justamente esta última fue una de las cuestiones abordadas en las discusiones de la época, ya que no había acuerdo respecto a la naturaleza humana o salvaje de los indígenas, pues mientras que, según aquellos que sostenían lo primero, correspondía reconocer en ellos su condición de seres racionales y libres, quienes consideraban lo segundo afirmaban, desde posturas filosóficas de origen aristotélico, que se trataba de seres desalmados, carentes de capacidad para decidir acerca de su destino y, por ende, aptos para la servidumbre (Díaz, 1992).

Tal vez la primera de las voces críticas contra el abuso y desposesión ejercida por los españoles sobre los indígenas fue expresada en el llamado "sermón de adviento", pronunciado en 1511 por el fraile dominico Antón de Montesinos (citado

---

[3] "De acuerdo con el pensamiento de Tomás de Aquino, tal carácter exige ante todo que la apelación a las armas constituya la *última ratio*, es decir, que sea el único procedimiento para llegar a la paz […] Pero, además, es preciso que reúna conjuntamente estas cuatro condiciones: 1.ª, causa justa; 2.ª, autoridad legítima; 3.ª, recto ánimo; 4.ª, recta manera de hacerla" (Sepúlveda, 1996, p. 18). La aplicación de este planteamiento a la realidad de la conquista española de América es abordada y resuelta en el pensamiento de Juan Ginés de Sepúlveda a partir de cuatro justificaciones: 1) la superioridad cultural en virtud de la cual los bárbaros han de ser sometidos; 2) el deber español de guiar a estos pueblos paganos hacia el cumplimiento de la ley natural; 3)el deber español de impedir la práctica indígena de sacrificar inocentes, y 4) el deber español de mostrar a estos pueblos el camino de la verdadera religión (Sepúlveda, 1996, pp. 28-35).

por Bartolomé de Las Casas, 1986, p. 13), quien en nombre de su comunidad advirtió sobre la crueldad en el trato dado a estos pueblos:

> Yo que soy voz de Cristo en el desierto desta isla [...] Esta voz, dijo él, es que todos estáis en pecado mortal, y en él vivís y morís, por la crueldad y tiranía que usáis con estas inocentes gentes. Decid, ¿con qué derecho y con qué justicia tenéis en tan cruel y horrible servidumbre aquestos indios? ¿Con qué autoridad habéis hecho tan detestables guerras a estas gentes que estaban en sus tierras mansas y pacíficas, donde tan infinitas dellas, con muertes y estragos nunca oídos, habéis consumido? ¿Cómo los tenéis tan opresos y fatigados, sin darles de comer ni curarlos en sus enfermedades, que de los excesivos trabajos que les dais incurren y se os mueren, y por mejor decir, los matáis, por sacar y adquirir oro cada día?

Posteriormente, a partir del iusnaturalismo expuesto por el pensamiento escolástico, comienzan a ser elaborada una serie de planteamientos orientados a la impugnación de la legitimidad de la ocupación europea en América, así como de la legalidad de los títulos otorgados por el papa. En esta corriente fueron destacados los aportes de los frailes dominicos Bartolomé de Las Casas y Francisco de Vitoria (Anaya, 2005), quienes asumieron, a su manera, posiciones críticas hacia la campaña de exterminio y desposesión librada por los españoles contra los pueblos indígenas.

En sus planteamientos, Vitoria se ocupó de cuestionar la validez universal de los dictados normativos del papa y el emperador, reivindicando para ello la existencia de un derecho natural y de gentes, el cual, en virtud de su origen divino, resultaba aplicable, sin distinción, a todos los hombres de la tierra (Hernández, 1992). Fue desde este ordenamiento superior que Vitoria defendió el carácter humano y racional de los indígenas, señalando a su vez que estos pueblos "poseían ciertos derechos de autonomía y títulos sobre sus tierras que los europeos estaban obligados a respetar" (Anaya, 2005, p. 39).

Es, pues, en este contexto de controversia y debate donde se dio inicio al desarrollo de la normatividad colonial sobre indios. Dichas controversias fueron transversales a las políticas de la Corona hacia estos pueblos en relación con aspectos que resultaron claves para los asuntos relativos a sus tierras, como es el caso ya señalado de su condición humana o salvaje, pero también de su civilización y protección, así como de su capacidad y evangelización (Díaz, 1992).

Pues bien, tras la conquista y el sometimiento de los indígenas americanos por Imperio español, el empeño de la Corona estuvo enfocado en lograr, de una manera articulada, su evangelización y gobierno. El primero de estos objetivos respondió a la obediencia que debían los reyes Católicos al mandato impuesto por las bulas del papa Alejandro VI, según el cual correspondía a los primeros adelantar la conversión de los indígenas a la fe cristiana, obligación cuyo cumplimiento condicionó la legitimidad jurídica que estas bulas pontificias concedieron a la ocupación española en América.

La idea de dar a los indios una "instrucción cristiana" encontró también fundamento, para los españoles conquistadores, en su firme convencimiento de adelantar, en relación con estos pueblos, concebidos salvajes y primitivos, toda una campaña civilizadora, pues solo ello permitiría su progresiva incorporación a la nueva sociedad colonial. Este proyecto "civilizador" respondió también al desprecio español por la cultura de los indígenas, pues tal como se aprecia en las palabras de Juan de Solórzano, uno de los deberes españoles en relación con estos, era el de "quitar sus idolatrías, borracheras, ociosidad, desnudez y otros vicios que casi en todos son generales" (citado por Malagón J. y Ots. Capdequí, 1965, p. 58).

Un segundo gran objetivo de la Corona española fue naturalmente el de asegurar el gobierno y obediencia de los indígenas, para entonces ya vasallos. En esa empresa fue clave la consolidación de todo un aparato burocrático y jurídico necesario para atender los asuntos propios de las Indias, pues había de asegurarse no solo un mayor provecho de los recursos existentes en esas tierras, sino del establecimiento de una organización social y política que permitiera, entre otras cosas, el pago y recaudo de tributos, cuyos ingresos eran fundamentales para el sostenimiento de un imperio en expansión como el español de entonces (Suescún, 2001).

De esta manera, con el objeto de atender las necesidades administrativas y gubernamentales propias de las Indias, la Corona española se valió de la progresiva consolidación de un *Derecho Indiano* que estuvo constituido por todas aquellas normas —cédulas, instrucciones, ordenanzas, etc.— expedidas desde España como en las propias Indias, y usualmente englobadas bajo la expresión de *leyes de Indias*, así como por los derechos consuetudinarios indígenas, siempre "que no se encuentren con nuestra sagrada religión ni con las leyes de este libro", tal como fuera señalado en la Recopilación de Leyes de Indias de 1680 (Sánchez, 1992, pp. 91-93). Este era, además, en esencia, un derecho de carácter público y eclesiástico, pues su objeto de regulación eran la Iglesia en las Indias, incluida la evangelización de los indígenas, así como los asuntos de gobierno, administración, milicia, justicia y finanzas (Mayorga, 2003).

Asimismo, la complejidad de los asuntos propios de un gobierno ejercido sobre territorios ultramarinos, poblados por culturas diversas y en escenarios naturales agrestes y desconocidos, terminaron por hacer necesaria la consolidación de un conjunto de órganos y autoridades que actuaron bajo el mando de la Corona española, pero siempre de una manera descentralizada y autónoma (Lucena, 1982). Estos órganos y autoridades conformaron una gran estructura burocrática jerarquizada, constituida, entre otros, por consejos, audiencias, gobernadores, virreyes, presidentes, oidores y visitadores, cuyos deberes y facultades sirvieron a los diferentes asuntos propios del gobierno de los territorios de las Indias y de sus pobladores.[4] Los asuntos relativos a las tierras indígenas fueron, al igual que muchos otros sobre la administración de estos pueblos, objeto de los diferentes mecanismos de control contemplados por la Corona para ejercer la vigilancia disciplinaria sobre los funcionarios en las Indias, como lo fueron las instituciones de las visitas y el juicio de residencias.[5] Del mismo modo, muchas reclamaciones y conflictos sobre tierras y aguas en los que hacían parte indígenas fueron tramitados mediante el ejercicio de alguno de los recursos entonces existentes para controvertir los actos de las autoridades y órganos, como los de amparos[6] y agravios[7] (Malagón, 2007).

LAS TIERRAS COMUNALES

El paso previo y necesario para adelantar con éxito el gobierno y civilización de estas poblaciones originarias debió ser el de superar las dificultades propias de su existencia dispersa, considerando en ello que algunos pueblos eran sedentarios y

---

[4] La evangelización de los indígenas fue, de acuerdo con Lucena (1982), un deber transversal de las autoridades constituidas para el gobierno de las Indias.

[5] Como ejemplo puede señalarse que, mediante la *visita a la tierra*, se procuró "el recuento de la población indígena y el examen de sus condiciones de vida, la tasación de los tributos y el control del cumplimiento de las normas que regulaban el régimen de encomiendas" (Jaramillo, 1989 citado por Malagón, 2007, p. 202). Asimismo, Malagón (2007) señala que, en virtud del ejercicio del control disciplinario adelantado mediante el *juicio de residencias,* las autoridades competentes indagaban acerca del uso y respeto de las tierras comunales de los resguardos.

[6] "Los quejosos podían ser los indios, individual o colectivamente, como en el caso de los pueblos de indios. [...] Como agraviantes se tenían a las autoridades españolas, a las autoridades indígenas y a los particulares que tuvieran alguna relación con las personas agraviadas" (Malagón, 2007, pp. 261-262).

[7] Por medio de este recurso "se atacaban todas las conductas administrativas que causaran una lesión a un particular" (Malagón, 2007, p. 273).

otros nómadas. Es por eso que los españoles optaron por su concentración y agrupamiento por medio de las reducciones y pueblos de indios, figuras antecedentes de los *resguardos indígenas*,[8] y cuyo surgimiento se dio en el Nuevo Mundo hacia la tercera década del siglo XVI[9] (Pineda, 1995; Suescún, 2001). El agrupamiento de indios se constituye, de acuerdo con Malagón (2007), en la primera manifestación de la vida en policía en las Indias. Su implementación estuvo en gran medida orientada a consolidar la condición de súbditos de los pobladores indígenas, buscándose asegurar especialmente su evangelización, su administración —siendo en este objeto destacada la administración fiscal y tributaria—, así como la prestación de sus servicios personales, cuando se tratara de indios mitayos[10] (Díaz, 1992).

El surgimiento de un régimen legal de tierras indígenas bajo la modalidad de resguardos empezó a configurarse tras la expedición de las reales cédulas de El Pardo, en el año de 1591,[11]

---

[8]   "La reducción, tal como se conoció el fenómeno en el área andina, congregación, como se conoció en la Nueva España, o resguardo, en el espacio neogranadino, llegó a ser una fórmula de asentamiento rural en el que convergían diferentes comunidades indígenas, solo excepcionalmente de regiones distantes, lo contrario hubiera sido contra el espíritu de la legislación, a fin de proceder tanto al logro de ese proceso civilizador como al buen término de la cristianización de los reducidos" (Díaz, 1992, p. 54).

[9]   Un antecedente de las primeras reducciones de indios, de acuerdo con Machado (2009), fue la expedición en 1512 de las Leyes de Burgos, que se ocuparon, entre otros asuntos, de la reglamentación de las obligaciones tributarias debidas por los indígenas a los españoles y que, por tanto, sentaron las bases para las reducciones.

[10] La *mita* era un deber de trabajo forzoso, temporal y remunerado que recaía sobre indígenas en relación con labores de tipo doméstico, agrario y minero. Estas labores debían ser prestadas en tierras distintas de las de los resguardos, muchas de las veces en haciendas y minas cuyos patrones buscaban con frecuencia impedir el retorno de los indígenas a sus tierras de comunidad (Ots Capedequí, 1959, p. 92).

[11] De acuerdo con Muñoz (2001), estas cédulas representaron un importante intento de la Corona en el sentido de adelantar un juzgamiento al origen y

pues fue en virtud de estas normas que se ordenó identificar las tierras que "los indios naturales de cada pueblo habían menester para sus labranzas y crianzas y resguardos" y se facultó en ese sentido a oidores-visitadores para que asignaran a pueblos determinados, tierras inalienables en propiedad común (Martini y Mayorga, 2004, p. 39).

Una consecuencia de la política de reducciones que señala Suescún (2001) fue el haber contribuido al establecimiento de una sociedad colonial fuertemente jerarquizada y desigual, pues el agrupamiento de los indígenas facilitó a los conquistadores una expedita disposición de la mano de obra requerida para su provecho,[12] así como el acceso a grandes extensiones de tierra que, al quedar despoblada, pudo ser ocupada y apropiada por españoles que pronto devinieron terratenientes.

Las tierras comunales o de resguardo estaban constituidas, por un lado, por aquellas fracciones de tierra destinadas al usufructo de cada núcleo familiar y en virtud de las cuales podía este satisfacer sus propias necesidades de subsistencia, y, por otro, por las tierras o "pastos comunales" cuyas aguas, bosques y campos satisfacían también las necesidades de la comunidad, pero de una manera colectiva (González, 1992, pp. 37-40).

No existe, sin embargo, una única postura en relación con los derechos que les fueron reconocidos a los indígenas sobre las tierras constituidas en resguardo. Para algunos autores como Tirado (1988, p. 75), "no se trataba de una verdadera

---

conservación de la propiedad territorial en el nuevo reino mediante la *composición*, figura mediante la cual se buscaba corregir los problemas derivados de la posesión ilícita de la tierra.

[12] En este provecho fue clave la figura de la *encomienda*, que de acuerdo con Hernández Rodríguez (citado por Machado, 2009, p. 38), consistía en un núcleo de indígenas, por lo general un clan o una tribu, que era obligada como grupo, primero, y más tarde per cápita, a pagar temporalmente a un español meritorio un tributo que fijaban los oficiales de la Corona, como cesión de la carga fiscal debida al rey y con obligación para el beneficiario, entre otros deberes, de ocuparse de la catequización y adoctrinamiento de los indios.

propiedad sobre la tierra, sino de una cesión limitada, pues los resguardos nunca dejaron de ser una regalía".[13] Esta postura parece encontrar sustento en las limitaciones bajo las cuales la Corona otorgaba el resguardo, que suponían, como consta en una memoria de las *Visitas a Boyacá* que reposan en el Archivo Histórico Nacional, citada por González (1992, p. 46), que la Corona española reconocía esas tierras pero "... reservando su merced en sí el poder alargar o acortar este resguardo como más pareciere convenir al servicio del rey nuestro señor". González (1992, pp. 50-51) llega incluso afirmar que

> la innovación que se hacía al constituir en resguardo un globo de tierra perteneciente a los indígenas era simplemente la de pasar la propiedad de esas tierras a manos de la Corona [...] [por cuanto] el resguardo limitaba, circunscribía, pero no confería propiedad.

En contravía de esta tesis se ubica, sin embargo, aquella de acuerdo con la cual los indígenas ejercían un verdadero derecho de dominio, si bien, debido a la política tutelar aplicada por la Corona española, limitado en cuanto a las facultades de disposición, en especial su venta y arriendo;[14] suponía, eso sí, un derecho pleno, en la medida en que eran predicables de él todos los atributos que a este derecho le son propios (Mendoza, 1898; Martini y Mayorga, 2004).

---

[13] "Por virtud del descubrimiento y de la conquista subsiguiente, todas las tierras de las llamadas Indias Occidentales fueron consideradas jurídicamente, como *regalía* de la Corona castellana; en consecuencia, el dominio privado sobre las tierras de referencia había de derivar forzosamente de una *gracia* o *merced real*". Ots Capdequí (1959, p. 6).

[14] El objeto de esta prohibición era proteger las tierras comunales contra abusos de terceros; a pesar de ello, la práctica del arriendo a personas ajenas a los resguardos fue recurrente en la clandestinidad durante la Colonia (González, 1970, citado por Chaves, Morales y Calle 1995, p. 111). Los ingresos obtenidos de esos arriendos aliviaron, sin embargo, el peso de las obligaciones tributarias de los indígenas (Martini y Mayorga; 2004, pp. 41-42; Capdequí, 1959, p. 134).

Las tierras indígenas debieron, en todo caso, ser determinadas y alinderadas con claridad. Un límite fue el suelo, pues el reconocimiento de derechos reales a los pueblos indígenas sobre sus tierras de resguardo nunca comprendió aquellos sobre los recursos naturales del subsuelo. El dominio sobre estos recursos mereció una consideración especial a la luz del derecho indiano; así lo advierte Ots Capdequí (1959, p. 65) al enunciar dos principios jurídicos que habrían de mantenerse intactos durante el gobierno español en el nuevo reino:

1.º Todo yacimiento minero, cualquiera que fuera su calidad, y lo mismo si se encontrase en lugares públicos que en tierras y posesiones de personas particulares, debía ser considerado como regalía de la Corona.
2.º El dominio del suelo no daba derecho ninguno al dominio del subsuelo.[15]

El amojonamiento de las tierras colectivas fue objeto de no pocas controversias, pues, como señala González (1992, p. 30), si bien se consideraban tierras indígenas

aquellas que habían sido ocupadas y cultivadas por los aborígenes con anterioridad a la llegada de los españoles [...] no todos los terrenos de los cuales los indígenas se decían poseedores estaban poblados ni efectivamente cultivados.

Este llegó a ser un asunto trascendente en la medida en que las poblaciones no indígenas procuraban constantemente in-

---

[15] La existencia de estos principios no ofreció, sin embargo, la claridad necesaria para evitar futuros litigios en la materia, como lo deja ver el precedente citado por Martini y Mayorga (2004, pp. 63-69), en el que, al resolver sobre la legalidad de unos contratos celebrados entre algunos municipios de los departamentos del Atlántico y Bolívar con una empresa petrolera extranjera, la Corte Suprema de Justicia terminó por reconocer, en un fallo del año 1921, el que había sido un dominio pleno de los indígenas sobre sus tierras de resguardo, que incluso llegó a abarcar el dominio del subsuelo.

vadir las tierras comunales, situación que se vio facilitada por los problemas que generaban no solo las imprecisiones propias de unos sistemas naturales de alinderación utilizados por los indígenas, en los que eran referenciados puntos geográficos con montañas, piedras, ríos, etc., sino también por los continuos cambios en la denominación topográfica de muchos de esos puntos, pues estos comenzaron a ser usualmente reemplazados por otros de origen castellano (González, 1992, pp. 47-48).

RASGOS DE UNA POLÍTICA COLONIAL DE TIERRAS INDÍGENAS

El periodo colonial es, pues, como se ha visto, un momento histórico en el que se inicia un discurso gubernamental de reconocimiento de los derechos indígenas sobre las tierras que estos poblaban con anterioridad a la conquista, y por ende, un discurso en el que tales derechos son derivados del dominio de hecho y de derecho que entonces ejercían los monarcas españoles sobre los territorios de América. Del mismo modo, en ese periodo histórico comenzaron a ser sometidos a un complejo de normas, autoridades y mecanismos de control, que dieron origen a conflictos producidos por los abusos de distinta índole a que se vieron expuestos los pueblos indígenas en detrimento de sus derechos sobre la tierra. Tales conflictos tuvieron, de acuerdo a su naturaleza, unas veces carácter privado, otras, público, y fueron resueltos ante autoridades con facultades de justicia o administración. Todo ello, propio de un régimen monárquico, garantizó en cierta medida una sola política de gobierno sobre esas poblaciones, que incluía el manejo de sus tierras.

Dicha política se caracterizó por un marcado acento proteccionista y tutelar. Yrigoyen (2009, p. 18) la describe como aquella política en virtud de la cual la "inferioridad e incapacidad se convirtieron en los descriptores indígenas de las políticas públicas y las prácticas sociales", realidad que de alguna manera fue puesta en evidencia por el hecho de haber sido expedidas durante ese periodo innumerables disposiciones orientadas a la protección de los derechos de esos pueblos sobre sus tierras (Martini y Mayorga, 2004; Bushnell, 2007), que sin embargo, muchas veces no fueron efectivamente atendidas ni obedecidas por los funcionarios de la Corona ni por la población no indígena.

En efecto, durante ese período fue común el desconocimiento de los derechos comunales de los pueblos indígenas sobre sus tierras. Ello fue consecuencia, según señala el historiador del derecho Ots Capdequí (1959, pp. 82-85), tanto de la ambición de los conquistadores de hacerse a la mayor cantidad de tierra posible, como de los efectos que en esos derechos tuvieron las instituciones de la *mita* y la *encomienda*, lo cual, en palabras del mismo autor, resultó en una "dramática divergencia" entre la finalidad proteccionista y tutelar de tales normas, y las realidades social y económica que entonces se vivían.

Justamente un factor que determinó las acciones que a lo largo del periodo colonial buscaron de distintas maneras desconocer los derechos comunales indígenas sobre las tierras de resguardo es el relacionado con el incremento de su valor económico, producido bien por un mayor interés sobre los recursos naturales en ellas existentes, bien por la creciente expansión de los centros urbanos, pues la "proximidad a los caminos y la feracidad de las tierras, hacía[n] que su dominio y explotación fuera más apetecible" (Ots Capdequí, 1959, p. 86). La valorización de las tierras comunales incrementó, así, la presión proveniente de diversos sectores de la sociedad colonial dirigida a provocar su ingreso al mercado de tierras.

En este escenario, fue la existencia de todo un aparato de administración y gobierno compuesto por normas, autoridades e instituciones de control destinadas a garantizar el buen cumplimiento de las primeras y la actuación de las segundas, el que dio en definitiva a los indígenas cierto margen de actuación jurídica para hacer valer en la sociedad y en la organización colonial los derechos que les fueron reconocidos sobre sus tierras comunales, pues "solo litigando sin descanso, pudo defender el indio alguna parte de su patrimonio territorial, ya que la legislación le amparaba y las altas autoridades tenían obligación de protegerle" (Ots Capdequí, 1959, p. 86). Sin embargo, no todas las disposiciones dictadas durante el periodo colonial estuvieron orientadas a la protección de las tierras comunales, pues en sus años finales, específicamente durante la segunda mitad del siglo XVIII, llegaría un primer período de iniciativas orientadas a la disolución de las tierras indígenas de comunidad bajo el argumento de su ociosidad (Pineda, 1995, p. 8). Se trató, en palabras de Tirado (1988, p. 77), de una "segunda desposesión masiva" de los pueblos originarios, en la cual resultaron confabulados factores como la presión que sobre esas tierras ejercían el latifundismo laico y clerical, la pobreza de sectores colonos y mestizos sin acceso a la propiedad de la tierra y las inaplazables y agobiantes obligaciones tributarias que recaían en los indígenas.

LAS TIERRAS INDÍGENAS DURANTE EL PERIODO REPUBLICANO

Esta etapa ha tenido, además, diversas divisiones, de acuerdo con las políticas y tendencias de las realidades que se vivieron en su momento, y que podemos presentar de la siguiente manera:

LA DISOLUCIÓN DE RESGUARDOS Y LAS POLÍTICAS ASIMILACIONISTAS

La situación de las tierras de resguardo en el momento de producirse la independencia estaba marcada por la acérrima defensa de los pueblos indígenas frente a la campaña de despojo, que ya señalamos, se había iniciado hacia la segunda mitad del siglo XVIII. La extinción de gran cantidad de resguardos en ese periodo de más de medio siglo fue, de acuerdo con Ots Capdequí (1958), uno de los motivos que permitieron la consolidación de las primeras grandes acumulaciones de tierra en la naciente república.

Absalón Machado (2009) conviene en ello al afirmar que para el año de 1810 la tenencia de la tierra ya estaba altamente concentrada en las pocas manos de personas que no siempre estaban en capacidad de demostrar justos títulos. De esta manera, el despojo del cual habían sido víctimas llevó a los pueblos indígenas a engrosar las filas de los desposeídos a lo largo de la nación, pues su problema era el mismo del campesino: la carencia de tierra. La república nacía así en medio de una sociedad latifundista e inequitativa.

La independencia no representó en sí misma un rompimiento abrupto con las prácticas y estructuras coloniales; la religión, por ejemplo, continuó siendo una protagonista central en la sociedad y el Estado, así como "la esclavitud y la servidumbre subsistían en la economía, aunque habían desaparecido en las leyes" (García, 1952, p. 29). Esta situación devino en que todas las arraigadas tradiciones y estructuras coloniales convivieran con las entonces innovadoras ideas políticas liberales que fueran importadas de Francia e Inglaterra por los criollos ilustrados (Palacios y Safford, 2002).

En materia de resguardos indígenas, la postura republicana, cargada de retórica liberal, no se hizo esperar. De esta manera, en el mismo año de 1810 fue expedido, el 24 de septiembre, un decreto en el que, apelando a la nueva condición de ciudadanía de los indígenas, se ordenaba la repartición de las tierras que estos poseían en comunidad (Tirado, 1988). Así, a pesar de haber sido una consigna utilizada por las hordas independentistas la del rechazo a la desposesión y al sometimiento que habían sufrido los indígenas tras la conquista y Colonia del Imperio español (Palacios y Safford, 2002), con esta primera orden de repartición de las tierras de resguardo se dio inicio a la negación del "ser indígena", ya no desde la tutela y protección, sino desde la "libertad", pues en nombre de esta se buscó en adelante combatir uno de sus rasgos más preciados: su entender y vivir colectivo. Ello deja ver cómo, en materia de tierras, las autoridades del periodo republicano no mostraban las mismas consideraciones que habían tenido por largos años, cuando menos por mandato, las españolas de la Colonia (Friede, 1972). El nuevo estado de cosas confirmaba, así, que "el Estado republicano no sabía remover el orden colonial que estaba debajo de sus pies, pero volcaba todo el peso de su poder sobre las comunidades indígenas" (García, 1952, p. 29).

Obtenida definitivamente la independencia, con un decreto de Simón Bolívar del 20 de mayo de 1820 inició la expedición de una serie de normas que expresarían el convencimiento de la nueva dirigencia política de las bondades que para los indígenas habría de traer su incorporación a la economía individualista y, por ende, su desprendimiento de la forma colectiva de propiedad que suponía el resguardo. Esta norma, según Cabrera (1944, p. 11), muestra una tendencia dirigida a ordenar el reintegro de las tierras de resguardo con el objeto de su inmediata división; en ella se dispuso "[devolver] a los naturales, como propietarios legítimos, todas las tierras que formaban los resguardos, según sus títulos, cualquiera que sea el que aleguen para poseerla los actuales tenedores", para luego ordenar que "integrados los resguardos en los que les hayan usurpado, los jueces políticos repartirán a cada familia tanta extensión de terreno cuanto cómodamente pueda cultivar cada una".

Disposiciones posteriores dejan ver una convivencia, en la normatividad del siglo XIX, de las concepciones liberales y proteccionistas en relación con los asuntos de tierras indígenas. Mientras una ley del 4 de octubre de 1821 dispuso la "Declaración de igualdad jurídica, entendida como sometimiento de los indios al derecho común", y una "Orden de reparto de los resguardos, en pleno dominio y propiedad, antes de cinco años" (García, 1952, p. 24), otras, como las de la Constitución de 1832, de reconocido carácter liberal, reafirmaron la intención de repartir las tierras de resguardo, al tiempo que prohibían a los indígenas la venta de la parte correspondiente por un término de diez años (Tirado, 1988).

En el mismo sentido fueron aprobadas con posterioridad dos leyes, una del 2 de junio de 1834, que condicionó la adjudicación de porciones de tierra a que los indígenas cumplieran con sus obligaciones tributarias, y otra del 23 de julio de 1843, que extendió a veinte años la prohibición de venta, puso un límite de tres años a los contratos de arrendamiento que acordaran los indígenas respecto de sus porciones de tierra y proscribió la obligación de pagar mejoras a quienes fueran arrendatarios[16] (García, 1952). Estas normas reflejan las políticas tutelares que continuaron presentes en la legislación republicana de inspiración liberal, debido a que, como en la Colonia, fueron frecuentes los abusos y engaños perpetrados por particulares que amenazaron la propiedad del indígena sobre su tierra, solo que ahora, como propietarios individuales, eran más vulnerables ante el atropello y el despojo.

A mediados del siglo XIX, durante el gobierno de José Hilario López, al tiempo que se tomaron importantes medidas progresistas, entre ellas algunas orientadas a abolir la esclavitud y fortalecer el Estado frente a la Iglesia, fue dictada una ley el 22 de junio de 1850 mediante la cual se dio la estocada final a los resguardos, pues a partir de tal año estos desaparecerían casi en todo el país (Tirado, 1988). Con la intención de equiparar completamente al indígena con el resto de la sociedad nacional a la luz de la abstracción liberal de ciudadanía, esta ley desechó el carácter tutelar de la legislación precedente, al eliminar la prohibición de venta que recaía sobre esas porciones de tierra.

Con la expedición de esta ley fue ratificada la voluntad del Estado de imponer toda una cultura individualista sobre estos "ciudadanos" que se apegaban a la propiedad colectiva.

---

[16] Esta prohibición buscó frenar el despojo de las tierras indígenas de propiedad individual que venía dándose tras ser arrendadas a particulares por largo tiempo, tan largo como suficiente para valorizar las mejoras allí hechas por estos últimos, hasta el punto de superar el valor de la tierra misma (García, 1952, p. 32).

Su finalidad da luces acerca de la mentalidad liberal del momento y su desprecio por el vínculo del indígena con la tierra; esta finalidad fue, en palabras de Gerardo Cabrera (1944, pp. 12-13), la del "establecimiento de una masa libre de su enraíce a la tierra, desvinculada de su adherencia al fundo y dueña de los medios de producción", lo cual, sin embargo, como este mismo autor advierte, no pudo alcanzarse, por cuanto "los indios vendieron sus tierras y pasaron a ser siervos sumisos de sus nuevos propietarios".

Para comprender un poco los ideales tras las iniciativas divisorias de los resguardos impulsadas por los gobiernos republicanos de esa época, resultan ilustrativos los planteamientos expuestos por Diego Mendoza Pérez (1898, p. 105), uno de los pensadores liberales más representativos de finales del siglo XIX en Colombia, y una de cuyas expresiones más destacadas la constituye su *Ensayo sobre la evolución de la propiedad en Colombia*, en donde advirtió:

> Nuestra organización social tiene dos desigualdades: la de la riqueza y la de la libertad; pero obsérvese que van de la mano estos dos fenómenos: a medida que la tierra queda sometida al imperio de la apropiación individual y permanentemente, la libertad va creciendo; casi pudiéramos decir que se corona con las espigas que la tierra produce.

La división de resguardos indígenas fue entonces, de acuerdo con el pensamiento liberal individualista de la época, una política que estuvo orientada a dar a los indígenas la libertad que las concepciones comunales de estos, a su juicio, no sabían darles.

Ahora bien, las políticas divisionistas no fueron, a pesar de lo que se viene señalando, un rasgo que pueda afirmarse homogéneo y constante en la Colombia del siglo XIX, por dos razones: estas, en primera medida, no fueron puestas en práctica en todas las regiones (Martini y Mayorga, 2004), ya que, a diferencia de la división implacable que debieron afrontar los resguardos ubicados en el centro del país en razón de un mayor influjo del capitalismo en esta región, al sur, en Popayán y Pasto, se mantuvieron las tierras de resguardo debido a la fuerte resistencia indígena frente a la política divisoria (García, 1952; Pineda, 1995).

En segundo lugar, el siglo XIX finalizó con un intento de retorno a la política de reconocimiento de las tierras comunales (Ramos, 2001). Tal fue el caso de la Ley 89 de 1890, mediante la cual el Estado colombiano, abordando la cuestión indígena desde una óptica integracionista, buscó, para usar su lenguaje, determinar "la manera como deben ser gobernados los salvajes que vayan reduciéndose a la vida civilizada".[17] Con ella se excluyó a estas poblaciones del espectro de aplicación de la legislación de la república, al tiempo que se les dio dos calidades diferentes: la de "salvajes" y la de "ciudadanos", al ser sus "garantías" un límite al gobierno de los cabildos en materia económica.

Las disposiciones de esta ley, aunque segregacionistas, tuvieron efectos valiosos para los indígenas y su identidad, pues al retomar la que fuera una política colonial de control indirecto sobre los resguardos (Martini y Mayorga, 2004), en virtud suya no solo se los facultó para ejercer un autogobierno a través de los cabildos, sino que además se reconocieron los derechos sobre sus tierras comunales,[18] por lo menos en el transcurso de su progresiva "reducción a la vida civilizada". Sus disposiciones fueron, por ello, reivindicadas por los movimientos políticos indígenas de la primera mitad del siglo XX, y se constituyeron

---

[17] El lenguaje utilizado por esta ley se caracterizó por ser despectivo y racista; sus expresiones fueron objeto de un juicio constitucional en virtud del cual fueron declaradas inexequibles por la Corte Constitucional en la Sentencia C-139 de 1996.

[18] El artículo 38 de la Ley 89 de 1890 se ubicó en la postura de quienes afirman que los indígenas nunca tuvieron un derecho real de dominio sobre sus tierras, al disponer que "Mientras dure la indivisión, los indígenas continuarán como hasta aquí, en calidad de usufructuarios, con sujeción a las prescripciones de la presente ley".

en argumentos que respaldaron la recuperación posterior de miles de hectáreas (Fontaine, 2007).

La Ley 89 de 1890 no evitó que durante los primeros años del siglo XX continuaran las iniciativas orientadas a la división y el desconocimiento de los resguardos. Así, a su expedición siguieron las leyes 55 de 1905, por medio de la cual se reconoció la propiedad de particulares sobre tierras comunales; 104 de 1919, orientada a contrarrestar la defensa antidivisionista promovida desde el Cauca, Nariño, Tolima y Huila; 19 de 1927, que propugnara la división y asignación a particulares de las tierras que componían los resguardos, y 111 de 1931, en cuya virtud se diera facultad a las autoridades judiciales y administrativas para ordenar disoluciones (Espinosa, 2007).

EL POSICIONAMIENTO DE LA CAUSA INDÍGENA

Un periodo que hemos dado en llamar *de posicionamiento de las causas indígenas* proponemos ubicarlo a finales de la primera mitad del siglo XX y hasta los albores de la aprobación, a finales del mismo siglo, del Convenio n.° 169 de la OIT sobre "Pueblos indígenas y tribales en países independientes" —aprobada en Colombia mediante la Ley 21 de 1991— (en adelante Convenio 169 de la OIT; la razón: durante ese periodo las cuestiones indígenas, incluida la territorial, readquirieron un lugar en la agenda e institucionalidad de los ámbitos nacional e internacional. En ese periodo histórico, dicho posicionamiento se produjo gracias a normas de marcada orientación asimilacionista y civilizadora, pero, por otro lado, tuvo como una de sus causas latentes un fuerte y organizado actuar político de los movimientos sociales indígenas gestados durante esos años.

Ámbito internacional

A finales de la primera mitad del siglo XX, y durante gran parte de la segunda, las cuestiones indígenas comenzaron a tener un impulso a escala regional y mundial. Una muestra de ello fue la celebración en 1940 de la Convención Internacional de Pátzcuaro y la consecuente creación del Instituto Indigenista Interamericano (III), cuyo objeto sería colaborar en la coordinación de las políticas sobre indígenas y promover la investigación en este campo. Dicho instituto sería constituido posteriormente, en 1953, como un órgano especializado de la Organización de Estados Americanos (OEA) (CDI, 2005).

En el ámbito internacional, el hecho normativo más relevante para los pueblos indígenas durante esos años fue la adopción del Convenio n.° 107 de la Organización Internacional del Trabajo del año de 1957, "Relativo a la protección e integración de las poblaciones indígenas y de otras poblaciones tribales y semitribales en los países independientes", aprobado en Colombia mediante la Ley 31 de 1967 (en adelante Convenio n.° 107 de la OIT), así como la expedición de la Recomendación 104, que lo completa. A la luz de este instrumento normativo, la cuestión referente a las tierras indígenas comienza a ser abordada de manera más profunda por el derecho internacional. El tratamiento que ambos documento dan a dicha temática se enmarcó en una visión integracionista de los pueblos indígenas, que resulta apreciable tras una lectura del artículo segundo del Convenio: "Artículo 2. Incumbirá principalmente a los gobiernos desarrollar programas coordinados y sistemáticos con miras a la protección de las poblaciones en cuestión y a su integración progresiva en la vida de sus respectivos países".

El tema de las tierras indígenas fue abordado por el Convenio en su parte segunda. En ella se ordenó el reconocimiento de la propiedad colectiva e individual sobre las tierras tradicionalmente ocupadas por los indígenas (artículo 11) y se prohibió el traslado de sus territorios sin su consentimiento, excepto por razones de seguridad nacional, desarrollo económico o por estar en riesgo su propia salud. Para tales casos, el Convenio estableció la obligación de compensarlos, bien con tierras de igual calidad, bien con dinero o en especie, cuando así lo dispusieran o existieran para ellos posibilidades distintas de ocupación, así como la de indemnizarlos por cualquier pérdida o daño causado por dicha decisión (artículo 12).

En el mismo apartado se dispuso la obligación de respetar los modos propios de transmisión de los derechos de propiedad y goce de la tierra, condicionado ello, sin embargo, al mejor estilo integracionista, a la no obstrucción de su propio desarrollo económico y social, así como al respeto de las leyes nacionales (artículo 13). Por otro lado, en él se estableció como un fin la existencia de condiciones de igualdad para los pueblos indígenas en el marco de los programas agrarios nacionales, ordenando para ello, y a efectos de garantizar su normal existencia y crecimiento demográfico, la asignación de tierras adicionales cuando las existentes fueran insuficientes (artículo 14).

Si bien las disposiciones de la Recomendación 104 no tenían un carácter vinculante para los Estados parte del Convenio n.º 107 de la OIT, ella tuvo la importancia de dar especificidad a ciertos asuntos abordados en este último. De esta manera, en ella fue señalada la necesidad de adoptar medidas legislativas o administrativas que reglamentaran las situaciones de hecho o de derecho en que los indígenas ejercían la posesión de la tierra (artículo 2), así como de garantizarles reservas de tierras adecuadas a las condiciones propias del cultivo trashumante, mientras no fuera posible la introducción de sistemas mejores (artículo 3.1). Por otro lado, en relación con los pueblos seminómadas, se estableció el deber de determinar las áreas en que pudieran pastorear sus ganados libremente (artículo 3.2).

En general, tanto el Convenio n.º 107 como la Recomendación 104 tienen la virtud de haber permitido el significativo avance de regular materias que, como la relativa a los derechos indígenas sobre sus tierras, habían sido hasta entonces de trato inédito en los órganos e instrumentos internacionales. Sin embargo, de acuerdo con Anaya (2005, p. 90), estos avances tuvieron un carácter transitorio, pues los reconocimientos que como el de la propiedad comunal fueron allí hechos daban preferencia a los programas nacionales de integración y asimilación de estos pueblos a la sociedad dominante.

Ámbito nacional

Un hecho antecedente de gran representatividad para los movimientos sociales indígenas en esos años de posicionamiento fue el levantamiento encabezado por el líder paez Manuel Quintín Lame, durante la primera mitad del siglo XX. Entre los objetivos del mismo estuvieron la recuperación y ampliación de resguardos, el fortalecimiento del autogobierno de los pueblos indígenas, así como la promoción y cumplimiento de las leyes favorables a sus derechos, entre estas, las disposiciones de la Ley 89 de 1890 (Arango y Sánchez, 2004; véase Espinosa, 2007).

Uno de los rasgos destacables de Quintín Lame consistió en que "el manejo que hizo de la ley del blanco logró que centrara las armas de su lucha en los aparatos jurídicos de su enemigo, ideas que no abandonó y que le hicieron ganar el respeto personal de muchos blancos terratenientes" (Fajardo, Gamboa y Villanueva, 1999, p. 81). Así pues, la reivindicación de disposiciones normativas en vigor deja ver la capacidad para resignificar la historia que tuvo desde entonces el que fuera un movimiento étnico y político en construcción.

Ahora bien, para señalar algunas de las normas sobre indígenas expedidas durante esos años en Colombia, podemos mencionar la Ley 81 de 1958, "sobre fomento agropecuario de las parcialidades indígenas". Inspirada en el pensamiento asimilacionista que guiaba entonces el tratamiento de las cuestiones indígenas en los ámbitos nacional e internacional, esta norma contempló la creación del Instituto Indigenista Colombiano y de la primera oficina gubernamental dedicada a la temática indígena, hoy en funcionamiento bajo el nombre de Dirección de Asuntos Indígenas, Minorías y Rom, del Ministerio del Interior (Martini y Mayorga, 2004). En materia de tierras, esta ley supuso un giro radical respecto de las reglas vigentes desde el periodo colonial hasta entonces, pues en ella se dispuso en contra de los indígenas la carga probatoria de la existencia de títulos coloniales sobre sus resguardos, so pena de ser declaradas dichas tierras como baldíos de la Nación (Martini y Mayorga, 2004). Otra que podemos mencionar es la Ley 135 de 1961, "Sobre reforma social agraria", norma que creó el Instituto Colombiano de la Reforma Agraria (Incora)[19] —hoy Incoder—,[20] y entre cuyas disposiciones se incluyeron las de impedir "la adjudicación [a particulares] de terrenos baldíos ocupados por indígenas sino con el concepto favorable de la División de Asuntos Indígenas" (inciso 5, artículo 29); la de autorizar para "constituir [...] resguardos de tierras, en beneficio de los grupos o tribus indígenas que no los posean" (inciso 3, artículo 94), así como la de facultar al mismo instituto para "adquirir tierras de propiedad privada" con estos fines.

Si bien esta ley dio a los indígenas un respaldo normativo para la legalización de las tierras poseídas al contemplar la constitución de *resguardos nuevos* —llamados así en oposición a aquellos cuya constitución se dio en la Colonia, o *antiguos*—, no fueron sin embargo muchos los avances que en un principio derivaron de ella en este sentido (Houghton, 2008, p. 83), pues los efectos de sus disposiciones fueron limitados pocos años más tarde con la expedición del Decreto 2117 de 1969 que, al contemplar la creación de la figura de las *reservas indígenas*, pretendió desplazar las aspiraciones de titulación de tierras colectivas, ofreciendo a cambio a los indígenas la calidad de meros usufructuarios con la "promesa" de su división y distribución posterior (Ramos, 2001).

---

[19] Una de sus facultades fue la de "constituir a solicitud de la División de Asuntos Indígenas del Ministerio de Gobierno resguardos de tierras en beneficios de los grupos o tribus indígenas que no los posean" (artículo 94).
[20] Instituto Colombiano de Desarrollo Rural.

Entre los años 1967 y 1972 fueron constituidas 74 reservas indígenas que posteriormente, gracias a una activa resistencia de los pueblos indígenas respaldada en las disposiciones de las leyes 89 de 1890, 135 de 1961 y 31 de 1967 (aprobatoria del Convenio n.° 107 de 1957), serían reconocidas su mayoría en propiedad bajo la modalidad de resguardos indígenas (Houghton, 2008, p. 84). La orden que diera el Gobierno nacional en el año de 1980 de constituir en lo sucesivo solamente resguardos indígenas, así como de revisar las reservas ya constituidas para convertirlas en estos, materializó en definitiva sus peticiones[21] (Arango y Sánchez, 1998, p. 214).

En 1971 nació el Consejo Regional Indígena del Cauca (CRIC), que constituyó el que fuera un movimiento agrario propio de los pueblos indígenas (Arango y Sánchez, 2004). Este hecho fue trascendente, pues a partir de allí se fortalecieron la conciencia y las banderas étnicas de la problemática indígena de acceso a la tierra, esencialmente a la luz de dos elementos centrales que, según Houghton (2008, p. 85) señala, dieron identidad propia a las reivindicaciones de estos pueblos: una fue la pretensión de titulaciones colectivas de la propiedad bajo la forma ya conocida de resguardos, y otra la de la "recuperación de las tierras usurpadas", idea que se diferenciaba del lema emblemático campesino de "la tierra para el que la trabaja".

Otro paso importante hacia el fortalecimiento político se produjo iniciando la década de los años ochenta,[22] más precisamente en el año 1982, con el nacimiento de la Organización Nacional Indígena de Colombia (ONIC). Resultado de un exitoso ejercicio de articulación de pueblos y organizaciones indígenas de todo el país "el Primer Congreso Indígena Nacional adoptó

---

[21] El artículo 11 del Decreto 2001 de 1988, reglamentario de la Ley 135 de 1961, crearía posteriormente la figura de "conversión de reservas en resguardos".

[22] Durante esos años también se produjo el afianzamiento del movimiento armado Quintín Lame, como resultado del asesinato en 1984 del sacerdote paez Álvaro Ulcué Chocué (Rodríguez, Pulido, Prada y Rojas, 2005).

para la ONIC los principios de unidad, tierra, cultura y autonomía que configuran las líneas de acción de la entidad"[23] (ONIC). Para los años ochenta, la fuerza política que alcanzara el movimiento indígena en el país se hizo evidente en el hecho de haberse producido, durante los gobiernos de Turbay Ayala, Belisario Betancur y Virgilio Barco, la titulación de casi el 80 % del total de los resguardos hoy existentes (Houghton, 2008). Si bien para ello, como se mencionó, fue muy importante contar con la existencia de las herramientas legales que ofrecían las leyes 89 de 1890, 135 de 1961 y 31 de 1967, la recuperación de los territorios reconocidos desde la Colonia se logró sobre todo gracias a la presión generada por las acciones de ocupación adelantadas por los indígenas en varias regiones del país.

LAS TIERRAS INDÍGENAS A PARTIR DE LOS AÑOS NOVENTA

Para inicios de los años noventa, al tiempo que el discurso multiculturalista irrumpía con fuerza en varios ámbitos, los pueblos indígenas habían logrado posicionar de una manera sin precedentes sus demandas territoriales en la agenda político-normativa nacional e internacional. El protagonismo jurídico alcanzado por estos pueblos a partir de esos años, y durante las dos décadas posteriores, se ve reflejado de manera notoria en los siguientes hechos: en el ámbito internacional, debido a la aprobación del Convenio 169 de la OIT, y luego, en 2007, de la Declaración de las Naciones Unidas sobre los Derechos de los Pueblos Indígenas. De igual manera, en el ámbito regional, en esos años comienza a consolidarse una jurisprudencia

---

[23] Tras poco más de treinta años de existencia, la importancia política de la ONIC se aprecia hoy en el hecho de haberse constituido recientemente en la "autoridad tradicional de gobierno, justicia, legislación y representación de los pueblos indígenas de Colombia", atributos que le fueron asignados por el "mandato político general de los pueblos indígenas" al proclamarla autoridad nacional de gobierno indígena (ONIC, 2013).

en la materia a instancias de la Corte Interamericana de Derechos Humanos.

Por su parte, en el ámbito colombiano, podemos señalar como hitos de dicha irrupción la aprobación, en 1991, de un nuevo marco constitucional y, derivado de ello, la entrada en funcionamiento de la Corte Constitucional como máxima instancia judicial del control constitucional, en cuya sede habría de darse la progresiva consolidación de una jurisprudencia en materia de derechos étnicos.

ÁMBITO INTERNACIONAL

Los principios asimilacionistas de los pueblos indígenas que caracterizaron al Convenio n.° 107 de 1957 devinieron rápidamente en anacrónicos ante la veloz transformación que venía experimentando la manera como eran abordadas las cuestiones indigenistas en los diferentes escenarios internacionales, y especialmente en el seno de las Naciones Unidas (Leary, 1999). Tres hechos concretos anteceden la revisión de tal concepción asimilacionista vigente hasta entonces: el encargo que hiciera al ecuatoriano José Martínez Cobo, en el año 1972, la entonces Subcomisión de Prevención de Discriminaciones y Protección a las Minorías, para la realización del "Estudio sobre el problema de la discriminación contra las poblaciones indígenas";[24] la celebración, en 1977, de la Conferencia Internacional de Organizaciones no Gubernamentales sobre la Discriminación de los Pueblos Indígenas en América, y la creación, en 1982, del Grupo de Trabajo sobre las Poblaciones Indígenas en el seno de las Naciones Unidas[25] (Méndez y Martín; 2006; Sánchez, 2010).

---

[24] Doc. ONU E/CN.4/Sub.2/1986/7/Add.4.

[25] Este fue creado como un órgano subsidiario de la entonces Comisión de Derechos Humanos de las Naciones Unidas (hoy Subcomisión de Promoción y Protección de los Derechos Humanos) mediante la Resolución 1982/34 del Consejo Económico y Social.

Junto a ello, otro aspecto que debe señalarse consiste en que la configuración de los derechos indígenas en el plano internacional ha sido resultado de disputas conceptuales, con efectos jurídicos y materiales, en torno al reconocimiento de la naturaleza colectiva de los mismos, como a su articulación y plena satisfacción en el marco de un derecho internacional con un fuerte raigambre liberal-individualista. Se trata de la pugna resultante de la afirmación de la diversidad cultural cuando la misma ha debido darse en el marco de la universalización de una exclusiva dimensión de los derechos humanos. Pues bien, dos perspectivas desde las cuales se ha dado respuesta a esta pugna son, una desde el propio pensamiento liberal, y otra desde la afirmación que de sus derechos vienen construyendo los movimientos sociales indígenas.

Expresión de la primera de las respuestas son los planteamientos del llamado *multiculturalismo liberal*. En esta línea, autores como Will Kimlycka y Joseph Raz han hecho una defensa liberal de la existencia de los derechos de las minorías étnicas nacionales, esgrimiendo para ello la congruencia entre los intereses culturales y los principios de autonomía, libertad e igualdad que protegen derechos de los individuos (Ibarra, 2005). Esta perspectiva edifica entonces su defensa de los derechos de grupos en cuanto medio para garantizar los derechos individuales de los miembros que los conforman. La declaración de Colombia como país multiétnico y pluricultural supone una lectura en positivo de los derechos derivados de dichas condiciones, para lo cual es importante dar un debate más profundo sobre el tema de estos derechos dirigidos a la protección y el fortalecimiento de cuatro grupos étnicos diferenciados, como lo ha planteado recientemente el profesor Borrero García (2014).

Ahora, la segunda de las respuestas discute con la anterior en la medida en que cuestiona que sea solamente desde una concepción individualista de los derechos humanos que puedan ser reconocidos los derechos de los pueblos culturalmente diferenciados. Aquí se ubican las reivindicaciones que hoy plantean pueblos y movimientos indígenas de diferentes latitudes del continente, construidas a partir de la afirmación de aspectos como la libre determinación, los lazos comunitarios o el vínculo colectivo, material y espiritual con la tierra, propios de su identidad cultural. Este es, en esencia, un cuestionamiento que desde la reivindicación misma de los derechos humanos se viene planteando a las aún hoy dominantes doctrinas individualista y estatalista en el derecho internacional, y que ha contribuido a despertar en este mismo escenario un interés por valores culturales y asociativos que se muestran alternativos a los propios de las estructuras estatales (Anaya, 2005).

Si bien parte importante de los cuestionamientos que plantea esta perspectiva se han visto apoyados y enriquecidos por las disposiciones de instrumentos internacionales como el Convenio 169 de la OIT y la Declaración ONU de 2007, cuyos avances en materia de derechos territoriales serán a continuación expuestos, ha sido también en el campo de las reivindicaciones nacionales que los pueblos indígenas han venido posicionando el que podría llamarse un *discurso propio de los derechos humanos*. Citando los ejemplos de países como Bolivia y Ecuador durante la primera década del presente siglo, Boaventura de Sousa Santos (2010, p. 85) nombra este proceso como un "constitucionalismo transformador" y lo describe de la siguiente manera:

… la voluntad constituyente de las clases populares en las últimas décadas en el subcontinente se manifiesta en una vasta movilización social y política que configura un constitucionalismo desde abajo, protagonizado por los excluidos y sus aliados, con el objetivo de expandir el campo de lo político más allá del horizonte liberal, mediante una institucionalidad nueva (plurinacionalidad), una territorialidad nueva (autonomías asimétricas), una legalidad nueva (pluralismo jurídico), un régimen político nuevo (democracia intercultural) y nuevas subjetividades individuales y colectivas (individuos, comunidades, naciones, pueblos, nacionalidades).

Puede entonces afirmarse que el proceso de reconocimiento de los derechos de los pueblos indígenas en general, y de sus derechos territoriales en particular, no solo ha respondido a disputas en torno a qué derechos son reconocidos, sino también al carácter y contenido de los mismos. La reivindicación de estos derechos sigue, por ello mismo, siendo al día de hoy un reto para un derecho internacional que afronta el desafío de comprender las dinámicas contemporáneas, resultantes de la emergencia de nuevos grupos e identidades culturales otrora por él invisibilizadas.

Ahora bien, resultado de la revisión adelantada en el seno de la ONU sobre el Convenio n.º 107 y su concepción asimilacionista, fue la aprobación, en 1989, del Convenio 169 de la OIT, uno de cuyos aspectos más destacados fue el reconocimiento de la autonomía de los pueblos indígenas, lo cual resulta trascendente para sus aspiraciones territoriales, incluyendo aquellas de consolidación de los derechos sobre la tierra ya poseída:

> Artículo 7. 1. Los pueblos interesados deberán tener el derecho de decidir sus propias prioridades en lo que atañe al proceso de desarrollo, en la medida en que este afecte a sus vidas, creencias, instituciones y bienestar espiritual, y a las tierras que ocupan o utilizan de alguna manera, y de controlar, en la medida de lo posible, su propio desarrollo económico, social y cultural. Además, dichos pueblos deberán participar en la formulación, aplicación y evaluación de los planes y programas de desarrollo nacional y regional susceptibles de afectarles directamente.

Adicional a este reconocimiento de autonomía, y en estrecha relación con el mismo, el Convenio 169 dio una gran importancia a los derechos de los pueblos indígenas a participar y ser consultados en relación con los temas y las decisiones que los afectan. En este sentido, el artículo 6.º del Convenio se ocupó de establecer y caracterizar una serie de obligaciones de los Estados relativas a los deberes de consulta y garantía de participación, cuyo cumplimiento habría de orientar el sentido de la aplicación de la totalidad de su articulado. De acuerdo a lo señalado en la *Guía* para la aplicación del Convenio,[26] las disposiciones de este artículo se constituyen, junto con las del artículo 7.°, en la "política fundamental" del mismo.

De esta manera, se tiene que a la luz del Convenio 169 fueron establecidos una serie de condicionamientos que, estando sustentados en el reconocimiento de la alteridad cultural de los pueblos indígenas, se orientan a garantizar su efectiva participación mediante el mecanismo de la consulta previa.

Estos condicionamientos están referidos a las obligaciones de los Estados consistentes en entablar diálogos con estos pueblos por intermedio de autoridades que los representen, suministrándoles para ello la información necesaria que permita su pleno conocimiento de las medidas o proyectos propuestos, así como de sus impactos; todo ello actuando siempre en el marco de la buena fe y con el objetivo de lograr su consentimiento.

El Convenio 169 articula entonces el reconocimiento de los derechos indígenas sobre sus territorios con su derecho a la participación. En ese sentido, la consulta previa surge como una apuesta que permite conciliar la pugna entre los derechos territoriales indígenas y el ejercicio inconsulto y unilateral de las prerrogativas del Estado relativas al aprovechamiento de ciertos recursos naturales. La importancia que hoy se adjudica al deber de los Estados de consultar previamente a los pueblos indígenas radica precisamente en ser este el mecanismo por medio del cual se busca garantizar la incidencia y participación de estos respecto de la ejecución de un gran número de medidas o proyectos que, por sus características, tienen la capacidad de

---

[26] Esta guía fue expedida como resultado de las peticiones e inquietudes relacionadas con el alcance y sentido del contenido del Convenio n.° 169, presentadas ante la OIT por diferentes gobiernos, organizaciones indígenas y agencias intergubernamentales.

menoscabar los fuertes vínculos que unen a estos pueblos con sus territorios (Rodríguez *et al.*, 2010).

Un aspecto adicional del Convenio 169 en materia de derechos territoriales indígenas fue el de haber dado valor jurídico y político, en su artículo 13, a la existencia de una relación entre estos derechos y la cultura y espiritualidad de los pueblos indígenas, pues ello es también un reconocimiento de sus formas colectivas e individuales de propiedad, ocupación y utilización tradicional de la tierra (Houghton, 2007). Ligado a tal reconocimiento, el artículo 13 dispuso en su numeral 2.º que "la utilización del término 'tierras' [...] deberá incluir el concepto de territorios, lo que cubre la totalidad del hábitat de las regiones que los pueblos interesados ocupan o utilizan de una u otra manera"; así estableció una diferencia clave entre dos conceptos que en principio podrían pensarse iguales. En efecto, por medio de este artículo se busca ampliar el alcance del primero de los términos, al desvincularlo del ejercicio del clásico derecho real de propiedad que establece una relación entre una persona y un bien, en este caso, perfectamente delimitado en su espacialidad, lo cual se queda corto ante la realidad cultural de los pueblos indígenas. Para ello ordena que en él sea incluido el segundo, pues este reconoce, además, vínculos jurídicos por medio de los usos y las ocupaciones colectivas de los pueblos (Rodríguez *et al.*, 2010).

Esta diferencia terminológica tiene importantes connotaciones prácticas, pues de acuerdo con ella han sido protegidos los derechos de los pueblos indígenas sobre territorios ocupados o utilizados por estos para los ritos, la caza, la pesca, las vías de acceso y en general para todos los espacios en que construyen y consolidan permanentemente sus tradiciones y cultura (CIDH, 2009). En esta línea, el artículo 14 del Convenio reconoce a los pueblos indígenas no solo los derechos de propiedad sobre las tierras y territorios, sino también los de posesión; así se buscó proteger sus derechos territoriales de manera independiente a la existencia o no de un título jurídico, tal como lo señala la *Guía* para la aplicación del Convenio.

El Convenio 169 sigue siendo hoy el instrumento internacional más importante en materia de derechos de los pueblos indígenas, no por ser necesariamente el más avanzado y garantista en la materia, sino por ser de incuestionable carácter vinculante para los Estados que lo han ratificado.[27] En general, sus disposiciones tienen el valor superlativo de haberse constituido en referentes normativos indispensables para los procesos constituyentes adelantados en los diferentes Estados latinoamericanos durante los años subsiguientes a su adopción, lo cual ha permeado en diferente medida la producción normativa de rango legal y reglamentaria en los distintos países del continente (CIDH, 2009).

Ahora bien, un segundo hito que sustenta la tesis de la irrupción del multiculturalismo indigenista en el ámbito internacional durante esos años fue la adopción, en 2007, del texto definitivo de la Declaración de las Naciones Unidas sobre los Derechos de los Pueblos Indígenas (en adelante, Declaración ONU). La clave para entender la importancia de la Declaración ONU parece estar en poder apreciar lo que fue su proceso de elaboración, construcción y discusión (Méndez y Martín, 2006). Si bien su adopción no supuso la satisfacción de la totalidad de las expectativas de los pueblos indígenas en relación con el reconocimiento de sus derechos territoriales,[28] su legitimidad y autoridad derivan del hecho de que su texto fue resultado de esforzados acuerdos logrados tras agitados y complejos debates que contaron con la activa participación de los pueblos

---

[27] A la fecha, veintidós Estados, en su mayoría latinoamericanos, han ratificado este convenio.

[28] A modo de ejemplo, una de las objeciones al texto final que Edith Bastidas (2006, p. 160) señala, fue presentada por el Concejo Internacional de Tratados Indios, denunciaba que en el mismo no se incluía el reconocimiento del derecho de los pueblos indígenas a mantener y fortalecer la relación "material" con sus tierras, territorios y recursos, toda vez que ello fue eliminado del artículo 25.

indígenas, los representantes de los Estados y de diferentes especialistas en la materia (Anaya, 2005, pp. 110-114).

Los primeros pasos encaminados hacia la elaboración de un proyecto de declaración se remontan a inicios de la década de los años ochenta, cuando la entonces Subcomisión de Prevención de Discriminaciones y Protección a las Minorías[29] planteó la necesidad de redactar una lista de principios en la materia. En este marco resultaría destacada la labor del para entonces recién creado Grupo de Trabajo sobre las Poblaciones Indígenas,[30] a quien la mencionada subcomisión encomendó tal responsabilidad. Así, en desarrollo de su mandato, consistente en la promoción de estándares en la materia, en el año 1988 este Grupo de Trabajo presentó el que fuera un primer proyecto de declaración, el cual "reflejaba sustancialmente las propuestas presentadas por los representantes de los pueblos indígenas" (Anaya, 2005, p. 109).

Luego, tras una falta de consenso en torno al mismo, en 1995 fue establecido por la Comisión de Derechos Humanos y el Consejo Económico y Social, el Grupo de Trabajo sobre el Proyecto de Declaración. A pesar de tener la importante misión de coordinar el proceso de negociación del contenido del proyecto de declaración entre los Estados y las organizaciones indígenas, la participación de estas últimas se caracterizó, tal como señala Santamaría (2008, p. 243), por ser más limitada a la producida en el seno del Grupo de Trabajo sobre las Poblaciones indígenas, pues "sus sesiones estaban reservadas para 'expertos jurídicos' titulares de una acreditación especial".

Respecto de las condiciones en que la participación de los pueblos indígenas se produjo en este grupo de trabajo, Kempf (2009, p. 53) señala lo siguiente:

[29] Desde el año 1999 denominada Subcomisión para la Promoción y Protección de los Derechos Humanos.
[30] Doc. ONU E/CN.4/Sub.2/1985/22 del 29 de agosto de 1985.

Como en otros órganos similares que se ocupan de derechos humanos, las organizaciones indígenas y otras organizaciones no gubernamentales (ONG) que no tienen el Estatuto del Consejo Económico y Social no pueden acceder a sus actuaciones. No obstante, la Resolución 1995/32 de la Comisión de Derechos Humanos también fijó procedimientos para la participación de organizaciones indígenas no reconocidas como entidades consultivas.

Debe señalarse asimismo que en beneficio de la participación de representantes de los pueblos y organizaciones indígenas en el Grupo de Trabajo Sobre el Proyecto de Declaración, la Asamblea General de las Naciones Unidas decidió en 1995 que los recursos del Fondo de Contribuciones Voluntarias de las Naciones Unidas para las Poblaciones Indígenas, creado en 1985 con el objeto de asistir financieramente esta participación en el marco de las deliberaciones del Grupo de Trabajo sobre Poblaciones Indígenas, fuera también destinado a estos efectos (Kempf, 2009). Lo cierto es que solo después de muchas discusiones, en 2006 el Consejo de Derechos Humanos aprobó el texto final de la misma,[31] y recomendó lo propio a la Asamblea General de las Naciones Unidas, aprobación que se produjo en el 2007.[32]

La Declaración ONU representa un avance para los derechos de los pueblos indígenas sobre sus territorios y recursos, porque en ella no solo se los aborda de una manera más completa y enfática, sino porque además su texto permitió que estos fueran articulados con otros derechos de inmensa importancia, como son el derecho a la libre determinación (artículo 3) y el derecho de los pueblos indígenas al consentimiento libre,

---

[31] Resolución 1/2 del Consejo de Derechos Humanos, del 29 de junio de 2006.
[32] Doc. A/RES/61/295, del 10 de diciembre de 2007.

previo e informado en relación con las medidas que tengan la posibilidad de afectar su integridad como pueblos. El derecho a la libre determinación de los pueblos indígenas constituye la base en que se apoya el resto de los derechos recogidos en la Declaración (Clavero, 2011). Su importancia es transversal al ejercicio de aquellos derechos sobre los territorios y recursos naturales, pues es a partir de este derecho que es protegida la posibilidad de que los pueblos indígenas puedan determinar con libertad sus opciones de desarrollo económico, social y cultural (artículo 3), así como su derecho a ejercer la autonomía y el autogobierno (artículo 4).

Por otro lado, la importancia del derecho de los pueblos indígenas a obtener de ellos un consentimiento libre, previo e informado deriva de su naturaleza y finalidad, pues, como lo advierte Yrigoyen (2009, p. 30), este consiste en

... un derecho reforzado de carácter específico, que constituye un requisito adicional al ejercicio de otros derechos (como la participación o la consulta previa) para que el Estado pueda tomar una decisión, cuando la materia en cuestión está referida a hechos que puedan afectar derechos fundamentales de los pueblos indígenas y poner en riesgo su integridad.

Ello está contemplado en la Declaración ONU de 2007 como una finalidad genérica predicable de todo proceso de consulta a los pueblos indígenas (artículo 19).

En términos generales, puede afirmarse que la Declaración ONU de 2007 aborda los derechos territoriales indígenas de una manera más completa y directa. Dos aspectos en las consideraciones iniciales del documento llaman la atención de manera especial: en primer lugar, la referencia que allí se hace tanto de las injusticias históricas que estos pueblos han padecido, como de su relación causal con la desposesión de sus tierras, territorios y recursos, así como, más adelante, la afirmación de la existencia de un vínculo necesario entre el derecho a controlar sus tierras, territorios y recursos y el mantenimiento y reforzamiento de sus tradiciones, instituciones y cultura.

Un logro importante de los pueblos indígenas en el ámbito del derecho internacional fue, como se dijo, el del reconocimiento de un vínculo cultural y espiritual con sus territorios, pues ello lo es al tiempo de una diferencia básica que los caracteriza como pueblos. Pues bien, la Declaración ONU de 2007 revela en este punto, y una vez más, un interés en clarificar y concretar ciertos temas tratados de una manera más general por el Convenio 169. Tal es el caso de los derechos que en ella se establecen a "mantener y proteger sus lugares religiosos y culturales y a acceder a ellos privadamente" (artículo 12), así como a "mantener y fortalecer su propia relación espiritual con las tierras, territorios, aguas, mares costeros y otros recursos que tradicionalmente han poseído u ocupado y utilizado..." (artículo 25).

Ahora, en relación con el valor normativo de esta declaración, debe advertirse que si bien ha hecho carrera la tesis jurídica que sostiene la idea según la cual de ella no deriva en estricto sentido un carácter vinculante para los Estados parte,[33] la adhesión de estos a la misma no solo demuestra un compromiso político (Rodríguez et al., 2010), sino que, por el solo hecho de tratarse de un instrumento internacional con plena vigencia, los derechos y deberes que allí se recogen constituyen un referente y estándar, tanto para la producción de normas como

---

[33] Acerca del debate suscitado en torno al carácter vinculante o no de la misma, en su condición de miembro experto del Foro Permanente para las Cuestiones Indígenas, Bartolomé Clavero, advierte que "en el derecho internacional contemporáneo se suele afirmar que las declaraciones son instrumentos novinculantes. Tal afirmación encierra indudablemente un sentido, pues así se distinguen de los pactos o tratados de derechos humanos que vinculan a los Estados mediante su ratificación y consiguiente supervisión por parte internacional. Sin embargo, esta contraposición entre tratados vinculantes y declaraciones no-vinculantes transmite el mensaje equivocado de que las declaraciones carecen de fuerza normativa" (ONU, 2009).

para su interpretación por parte de los diferentes operadores jurídicos.[34] Su promoción es además un mandato para el relator especial,[35] que cumple de diversas maneras, entre otras, mediante sus informes y recomendaciones orientadas al seguimiento de la vigencia y efectividad de los derechos humanos de los pueblos indígenas.

Debe finalmente hacerse mención del importante papel que ha venido desempeñado el Sistema Interamericano de los Derechos Humanos en el ámbito regional durante estos años, especialmente en lo que respecta a la consolidación de una jurisprudencia en materia de derechos territoriales en el ámbito interamericano.[36] La evolución de estos derechos en la región tiene la característica de haberse dado gracias a la labores interpretativas realizadas por la Comisión Interamericana de Derechos Humanos (en adelante, Comisión Interamericana) y la Corte Interamericana de Derechos Humanos (en adelante, Corte Interamericana), sobre instrumentos normativos que no mencionan estas ni otras cuestiones relativas a los pueblos indígenas. Tales instrumentos son la Declaración Americana de Derechos y Deberes del Hombre, del año 1948, y la Convención Americana sobre Derechos Humanos, de 1969 (CIDH, 2009).

La ausencia de una referencia expresa y diferenciada relativa a los derechos de los pueblos indígenas en estos instrumentos ha supuesto en la práctica que los avances relacionados con los niveles de protección de estos se hayan producido a instancias

---

[34] Sobre el valor jurídico de la Declaración ONU de 2007 en el ordenamiento colombiano, ver las sentencias T-376 de 2012 y T-387 de 2013 M.P.: María Victoria Calle Correa.

[35] Resolución 6/12 del Consejo de Derechos Humanos.

[36] Entre otros, véanse los casos Comunidad Mayagna (Sumo) Awas Tingni vs. Nicaragua, Comunidad Indígena Sawhoyamaxa vs. Paraguay, Comunidad Yakye Axa vs. Paraguay, Comunidad Moiwana vs. Surinam, Pueblo Saramaka vs. Surinam y Aloeboetoe y otros vs. Surinam.

de la Comisión Interamericana y de la Corte Interamericana como corolario de su empeño en un mayor desarrollo y eficacia en la región de las disposiciones del Convenio 169 de la OIT y la Declaración ONU de 2007, esfuerzo que se corresponde con el cumplimiento de sus mandatos de promoción, interpretación y aplicación de los derechos humanos.

El desarrollo jurisprudencial de los derechos territoriales indígenas ha venido elaborándose en el sistema regional de los derechos humanos como resultado de la interpretación hecha por la Corte Interamericana sobre dos disposiciones relativas a la garantía del derecho de propiedad privada individual, como son los artículos XXIII de la Declaración Americana de los Derechos del Hombre, y 21 de la Convención Americana sobre Derechos Humanos. Con fundamento en ambos artículos y en los instrumentos internacionales que recogen derechos específicos de los pueblos indígenas, la Corte Interamericana ha protegido, entre otros, los sistemas de propiedad comunal de estos pueblos, su relación especial con los territorios y recursos naturales, el vínculo existente entre el reconocimiento de sus territorios ancestrales y su supervivencia, identidad e integridad cultural, así como el derecho a obtener de ellos un consentimiento libre, previo e informado como requisito para determinados proyectos en sus territorios o como finalidad de una consulta acerca de estos (CIDH, 2009).

ÁMBITO NACIONAL

Un hecho coyuntural en las relaciones entre el Estado y las minorías étnicas en Colombia fue la aprobación de un nuevo marco constitucional en 1991. Uno de los aspectos que caracterizaron el proceso de adopción de la nueva Carta Política fue la alta dosis de legitimidad que le imprimió el hecho de haber contado este con la participación de diferentes sectores sociales y políticos del país[37] (Quinche, 2010, p. 13). En un escenario marcado por el descontento popular con las fuerzas políticas tradicionales y una violencia social con fuerte presencia del narcotráfico, la aprobación de esta constitución procuró la búsqueda de acuerdos democráticos con miras a lograr una reconciliación nacional en varios ámbitos, entre ellos el étnico. A la luz de este nuevo marco constitucional, la multiculturalidad se inaugura como un valor del Estado colombiano. Así se desprende de los artículos 1.° y 7.° de la Carta Política, por medio de los cuales el constituyente quiso imprimirle a este un carácter democrático, participativo y pluralista, al tiempo que lo vinculó al reconocimiento de la diversidad étnica y cultural de la nación. Ello, sugiere Sánchez (2010, p. 84), supuso que "el Estado colombiano se relegitima y reafirma [en] su capacidad de actuar en nombre del pueblo colombiano, en nombre de la voluntad general, pero también reconociendo derechos de minorías".

En materia de tierras indígenas, la Constitución de 1991 ratificó la propiedad colectiva que los pueblos indígenas ejercen sobre los resguardos (inciso 2.° artículo 329 de la CP). El resguardo[38] continuó siendo así la institución de referencia más importante en el contexto del reconocimiento estatal de los derechos territoriales de estos pueblos. Su reivindicación como centro de las demandas del movimiento indígena, señala Houghton (2008, p. 85), fue casi unánime, puesto que para entonces

---

[37] "Como hecho único en la historia del país, al lado de los políticos y de los aristócratas de las regiones, tomaron asiento como constituyentes, personas venidas de los más diversos orígenes. Hubo allí estudiantes, líderes sociales, políticos, miembros de comunidades religiosas, sindicalistas, intelectuales, indígenas, afrocolombianos y sujetos de otros sectores, ejercitando una experiencia participativa jamás ensayada en el país" (Quinche, 2010, p. 13).

[38] Definido ya para entonces como una "institución legal y sociopolítica de carácter especial, conformada por una comunidad o parcialidad indígena, que con un título de propiedad comunitaria, posee su territorio y se rige para el manejo de este y de su vida interna por una organización ajustada al fuero indígena o a sus pautas y tradiciones culturales" (Decreto 2001 de 1988, artículo 2.°).

estaban aprendidas sus bondades en cuanto a la preservación del carácter colectivo de la propiedad. Asimismo, como medio para lograr tal preservación, la nueva Constitución mantuvo la exclusión del comercio de las tierras constituidas en resguardos indígenas, estableciendo para ello su carácter inalienable, imprescriptible e inembargable[39] (artículo 63 de la CP).

Si bien para el momento de entrar en vigencia la nueva Carta Política, la noción de *territorio indígena* ya estaba presente en el ordenamiento jurídico legal colombiano,[40] tal como lo advierte Houghton (2008, pp. 85-86), "la ausencia de un estatus jurídico interno para tal categoría condujo a que no fuese utilizada de forma amplia por las organizaciones ni comunidades indígenas ni como reivindicación política ni como exigencia jurídica". La fundamentación de las aspiraciones territoriales indígenas por medio del *territorio* como expresión integral de las mismas viene entonces a adquirir el estatus en mención, solamente durante el transcurso de los años subsiguientes a 1991, siendo su teorización resultado, en gran medida, de la exigibilidad de las disposiciones del Convenio 169 de la OIT ante los órganos judiciales de los órdenes nacional y regional.

La reivindicación de títulos jurídicos sobre las *tierras* fue la que encontró, sin embargo, un apoyo en el artículo 64 de la Constitución Política, norma en la cual se estableció el deber del Estado consistente en "promover el acceso progresivo a la propiedad de la tierra". Este artículo fue desarrollado en 1994 con la Ley 160, hoy vigente, y cuya motivación original fue la de dotar con tierras a, entre otros desposeídos, los pueblos indígenas. En el capítulo XIV de dicha ley, dedicado a los

---

[39] Estas tres prerrogativas, que comparten los resguardos con los bienes de dominio público, están orientadas a su extracción del comercio y a impedir su adquisición por particulares mediante prescripción o embargo.

[40] "Aquellas áreas poseídas por una parcialidad, comprendiendo en ellas no solo las habitadas y explotadas, sino también aquellas que constituyen el ámbito tradicional de sus actividades económicas y culturales" (Decreto 2001 de 1988, artículo 2.º).

resguardos, se estableció que el entonces Incora tenía la obligación de adelantar estudios acerca de "las necesidades de tierras de las comunidades indígenas", así como de la legalidad de las que estas poseyeran, facultándolo así para constituir, ampliar, reestructurar y sanear los resguardos (artículo 85).[41]

Ahora bien, debe ponerse de presente asimismo que durante los primeros años del siglo XXI han sido expedidas algunas normas relativas a los derechos territoriales de los pueblos indígenas que han supuesto, algunas de ellas, avances, y otras, retrocesos en la materia. Sobre el particular habría de comenzar por mencionar el retroceso que devino tras algunas reformas normativas e institucionales promovidas desde el Gobierno en la primera década de este siglo, y por medio de las cuales se evidencia que la perspectiva reformista distributiva como estrategia para superar las inequidades en materia agraria perdía fuerza al ganar terreno un discurso más enfocado hacia la competitividad y el desarrollo.

En esta línea debe mencionarse la expedición del Decreto 1300 del año 2003, mediante el cual fueron suprimidos el Incora, el Instituto Nacional de Adecuación de Tierras (INAT), el Fondo de Desarrollo Rural (FDR) y el Instituto Nacional de Pesca y Acuicultura (INPA), para dar paso a la creación del Instituto Colombiano de Desarrollo Rural (Incoder). Esta modificación dejó ver lo que sería la política agraria de los dos períodos de gobierno de Álvaro Uribe Vélez frente a la escandalosa inequidad en la tenencia de la tierra, pues de acuerdo con Mondragón (2006, p. 50), "la fusión de las cuatro instituciones en una sola estuvo acompañada de la clara ausencia de una política de redistribución de la propiedad agraria y, consecuentemente, de

---

[41] Esta ley fue a su vez reglamentada por el Decreto 2164 de 1995, en el cual se estableció la necesidad de adelantar, en el marco de estos procedimientos administrativos, lo que llamó un "Estudio socioeconómico, jurídico y de tenencia de tierras", que habría de estar a cargo, coordinadamente, por el Incora y las autoridades tradicionales indígenas. El artículo 6.° del Decreto pormenorizó los aspectos multidisciplinarios que deben conformar este estudio, entre los cuales se incluyeron algunos factores etnohistóricos, ambientales y los relativos a la explotación y tenencia de la tierra, entre otros.

una reducción drástica de los recursos económicos necesarios para cumplir las abundantes funciones que le fueron asignadas".[42] Esta visión de lo agrario tuvo luego como máxima expresión la aprobación, en el año 2007, de la Ley 1152, mediante la cual se establecía el Estatuto de Desarrollo Rural. Si bien dicha norma fue declarada inexequible por la Corte Constitucional en razón de haberse omitido en su trámite la obligatoria consulta previa a las comunidades indígenas y afrodescendientes,[43] debe señalarse que la misma fue considerada en su momento el ataque normativo más frontal hasta entonces recibido por los derechos de los pueblos indígenas (Observatorio Indígena de Seguimiento a Políticas Públicas y Derechos Étnicos, 2008).

Entre finales de la primera década del siglo XXI e inicios de la segunda, se produce en el plano jurídico una respuesta estatal a las consecuencias de un conflicto armado interno que ha sido por muchos años, y sigue siendo, causa del despojo, desplazamiento y de masivas violaciones a los derechos humanos de miles de campesinos, indígenas y afrocolombianos.

En este marco la propia Corte Constitucional declaró en el Auto 004/09 que más de una treintena de pueblos indígenas de Colombia están en peligro de exterminio —cultural y/o físico— por el conflicto armado interno y han sido víctimas de gravísimas violaciones de sus derechos fundamentales individuales y colectivos y del derecho internacional humanitario. Dicha situación se evidencia en los datos del cuadro "Violaciones a los derechos humanos e infracción al DIH contra los pueblos

---

[42] Al respecto, Mondragón (2006, p. 50) pone de presente cómo la política agraria del gobierno de Álvaro Uribe "se resume en la expresión lanzada por el ministro de Agricultura al momento de definirse la liquidación del Incora: '¡No más reformadera agraria!'. De ese modo se anunciaba que la inmensa mayoría de pobladores del campo no encontraría solución a sus demandas históricas de dotación de tierras con posibilidades de un desarrollo rural democrático". Lo anterior se evidencia en el caso de los pueblos indígenas en el hecho de que "entre 2001 y 2007 se redujeron entre 70 y 80 % las asignaciones presupuestales para adquisición de tierras con destino a resguardos indígenas, al pasar de casi 3000 millones a mil millones o menos" (Houghton, 2007, p. 210).

[43] Sentencia C-175 de 2009 M. P.: Luis Ernesto Vargas Silva.

indígenas en Colombia, 1985-2014", que son resultado del trabajo investigativo realizado por el Centro de Cooperación al Indígena (Cecoin), una de las fuentes más confiables en esta materia.

Con el antecedente judicial del Auto 004/09 expedido por la Corte Constitucional en seguimiento a la Sentencia T-025 de 2004, junto a otros como el 382 de 2010, se produjo luego en este marco la expedición de la Ley 1448 de 2011 y de su Decreto reglamentario 4633 del mismo año. Ambas normas constituyeron, sin duda, por lo menos en el plano jurídico, un avance para estos pueblos, lo cual ha sido ya reconocido por la ONIC (2014), para quien se trata de un instrumento jurídico que aporta una base sólida a los derechos de los pueblos indígenas y a su reparación como víctimas. Esta misma organización ha denunciado, sin embargo, profundas fallas en cuanto a su puesta en práctica, en particular en lo que tiene que ver con el presupuesto para su implementación, la carencia de una institucionalidad informada y articulada en torno a su cumplimiento y la falta de socialización entre quienes aspiran a sus beneficios (ONIC, 2014).

Por otro lado, debe hacerse finalmente mención del Decreto 2333 de 2014,[44] cuya expedición con el ambicioso objeto de "establecer los mecanismos para la efectiva protección y seguridad jurídica de las tierras y territorios ocupados o poseídos ancestralmente y/o tradicionalmente por los pueblos indígenas", de acuerdo con la ONIC (2014), "ratifica y consolida uno de los logros obtenidos durante la Minga Social, Indígena y Popular llevada a cabo en octubre del año 2013" y con lo dicho por el propio ministro del Interior, confirma "la decisión política de avanzar, más que nunca, en la garantía efectiva de los derechos que la Constitución del 91 les concedió a esas comunidades" (Segura, 2014).

---

[44] "Por el cual se establecen los mecanismos para la efectiva protección y seguridad jurídica de las tierras y territorios ocupados o poseídos ancestralmente y/o tradicionalmente por los pueblos indígenas acorde con lo dispuesto en los artículos 13 y 14 del Convenio 169 de la OIT, y se adicionan los artículos 13, 16 y 19 del Decreto 2664 de 1994".

Violaciones a los derechos humanos e infracción al DIH contra los pueblos indígenas en Colombia, 1985-2014

Pueblo	Desplazamiento forzado	Acciones bélicas	Amenaza colectiva	Amenaza individual	Asesinato político	Desaparición forzada	Detención arbitraria	Heridos	Secuestro	Tortura	Violencia sexual	Total
Emberá	39847	395	8166	200	668	143	261	167	62	120	7	50036
Nasa	18316	4461	411	114	698	59	636	312	32	115	5	25159
Awá	14021	1275	47	4	223	36	26	56	7	18	0	15713
Wounaan	5315	25	2	14	11	5	0	1	1	8	0	5382
Wiwa	2615	168	7	4	68	11	18	9	4	28	1	2933
Kankuamo	2128	6	2	15	269	11	27	102	13	21	1	2595
U'wa	1324	603	0	4	11	4	28	59	2	11	0	2046
Senú	923	6	803	12	129	4	90	26	4	28	10	2035
Wayuu	1209	3	28	11	245	44	14	48	15	21	1	1639
Pijao	636	7	16	31	98	17	185	153	0	103	0	1246
Betoye	882	1	0	0	10	1	0	8	3	1	5	911
Tule	888	0	0	12	7	0	0	2	0	0	0	909
Kofán	1165	0	7	0	17	1	30	1	0	1	0	1222
Kubeo	800	2	0	1	11	1	0	1	0	0	0	816
Arhuaco	450	204	0	11	22	6	4	5	0	9	0	711

Pueblo	Desplazamiento forzado	Acciones bélicas	Amenaza colectiva	Amenaza individual	Asesinato político	Desaparición forzada	Detención arbitraria	Heridos	Secuestro	Tortura	Violencia sexual	Total
Kogui	570	2	0	10	5	5	0	0	4	0	0	596
Tukano	440	2	0	0	8	0	0	2	0	3	0	455
Nukak	265	1	188	0	2	0	0	1	1	0	0	458
Puinave	196	196	0	1	6	0	3	4	0	0	0	406
Guambiano	0	3	34	0	30	24	79	223	4	0	1	398
Guahibo	188	179	0	0	7	0	0	1	0	0	0	375
Sikuani	460	12	2	1	33	1	4	8	0	1	0	522
Complejo multiétnico Vaupés	200	0	0	0	3	0	19	3	12	0	0	237
Pasto	128	2	6	3	57	3	20	32	3	8	0	262
Inga	136	0	0	8	53	3	3	1	1	2	1	208
Yukpa	200	0	0	0	5	0	0	2	0	0	0	207
Yanacona	60	1	2	15	16	5	45	8	1	0	0	153
Barí	60	0	1	1	6	1	1	1	0	0	0	71
Guayabero	2	15	1	0	7	0	3	23	0	0	2	53
Tikuna	0	2	0	0	25	0	0	23	0	0	0	50

Pueblo	Desplazamiento forzado	Acciones bélicas	Amenaza colectiva	Amenaza individual	Asesinato político	Desaparición forzada	Detención arbitraria	Heridos	Secuestro	Tortura	Violencia sexual	Total
Coconuco	0	2	1	1	12	1	12	14	1	1	1	46
Totoró	0	38	8	0	7	0	0	1	1	0	0	55
Koreguaje	0	0	0	5	13	0	3	0	5	0	0	26
Kamentzá	20	0	0	0	4	0	0	0	0	0	0	24
Piapoco	0	1	0	0	0	0	6	7	0	0	0	14
Siona	50	0	50	1	7	2	1	2	0	0	0	113
Yukuna	0	0	0	0	4	3	0	5	0	1	0	13
Uitoto	0	1	0	1	9	0	0	2	0	1	0	14
Chimila	0	0	4	1	2	3	0	0	0	0	0	10
Otros sin identificar	15	0	4	18	9	0	0	15	4	0	0	65
Kurripaco	0	0	0	0	1	0	0	2	1	0	0	4
Hitnu	0	0	0	0	4	0	0	0	0	0	0	4
Residentes en Bogotá	0	0	0	0	0	0	1	0	0	1	0	2
Kuiva	0	0	0	0	2	0	0	0	0	0	0	2

Pueblo	Desplazamiento forzado	Acciones bélicas	Amenaza colectiva	Amenaza individual	Asesinato político	Desaparición forzada	Detención arbitraria	Heridos	Secuestro	Tortura	Violencia sexual	Total
Makaguaje	0	0	0	0	1	1	0	0	0	0	0	2
Desano	0	0	0	0	1	0	0	0	0	0	0	1
Dujos	0	0	0	0	3	0	21	1	0	2	0	27
Miraña	0	0	0	0	2	0	0	0	1	0	0	3
Total	93 509	7613	9790	499	2831	395	1540	1331	182	504	35	118 229

Fuente: Sistema de Información sobre Pueblos Indígenas de Colombia del Cecoin

Esta norma se enfoca en dos aspectos: por un lado, la conformación, a cargo del Ministerio de Agricultura y Desarrollo Rural, de un "Sistema de Coordinación Interinstitucional para la Unificación de Información Predial de los Territorios Indígenas", que, según se dice allí, deberá tener en cuenta "aspectos relacionados con el territorio, población, georreferenciación, registros catastrales, resguardos constituidos, solicitudes constitución, ampliación y saneamiento, resguardos origen colonial o republicano, posesión ancestral y/o tradicional de los pueblos y comunidades", y será insumo para determinar la obligatoriedad de adelantar procesos de consulta previa.

El otro aspecto es el de haber contemplado la creación de unas "Medidas de protección de la posesión de territorios ancestrales y/o tradicionales". A pesar de tratarse de una reafirmación y desarrollo de lo que ya habían dispuesto primero la Ley 135 de 1961, y luego la hoy vigente Ley 160 de 1994, sobre la inadjudicabilidad de baldíos en áreas "donde estén establecidas comunidades indígenas o que constituyan su hábitat, sino únicamente y con destino a la constitución de resguardos indígenas",[45] tanto la orden de registrar en el folio de matrícula de estos predios el acto administrativo que conceda estas medidas, a efectos de impedir sobre ellos futuras adjudicaciones de baldíos a terceros, así como la inclusión en el artículo 10 de una cláusula que hace expresa la facultad del Incoder para revocar directamente las resoluciones de adjudicación de baldíos que hayan recaído sobre estas áreas, ha tenido el efecto de reanimar en algunos sectores los términos de los ya viejos debates en torno a la recuperación de tierras ancestrales por parte de los pueblos indígenas.[46]

---

[45] Artículo 69 de la Ley 160 de 1994.

[46] Así, mientras algunas voces expresadas desde sectores académicos y no gubernamentales señalaron tras su expedición, que esta norma permitirá esencialmente proteger los derechos de los pueblos indígenas que, por estar en riesgo o situación de desplazamiento, han debido abandonar los territorios en donde de manera histórica habían desarrollado prácticas culturales, sociales o económicas; otras expresadas desde sectores de oposición al gobierno, como

La implementación del objeto de esta norma deja abierto, en todo caso, el debate en torno a la determinación que habrá de hacerse en cada caso concreto del ámbito territorial que puede ser objeto de esta protección provisional. El asunto es controversial, pues si bien el decreto dice reconocer, en su artículo 9.°, la concepción territorial de las poblaciones indígenas desde la *ley de origen y el derecho mayor* de cada pueblo, lo cierto es que 1) ello solo se contempla para el momento de la demarcación del territorio ancestral y/o tradicional que deba hacerse con posterioridad a la resolución que conceda la protección provisional, y 2) el procedimiento administrativo para resolver sobre esta solicitud contempla que la información existente en los procedimientos de constitución, ampliación, saneamiento y restructuración de resguardos que se encuentren en curso puede ser tenida como sustento por el Incoder para resolver sobre dicha protección provisional, lo cual puede terminar por sujetar la lógica cultural que subyace a la concepción del territorio a aquella lógica legal que expresan estos procedimientos pensados para delimitar y legalizar derechos de propiedad.

Ahora bien, tal vez una de las conquistas más importantes para los pueblos indígenas, tras la aprobación de la Constitución de 1991, fue el reconocimiento que se hizo en el artículo 286 de los territorios indígenas como nuevas *entidades territoriales*, junto a los departamentos, distritos y municipios, reconocimiento cuyos alcances normativos se evidencian tras una lectura sistemática de la Constitución. Debe ello vincularse entonces con el artículo 1.° de la misma Carta Política, pues allí se estableció como un principio fundamental la organización del Estado colombiano bajo la forma de república unitaria, descentralizada y con autonomía de sus entidades territoriales. A esta organización así concebida subyacen, pues, los principios de autonomía

---

la de la senadora Paloma Valencia, señalaron que "el decreto pone en riesgo la propiedad privada, pues se abre la puerta para que cualquier territorio donde se encuentre algún rastro de presencia indígena, así sea de hace 500 años, sea arrebatado para volverlo resguardo" (Segura, 2014).

y descentralización como "núcleos constitucionales de la organización territorial en Colombia" (Quinche, 2010, p. 742). Lo anterior supone dos cosas: que en virtud de la descentralización se produce un "traslado de competencias [que] acontece desde el poder central hacia las entidades territoriales, para que ejerzan las competencias en su propio nombre y bajo su propia responsabilidad" (Quinche, 2010, p. 742), y que en virtud de la autonomía, de acuerdo con el artículo 287 de la Constitución, estas entidades tienen los derechos de gobernarse por autoridades propias, de ejercer las competencias que les correspondan, de administrar los recursos y establecer los tributos necesarios para el cumplimiento de sus funciones, así como de participar en las rentas de la nación.

Sin embargo, la incorporación integral de los territorios indígenas al nuevo modelo de ordenamiento territorial caería, una vez aprobada la Constitución Política de 1991, en el que sería un permanente estado de aplazamiento, pues, al tenor del artículo 329, la conformación de las entidades territoriales indígenas (ETIS) quedó sujeta a una ley orgánica de ordenamiento territorial, cuya expedición solo vino a darse veinte años después mediante una ley que no reglamentó la materia.[47] De esta manera, la conformación de las entidades territoriales indígenas se ha constituido para estos pueblos, al día de hoy, en una de las más denunciadas moratorias del Estado. Para el 2011, año en que finalmente fue expedida esta ley, habían sido presentados infructuosamente más de diecinueve proyectos (Ministerio del

---

[47] Se trata de la Ley 1454 de 2011, "Por la cual se dictan normas orgánicas sobre ordenamiento territorial y se modifican otras disposiciones". En ella no se produjo un avance distinto al de la fijación de un plazo de diez meses siguientes a la entrada en vigencia de la ley, para que el Gobierno presente ante el Congreso "el proyecto del ley especial que reglamente lo relativo a la conformación de las entidades territoriales indígenas, acogiendo los principios de participación democrática, autonomía y territorio, en estricto cumplimiento de los mecanismos especiales de consulta previa, con la participación de los representantes de las comunidades indígenas y de las comunidades afectadas o beneficiadas en dicho proceso" (parágrafo 2.°, artículo 37).

Interior y de Justicia, 2011, p. 7), en los cuales Bastidas (2007) advierte la que ha sido una constante divergencia entre las propuestas estatales para su conformación —cuando ello fue incluido en los proyectos de ley de ordenamiento territorial, pues no siempre fue así— y las expectativas indígenas en la materia.

En Colombia, la autonomía de los pueblos indígenas encuentra, sin embargo, en la más o menos recientemente expedición, en noviembre del año 2014, del Decreto 1953 —sobre el cual existe acuerdo entre las organizaciones indígenas y el Gobierno nacional— un avance hacia el desarrollo de la autonomía que la Constitución Política de 1991 reconoce a los pueblos indígenas. Expedido con fundamento en las facultades que le otorga al Gobierno nacional el artículo 56 transitorio de la Constitución Política para dictar las normas sobre el funcionamiento de los territorios indígenas, hasta tanto sea expedida la ley que los conforme como entidades territoriales, este decreto tiene por objeto la creación de "un régimen especial con el fin de poner en funcionamiento los territorios indígenas respecto de la administración de los sistemas propios de los pueblos indígenas".[48]

El sometimiento a dicho régimen especial fue establecido por este decreto con un carácter voluntario, y el mismo debe ser objeto de una solicitud presentada por las autoridades indígenas de los resguardos constituidos o que estén en trámite de constitución o de clarificación de la propiedad ante el Incoder. El mismo consiste en reconocer a estos territorios indígenas, "su condición de organización político administrativa de carácter especial" para efectos de establecer un ejercicio más autónomo de competencias, concretamente en materia de educación, salud, agua potable y saneamiento básico.

El Decreto 1953 de 2014 establece unas normas generales para el funcionamiento de los territorios indígenas, reglamenta los procesos de planeación propia y contempla la administración y ejecución directa, por parte de los resguardos indígenas, de

---

48 Artículo 1.° del Decreto 1953 de 2014.

los recursos de la asignación especial del Sistema General de Participaciones. Resultado, al igual que el Decreto 2333 de 2014, de las negociaciones entre el Estado y las organizaciones indígenas desencadenadas tras la Minga Social, Indígena y Popular llevada a cabo en octubre del año 2013, este decreto es tal vez el desarrollo transitorio más integral hasta el momento en materia de ordenamiento territorial para los pueblos indígenas; el mismo fija, además, una pauta para el futuro desarrollo de una ley que conforme y reglamente el funcionamiento de las entidades territoriales indígenas, en donde habrán de abordarse temas tan cruciales como las facultades en materia de administración y conservación de los recursos naturales, ausentes en este decreto.

Ahora bien, acorde con su carácter pluralista y democrático, la Constitución de 1991 buscó brindar herramientas para fortalecer la participación de los pueblos indígenas. Este fortalecimiento tiene un vínculo directo con el ejercicio efectivo de sus derechos territoriales, pues solo mediante una activa participación es dable pensar en una posibilidad real de que estos pueblos puedan incidir en la formulación de políticas y la toma de decisiones en los distintos ámbitos y niveles de gobierno, incluidas aquellas sobre la ejecución de proyectos que puedan tener impactos en sus territorios.

Precisamente, la Corte Constitucional ha interpretado que el derecho de los pueblos indígenas a la participación se expresa, en términos de la Carta de 1991, en dos modalidades bien definidas: una de carácter general y otra relacionada con las medidas legislativas o administrativas que los puedan afectar directamente. En virtud de la primera de ellas, advierte el alto tribunal, los pueblos indígenas, como pueblos diferenciados, "tienen el derecho a participar en la definición de las políticas estatales en el mismo grado que los demás ciudadanos", mientras que su derecho a la participación en los eventos de la segunda hipótesis exige al Estado el deber de adelantar "un procedimiento particular de consulta previa a dichas comunidades, como requisito necesario para garantizar la preservación de su identidad diferenciada" (Corte Constitucional, Sentencia C-366 de 2011).

Dos importantes escenarios de participación de los pueblos indígenas que procuraron abrir canales de diálogo y concertación entre estos y el Estado en asuntos territoriales son la Comisión Nacional de Territorios Indígenas y la Mesa Permanente de Concertación, creadas por el Decreto 1397 de 1996. La concepción de ambas instancias administrativas de participación representó un avance en el reconocimiento de los derechos territoriales de estos pueblos, al haber dado apertura a los espacios para el diálogo y el seguimiento por parte de estos a las políticas del Estado en la materia. Por tal razón, la expedición de este decreto es considerada uno de aquellos eventos en los que los pueblos indígenas han logrado "tomas pacíficas de instituciones" (Londoño, 2004, p. 242).

Ahora bien, para aquellos eventos en que los pueblos indígenas puedan verse afectados directamente por la formulación de políticas, proyectos o por la expedición de normas o actos administrativos, su ejercicio del derecho a la participación en dichas decisiones obliga también al Estado a realizar procedimientos de consulta previa (Rodríguez, 2009). Tal deber se desprende de las disposiciones de los artículos 6.°, 7.° y 15 del Convenio 169 de la OIT, que ya fueron estudiadas, así como de los principios y derechos de participación reconocidos en la Constitución de 1991.

Adicional a ello, en el parágrafo del artículo 330 de la Carta Política quiso el constituyente hacer explícita la protección, tanto de la integridad cultural, social y económica de los pueblos indígenas en aquellos eventos específicos en que se tomen decisiones relativas a la explotación de recursos naturales en sus territorios, como del derecho a la participación como un medio idóneo para este fin. De esta manera, lo allí dispuesto obliga al Estado, en palabras de la Procuraduría General de la Nación (2009, p. 27), a garantizar la participación de estos pueblos "en las decisiones, proyectos y demás actuaciones orientadas a la utilización y explotación de tierras indígenas, cuando aquellas, de una u otra forma, afectan, limitan o vulneran su derecho colectivo fundamental al territorio".

Aspectos relativos a la complejidad de las tensiones suscitadas en el marco del cumplimiento del deber de consulta y a la amplitud de las disposiciones que recoge este instrumento de participación hacen necesaria una regulación detallada acerca de sus reglas y procedimientos. La falta de dicha regulación ha dejado ver sus efectos contraproducentes en cuanto a la solución de tales tensiones, pues entre otras consecuencias, ello ha dado pie a señalamientos que cuestionan su configuración como "obstáculo" a la agenda legislativa y los proyectos de desarrollo, llegándose a afirmar incluso que "las comunidades étnica [sic] actúan en la práctica como cogobernadoras y colegisladoras, porque casi todas las iniciativas se deben poner a su consideración" (Valero, 2012).

A pesar de esta grave situación, la reglamentación del derecho de consulta previa en cumplimiento de las disposiciones que reconocen los derechos de los pueblos indígenas es otra de aquellas asignaturas pendientes del Estado colombiano. La renuencia persiste, pues las normas expedidas por el Ejecutivo en esta materia se han caracterizado por adolecer de un vicio original, consistente precisamente en su carácter inconsulto. Tal renuencia del Estado ha terminado por desencadenar un activo rol de la jurisdicción constitucional que, mediante la jurisprudencia de su máximo tribunal, ha procurado fijar estándares para su realización, así como su necesario desarrollo.

Esas normas son, por un lado, el Decreto 1320 de 1998, mediante el cual se reglamentó la consulta previa para los casos de la explotación de recursos naturales en los territorios de los pueblos indígenas y afrodescendientes, y que al día de hoy es el fundamento legal desde el cual las autoridades administrativas interpretan el derecho a la consulta. Lo anterior, a pesar de haber señalado la Corte Constitucional que este decreto resulta contrario a la Constitución y a las normas del Convenio 169 de la OIT, razón por la que ha ordenado su inaplicación en más de una oportunidad.[49]

Otra norma es la Directiva Presidencial n.° 1 de 2010, en la que se buscó enlistar las acciones que requieren la garantía del derecho a la consulta previa y establecer los mecanismos para su desarrollo. Dicha norma deja en claro una actitud unilateral del Estado en esta materia, no solo por haber sido expedida, al igual que el Decreto 1320, de manera inconsulta, sino porque corresponde a una intención de establecer una reglas para el ejercicio de un derecho fundamental mediante un acto administrativo de carácter meramente instructivo. Adicional a ello, dicha norma "no asume los principios y estándares internacionales sobre la materia establecidos en el Convenio 169 de la OIT y recogidos por la jurisprudencia constitucional, ni las recomendaciones del Comité de Expertos de la OIT" (Comisión Colombiana de Juristas, 2010).

Por su parte, en el año 2013 el Gobierno nacional expidió la Directiva Presidencial n.° 10, "Guía para la realización de consulta previa", y el Decreto 2613, "por el cual se adopta el Protocolo de Coordinación Interinstitucional para la consulta previa". Ambas normas constituyen la más reciente regulación gubernamental del mecanismo de consulta previa. Junto al rasgo inconsulto de sus predecesoras, podemos señalar acerca de las mismas que si bien incorporan en su articulado la terminología propia de los más recientes avances jurisprudenciales en la materia, es posible percibir en ellas un afán más centrado en establecer las reglas y los "pasos" que garanticen la celeridad de estos procedimientos en la estructura del Estado, que de dar aplicación a los estándares actuales que protegen este derecho fundamental.[50]

---

[49] Véanse las sentencias T- 652 de 1998 y T- 880 de 2006 de la Corte Constitucional.

[50] Uno de los aspectos regresivos que a modo de ejemplo podemos citar, y que recoge la Directiva Presidencial n.° 10 de 2013, es el relativo a los momentos en que debe llevarse a cabo la consulta previa, pues en la misma estos se

La Constitución Política de 1991 supuso, por otro lado, una revalorización normativa de la cuestión ambiental en el ordenamiento jurídico colombiano. La necesaria articulación del carácter pluralista del Estado, y en particular del reconocimiento de los derechos territoriales de los pueblos indígenas, a este nuevo marco constitucional del medio ambiente ha sido un ejercicio cargado de diversas tensiones. Si bien en virtud de las normas expedidas como desarrollo de estos postulados constitucionales se les atribuyó a los pueblos indígenas en materia ambiental un rol inédito en el ordenamiento jurídico e institucional del Estado, lo cierto es que no ha resultado pacífico el cumplimiento de la obligación de este, consistente en planificar "el manejo y aprovechamiento de los recursos naturales, para garantizar su desarrollo sostenible, su conservación, restauración o sustitución" (artículo 80 de la CP), cuando de por medio ha estado el derecho a la diferencia, manifestada en una visión de manejo y aprovechamiento del territorio que, como la de estos pueblos, subvierte las lógicas propias de un mercado capitalista globalizado.[51]

Pues bien, el cumplimiento de este objeto ha estado, sin embargo, condicionado a los vaivenes de una política nacional ambiental que si bien tuvo en los años noventa un período de consolidación, en lo que va de este siglo viene "en declive, esclava más que nunca de las políticas de crecimiento económico" (Rodríguez, 2013).

---

establecen por tipos de proyectos y actividades en fases posteriores a decisiones que afectan de manera directa a los pueblos indígenas. Así, en hidrocarburos, señala, la consulta debe adelantarse "Una vez se hayan adjudicado y suscrito los contratos"; en transmisión de energía, "Una vez se adopte mediante resolución del Min. Minas las obras definidas en el plan de expansión de la UPME"; en generación de energía, "a partir de la inscripción en la fase 2 del registro de proyectos de generación de la UPME", y en infraestructura, "una vez se publiquen en el Secop la contratación de los estudios o estructuraciones de los proyectos o cuando el proyecto ha sido declarado de utilidad pública".

[51] Sobre el particular, Roldán y Sánchez (2013, p. 193) advierten que "Colombia no ha adoptado un régimen especial de administración, manejo y aprovechamiento de tierras y recursos en territorios indígenas, acorde con la Constitución de 1991".

En efecto, muestra de la consolidación que señala el exministro Manuel Rodríguez, fue la expedición de la Ley 99 de 1993,[52] con la cual, entre otras cosas, fue creado el Ministerio del Medio Ambiente como órgano rector de la política ambiental nacional, y fue organizado el Sistema Nacional Ambiental. En esta ley fue asimismo, de algún modo, fortalecida la participación de los pueblos indígenas, cuando menos representativa, como actores en las normas e instituciones ambientales, pues, por un lado, la misma contempló su representación en el recién creado Consejo Nacional Ambiental, encargado de la "coordinación intersectorial a nivel público de las políticas, planes y programas en materia ambiental y de recursos naturales renovables" (artículo 13), así como en los consejos directivos de las corporaciones autónomas con jurisdicción sobre sus territorios (artículos 26). En ella fue reconocida, además, la importancia de sus "conocimientos, valores y tecnologías sobre el manejo ambiental y de recursos naturales", al ordenar a las autoridades ambientales y científicas su fomento y difusión (artículo 22).

Por otro lado, en relación con los pueblos indígenas debe mencionarse, que la Ley 160 de 1994[53] señaló que las tierras constituidas con el carácter de resguardo indígena quedaban sujetas al cumplimiento de la función social y ecológica de la propiedad conforme con los usos, costumbres y la cultura de sus integrantes. Esta función social está relacionada con la defensa de la identidad de los pueblos o comunidades que los habitan, cumple un papel de garantía de la diversidad étnica y cultural, pues se orienta a establecer la obligación de que las

---

[52] "Por la cual se crea el Ministerio del Medio Ambiente, se reordena el sector público encargado de la gestión y conservación del medio ambiente y los recursos naturales renovables, se organiza el Sistema Nacional Ambiental, SINA, y se dictan otras disposiciones".

[53] Crea el Sistema Nacional de Reforma Agraria y Desarrollo Social Campesino, estableciendo la forma como se estudian las necesidades de tierras de las comunidades indígenas para dotarlas de las superficies indispensables que faciliten su adecuado asentamiento y desarrollo (art. 85).

tierras sean utilizadas en beneficio de los intereses y fines sociales, conforme con los usos, costumbres y culturas indígenas, para satisfacer las necesidades y conveniencias colectivas, con el mejoramiento armónico e integral de la comunidad y con el derecho de propiedad.

El cumplimiento de la función ecológica de la propiedad, conforme a los usos y costumbres de los pueblos indígenas, se cumple por otro lado cuando no hay deterioro o perjuicio de los recursos naturales o del ambiente por conductas o abstenciones que los destruyan, agoten, contaminen, disminuyan o degraden, cuando dichos recursos naturales se utilizan tradicionalmente, sin exceder los límites permitidos que alteren sus calidades físicas, químicas o biológicas, que puedan implicar su extinción. Tampoco puede perturbarse el derecho actual y ulterior aprovechamiento, es decir que las generaciones presentes y futuras tienen derecho a aprovechar dichos recursos (Rodríguez, 2004, pp. 120-124).

Ahora bien, en cuanto al declive que se señala ha tenido la política ambiental durante el siglo XXI, debe señalarse que se ve reflejado, en primera medida, en las transformaciones institucionales que ha vivido el sector en los últimos años. Nos referimos a que mientras que en el gobierno de Álvaro Uribe Vélez se le restó especialidad a la cartera ambiental al asignársele funciones de vivienda y desarrollo territorial,[54] en el de Juan Manuel Santos esta entidad fue escindida para crear el Ministerio de Ambiente y Desarrollo Sostenible (MADS), cuyo pomposo nombre contrasta, sin embargo, con una reorganización de su estructura[55] por la cual se le desligaron los procedimientos de licenciamiento ambiental, al pasar estos a ser responsabilidad de la recién creada Autoridad Nacional de Licencias Ambientales (ANLA).[56]

---

[54] Ley 790 de 2002 y Decreto 216 de 2003.
[55] Ley 1444 de 2011 y decretos 3570 y 3573 de 2011.
[56] Al respecto, el exministro Manuel Rodríguez Becerra (2013) advierte una debilidad original de la ANLA al señalar que esta "no quedó estructuralmente

En segunda instancia, el mencionado declive se expresa, asimismo, en el hecho de estar articulado a esta transformación de la institucional ambiental en el país de los últimos años, que se aprecia como un debilitamiento de la evaluación ambiental en el país. Un rasgo característico de los conflictos generados en el marco de los procedimientos de licenciamiento ha sido la fuerza que viene cobrando en el Estado y los empresarios interesados en obtener licencias ambientales, un discurso que promueve un desarrollo sostenible desregulado y pronto, o dicho en otros términos, que atienda con mayor fidelidad las necesidades de la eficiencia económica. Estos planteamientos han tenido eco en una normatividad menos rigurosa en cuanto a la evaluación ambiental, pues las varias modificaciones sufridas por el régimen de licencias ambientales apuntan, como lo advierte la profesora Gloria Amparo Rodríguez (2011, p. 1), a "una manifiesta tendencia a flexibilizar los procesos de licenciamiento, disminuyendo las actividades y requisitos necesarios para evaluar mejor los proyectos".[57]

Articulada esta situación al contexto de una economía colombiana cuyo crecimiento se proyecta principalmente sobre el uso y la extracción de los recursos naturales, y en la cual

---

articulada con aquellas dependencias del Ministerio que deben velar por la salud de los ecosistemas del país y del ordenamiento ambiental, a partir de una visión de largo plazo del territorio".

[57] "Podríamos hablar de cuatro normas que han sido las fundamentales en la reglamentación del procedimiento para otorgar las licencias ambientales: Decreto 1753 de 1994, Decreto 1728 de 2002, Decreto 1180 de 2003, Decreto 1220 de 2005 y Decreto 2820 de 2010. Sin embargo, han sido varios los intentos de modificar, restringir o limitar la función de las licencias ambientales, como puede evidenciarse en las normas sobre supresión de trámites o en disposiciones que hacen desaparecer el proceso de evaluación ambiental previa" (Rodríguez, 2011, p. 3). A estas normas, señaladas por la profesora Rodríguez, habría hoy que añadir el Decreto 2041 de 2014, que desarrolla hoy la Ley 99 de 1993 en la materia, y cuyo contenido fue controvertido en algunos círculos de la opinión pública durante el proceso de su expedición, señalando que el mismo contemplaba las llamadas "licencias ambientales exprés".

el Estado tiende a apostar con más decisión a la realización de obras de infraestructura que faciliten su transporte y comercialización, los efectos de esta visión "eficiencista" han sido los de un incremento en las solicitudes de licenciamiento ambiental y una reducida injerencia de los pueblos indígenas en un proyecto de desarrollo que afecta de manera directa sus derechos territoriales. Prueba de ello resulta el hecho de que al año 2012, en solamente 156 de las 2331 solicitudes de licencia resueltas favorablemente por la autoridad ambiental nacional, fue incluida en su procedimiento administrativo la realización de consultas previas (Rodríguez, G. A., 2014).

Quiere finalmente ponerse de presente de qué manera el ejercicio efectivo de los derechos y libertades de la ciudadanía en general y de los grupos étinicos en particular se vio fortalecido a la luz del nuevo texto constitucional. Ello se produjo, en gran medida, gracias a que en él se incorpora la configuración de un conjunto de acciones que, como las de inconstitucionalidad (art. 4, num. 6, art. 40 y nums. 1 y 5, y art. 241 de la CP), tutela (art. 86 de la CP), popular y de grupo (art. 88 de la CP), entre otras, están orientadas a su garantía y protección. De allí, pues, que Quinche (2010, pp. 17-18) destaque el "carácter contencioso" de la Carta de 1991 como uno de sus rasgos más novedosos, en virtud del cual, esta, como bien señala, tiene una "aplicación directa en los estrados judiciales".

En estrecha relación con lo anterior, uno de los grandes objetivos de la Constitución de 1991 fue el fortalecimiento y reorganización de la rama judicial del poder público (Julio, 2003), siendo la creación de un tribunal constitucional encargado de la "guarda de la integridad y supremacía de la Constitución" (artículo 241 de la CP), una de sus más destacadas expresiones. La creación de la Corte Constitucional significó también que a la larga se abriera paso en el sistema jurídico colombiano una relectura acerca del papel judicial en los contenidos constitucionales, más concretamente, debido a la revalorización que a la luz de sus sentencias adquiere en el país el precedente judicial como fuente del derecho (López, 1999).

De esta manera, como muchos otros asuntos del orden constitucional, los relativos a la interpretación y protección de los derechos de los pueblos indígenas comenzaron, en el marco de este nuevo panorama jurídico, a ser objeto de sendos desarrollos jurisprudenciales, cuyo estudio resulta ahora ineludible para los distintos operadores jurídicos en esta y otras materias. Este "cuerpo" jurisprudencial se ha producido como resultado de la interpretación y aplicación de un *bloque de constitucionalidad*[58] compuesto, en materia de derechos indígenas, de acuerdo con los alcances dados por la Corte Constitucional a los artículos 93 y 94 de la Carta, por los derechos contenidos en el articulado mismo de la Constitución Política, como por aquellos establecidos en instrumentos internacionales adoptados por Colombia en materia de derechos de los pueblos indígenas, como el Convenio 169 de la OIT (Corte Constitucional, Sentencia SU-383 de 2003).

Así, tras la aprobación de la Constitución Política de 1991, se ha desencadenado en materia de derechos de los pueblos indígenas —incluidos aquellos relativos a sus tierras y territorios— un acelerado proceso de *judicialización* de sus demandas.[59] Con ello, en nuestro país, la configuración de los derechos de los pueblos indígenas sobre sus territorios, tradicionalmente desarrollada en el marco de ámbitos administrativos, se ha visto permeada de manera profunda por la vigencia que a través de los fallos judiciales de la Corte Constitucional adquieren los derechos y principios previstos en esta materia, tanto en la Constitución como en los instrumentos internacionales y regionales.

---

[58] Sobre la configuración jurisprudencial de esta noción en el ordenamiento jurídico colombiano véase Uprimny (2001, pp. 97-154).

[59] Para una caracterización del proceso de judicialización de las demandas de los pueblos indígenas véase Rodríguez A., Peña E., Rodríguez G. y Santamaría, A. (2010).

CONCLUSIONES

Como lo hemos podido establecer, las garantías territoriales para los pueblos indígenas han sido disputadas. El reconocimiento jurídico de estos derechos es, en realidad, el resultado de históricos y transformados conflictos del orden cultural, político, económico, social y ambiental, conflictos que hoy ponen en tensión la propia implementación práctica de dichas garantías territoriales.

Por todos es sabido que para los pueblos indígenas el territorio se constituye en el lugar donde desarrollan su vida, su cultura, su economía y su propia forma, o visión, de desarrollo. El concepto de *territorio* cubre la totalidad del hábitat de las regiones que los pueblos indígenas ocupan o utilizan de alguna manera, donde reproducen sus formas de vida, su tejido y sus sistemas organizativos propios. El territorio es en suma una garantía fundamental para la pervivencia de las culturas, y de allí la razón de las demandas de estos pueblos por su reconocimiento. Esta lucha por la defensa de sus territorios involucra, además, otros principios fundamentales que tienen que ver con: 1) la unidad como mecanismo de fortalecimiento organizativo para la defensa de los territorios y pueblos indígenas; 2) la tierra como elemento esencial para su vida y desarrollo de los pueblos indígenas; 3) la cultura para el fortalecimiento, rescate y persistencia de la identidad como pueblos indígenas, y 4) la autonomía para la aplicación de los mencionados principios y como ejercicio de autoridad y de poder. De esta forma, se evidencia cómo para los indígenas el territorio ha sido constantemente uno de los valores fundamentales que identifican su visión del mundo y la construcción de su futuro, por lo que han guiado históricamente sus luchas de resistencia por la pervivencia cultural y territorial.

Actualmente, en Colombia se reconoce la existencia de 102 pueblos indígenas, a los cuales, según el Incoder (2012), se les ha titulado como consecuencia de sus demandas, más de 31 millones de hectáreas. En esos territorios donde habitan los pueblos indígenas existe la mayor riqueza natural de nuestro país, como resultado del uso ancestral que les han dado estas comunidades.

Hoy la Constitución Política de 1991 ha permitido el reconocimiento de la importancia que tiene el territorio para los pueblos indígenas, pero que ha sido en realidad el resultado de múltiples formas de lucha que estos pueblos han librado a lo largo de la historia, y mediante las cuales han buscado garantizar y proteger su uso y goce efectivo, muchas veces vulnerado por intereses externos que terminan por desconocer sus derechos territoriales y culturales.

Los pueblos indígenas reiteradamente se han pronunciado sobre la necesidad de respetar sus derechos fundamentales, en especial, el derecho a la autonomía, a sus valores y prácticas sociales, religiosas y culturales; al territorio, por medio del reconocimiento del derecho de la propiedad y de posesión de las tierras que tradicionalmente han ocupado; a la integridad cultural, las normas e instituciones propias; a la participación y a la consulta con sus líderes, comunidades, instituciones y organizaciones representativas, mediante procedimientos apropiados, cada vez que se prevean medidas que puedan afectarlos; al desarrollo propio de acuerdo con sus usos, costumbres y tradiciones, y al derecho a usar sus recursos naturales. Sin embargo, la historia muestra que el ejercicio de tales derechos ha sido entorpecido de manera permanente por factores de orden económico, jurídico, político, cultural y ambiental.

Por eso es necesario que el Estado asuma la responsabilidad de desarrollar, con los pueblos y comunidades indígenas, una acción coordinada que permita, entre otros, el reconocimiento y la protección de sus derechos, valores y prácticas culturales, religiosas y espirituales, a fin de llegar a un acuerdo o lograr su consentimiento acerca de los planes y programas de desarrollo nacional y regional que puedan afectarlas, con miras a preservar el medio ambiente de los territorios que habitan.

De esta forma haríamos realidad ese reconocimiento de los derechos de los pueblos indígenas sobre sus territorios, sobre el cual hemos establecido su proceso histórico y jurídico, que nos ha posibilitado hacer una aproximación a sus transformaciones, identificando las políticas de gobierno sobre los territorios indígenas y sus efectos.

REFERENCIAS

Anaya, J. (2005). *Los pueblos indígenas en el derecho internacional.* Madrid: Trotta.

Arango, R. y Sánchez, E. (1998). *Los pueblos indígenas de Colombia, 1997: desarrollo y territorio.* Bogotá: TM Editores, Departamento Nacional de Planeación.

Arango, R. y Sánchez, E. (2004). Los pueblos indígenas de Colombia en el umbral del nuevo milenio. Población, cultura y territorio: bases para el fortalecimiento social y económico de los pueblos indígenas. Disponible en http://www.dnp. gov.co/Programas/DesarrolloTerritorial/Ordenamien-toyDesarrolloTerritorial/Grupos%C3%89tnicos.aspx.

Ariza Santamaría, R. (2012). Derecho aplicable. En *Elementos y técnicas de pluralismo jurídico: manual de pluralismo jurídico para operadores de justicia* (pp. 45-60). México, D. F.: Grupo por el Pluralismo Jurídico Prujula, KAS.

Bastidas E. (2006). Declaración de las Naciones Unidas sobre los Derechos de los Pueblos Indígenas. En H. Juan y V. William (eds.), *Etnias y política* (pp. 158-161). Bogotá: Cecoin.

Bastidas, E. (2007). *Conformación y delimitación de territorios indígenas como entidades territoriales: la historia de nunca acabar.* Bogotá: Observatorio Indígena de Políticas Públicas de Desarrollo y Derechos Étnicos.

Bonilla Maldonado, D. (2006). *La Constitución multicultural.* Bogotá: Facultad de Derecho de la Universidad de los Andes, Pontificia Universidad Javeriana-Instituto Pensar, Siglo del Hombre Editores.

Borrero García, C. (2014). *Derechos multiculturales (étnicos) en Colombia: una dogmática ambivalente.* Bogotá: Facultad de Derecho, Ciencias Políticas y Sociales, Departamento de Derecho, Universidad Nacional de Colombia (sede Bogotá).

Bushnell, D. (2007). *Colombia, una nación a pesar de sí misma: nuestra historia desde los tiempos precolombinos hasta hoy.* Bogotá: Planeta.

Cabrera, G. (1944). *El problema indígena del Cauca, un problema nacional.* Bogotá: Ediciones de Divulgación Indigenista.

Clavero, B. (2011). Derechos de los pueblos indígenas: ejercicio y aplicación, avances y retrocesos (especialmente sobre los del derecho de consulta y consentimiento. En *IV encuentro latinoamericano de gobiernos locales para vivir bien en territorios indígenas, campesinos y comunidades interculturales.* La Paz. Disponible en http://odhpi.org/wp-content/uploads/2012/08/CONSULTYA-Y-CONSENTI-MIENTO-AVANCES-YRETROCESOS.pdf.

Comisión Colombiana de Juristas (2010). Directiva presidencial del Gobierno nacional pretende regular el ejercicio del derecho fundamental a la consulta previa violando las obligaciones derivadas del Convenio 169 de la OIR ratificado por Colombia. Disponible en http://www.coljuristas.org/documentos/boletines/bol_n4_consulta_previa.pdf.

Comisión Interamericana de Derechos Humanos (CIDH) (2009). Derechos de los pueblos indígenas y tribales sobre sus tierras ancestrales y recursos naturales: normas y jurisprudencia del sistema interamericano de derechos humanos. Doc. 56/09.

Comisión Nacional para el Desarrollo de los pueblos indígenas (CDI) 2005). *Una nueva relación: compromiso con los pueblos indígenas.* México D. F.: Fondo de Cultura Económica.

Chaves Mendoza, A., Morales Gómez, J. y Calle Restrepo, H. (1992). *Los indios de Colombia.* Quito: Mapfre.

Díaz, C. (1992). La formación y el concepto del derecho indiano. En Mapfre (ed.), *Historia del derecho indiano* (pp. 36-87). Madrid: Mapfre.

Espinosa, M. (2007). Manuel Quintín Lame. En G. Castro, M. Flores, V. Hoyos y V. Millán. (eds.), *Pensamiento colombiano del siglo XX* (vol. 1) (pp. 405-434). Bogotá: Pontificia Universidad Javeriana-Instituto Pensar.

Fajardo, L., Gamboa, J. y Villanueva, O. (1999). *Manuel Quintín Lame y los guerreros de Juan Tama: multiculturalismo, magia y resistencia.* Bogotá: Ediciones Colectivo Alas de Xue, El Lokal Autogestionari de Quart de Poblet Nossa y Jara Editores.

Fontaine, G. (2007). *El precio del petróleo: conflictos socio-ambientales y gobernabilidad en la región amazónica.* Quito: Flacso, IFEA, Abya Yala.

Friede, J. (1972). *El indio en lucha por la tierra: historia de los resguardos del macizo central colombiano.* Bogotá: La Chispa.

García, A. (1952). *Legislación indigenista de Colombia.* México, D. F.: Instituto Indigenista Interamericano.

González, M. (1992). *El resguardo en el Nuevo Reino de Granada.* Bogotá: El Áncora.

Hernández, R. (1992). Francisco de Vitoria. En L. Robles (ed.), *Filosofía iberoamericana en la época del encuentro* (pp. 223-241). Madrid: Trotta.

Houghton, J. (2007). Estado del derecho a la tierra y al territorio de los pueblos indígenas en Colombia. En E. Rey (ed.), *Indígenas sin derechos: situación de los derechos humanos de los pueblos indígenas* (pp. 171-233). Bogotá: Cecoin, OIA.

Houghton, J. (2008). Desterritorialización y pueblos indígenas. En J. Houghton (ed.), *La tierra contra la muerte: conflictos territoriales de los pueblos indígenas en Colombia* (pp. 15-55). Bogotá: Cecoin.

Ibarra, F. (2005). *Minorías etnoculturales y estado nacional.* México, D. F.: Universidad Nacional Autónoma de México.

Instituto Colombiano para el Desarrollo Rural (Incoder) (2012). Consolidado de constitución y ampliación de resguardos indígenas, septiembre de 2012. Información recibida vía correo electrónico el día 17 de enero de 2012.

Julio, A. (2003). *Las ramas ejecutiva y judicial del poder público en la Constitución colombiana de 1991*. Bogotá: Universidad Externado de Colombia.

Kempf, I. (2009). Cuando la fuerza irresistible mueve al objeto inamovible: aspectos controvertidos en la negociación de la Declaración sobre Derechos de los Pueblos Indígenas. En N. Álvarez, J. D. Oliva y N. García-Falces (eds.), *Declaración sobre los derechos de los pueblos indígenas: hacia un mundo intercultural y sostenible* (pp. 51-64). Madrid: Catarata.

Konetzke, R. (1974). *Historia universal siglo XXI: América Latina. II: La época colonial*. Madrid: Siglo XXI.

Las Casas, B. de (1986). *Historia de las Indias* (vol.3). Caracas: André Saint-Lu.

Leary, V. A. (1999). La utilización del Convenio 169 de la OIT para proteger los derechos de los pueblos indígenas. *Colección Pueblos Indígenas y Derechos Humanos* (1). San José de Costa Rica: Instituto Interamericano de Derechos Humanos.

Londoño, B. (2004). Derechos colectivos: una lectura desde nuestro patrimonio cultural intangible. En C. Molina, *El Estado: reflexiones acerca de sus retos en el siglo XXI* (pp. 230-264). Bogotá: Universidad del Rosario.

López, D. (1999). El valor del precedente constitucional. En Observatorio de Derecho Constitucional (ed.) *Derecho constitucional: perspectivas críticas* (pp. 123-146). Bogotá: Siglo del Hombre Editores, Universidad de los Andes.

Lucena, M. (1982). *Historia general de España y América hasta fines del siglo XVI: el descubrimiento y la fundación de los reinos ultramarinos*. Madrid: Rialp.

Machado, A. (2009). *Ensayos para la historia de la política de tierras en Colombia: de la Colonia a la creación del Frente Nacional*. Bogotá: Universidad Nacional de Colombia.

Malagón J. y Ots Capdequí, J. M. (1965). *Solórzano y la política indiana*. México: Fondo de Cultura Económica.

Malagón, M. (2007). *Vivir en policía: una contralectura de los orígenes del derecho administrativo colombiano.* Bogotá: Universidad Externado de Colombia.

Martini, M. y Mayorga, F. (2004). Los derechos de los pueblos originarios sobre sus tierras de comunidad: del Nuevo Reino de Granada a la República de Colombia. En M. Losano (ed.), *Un giudice e due leggi: pluralismo normativo e conflitti agrari in Sud America.* (pp. 35-73). Milano: Giuffrè Editore.

Mayorga F. (2003). *Estudios de derecho indiano.* Bogotá: Universidad del Rosario.

Méndez, M. y Martín, D. (2006). Introducción al proyecto de declaración de las Naciones Unidas sobre los derechos de los pueblos indígenas. En *Revista de Antropología Iberoamericana,* 1 (2) (pp. 331-361).

Mendoza, D. (1898). Ensayo sobre la evolución de la propiedad en Colombia. En G. Cataño (ed.), *Evolución de la sociedad colombiana: ensayos escogidos* (pp. 83-147). Bogotá: Universidad Externado de Colombia.

Ministerio del Interior y de Justicia (2011). *Ley orgánica de ordenamiento territorial, por la cual se dictan normas orgánicas sobre ordenamiento territorial y se modifican otras disposiciones.* Bogotá: Ministerio del Interior y de Justicia.

Mondragón H. (2006). El Incoder: reforma agraria a la inversa. *Etnias y Política,* 3, 50-59. Disponible en http://www.observatorioetnicocecoin.org.co/descarga/etnias3.pdf.

Muñoz Cabrera, R. (2001). La función social y ecológica de la propiedad. En *Lecturas sobre derecho del medio ambiente* (pp. 75-127). Bogotá: Universidad Externado de Colombia.

Observatorio Indígena de Seguimiento a Políticas Públicas y Derechos Étnicos (2008). La nueva conquista: minería en territorios indígenas. En J. Houghton (ed.) (2008), *La tierra contra la muerte: conflictos territoriales de los pueblos indígenas en Colombia.* Bogotá: Cecoin.

Organización de las Naciones Unidas (ONU) (1985). Resolución 1985/22: Grupo de trabajo sobre las poblaciones indígenas. Doc. ONU E/CN.4/Sub.2/1985/22 (29 de agosto).

Organización de las Naciones Unidas (ONU) (1988). Estudio del problema de la discriminación contra las poblaciones indígenas. Doc. ONU E/CN.4/Sub.2/1986/7/Add.4.

Organización de las Naciones Unidas (ONU) (2006). Resolución 1/2 del Consejo de Derechos Humanos. (29 de junio).

Organización de las Naciones Unidas (ONU) (2007a). Los derechos humanos de los pueblos indígenas: mandato del relator especial sobre la situación de los derechos humanos y las libertades fundamentales de los indígenas. Resolución 6/12 (28 de septiembre).

Organización de las Naciones Unidas (ONU) (2007b). Resolución 61/295 Aprobada por la Asamblea General. Doc. A/RES/61/295 (10 de diciembre).

Organización de las Naciones Unidas (ONU) (2009). Cometido del Foro Permanente para las Cuestiones Indígenas a la Luz del Valor Vinculante y con Vistas a la Mayor Eficacia del Derecho Internacional de los Derechos Humanos. (PFII/2009/EGM1/4) (14-16 de enero).

Organización Internacional del Trabajo (OIT) (2009). Informe de la Comisión de Expertos en la aplicación de convenios y recomendaciones (CEACR), Doc.GB.282/14/3.

Organización Nacional Indígena (ONIC) (2013). *Mandato Político General del VIII Congreso de los Pueblos Indígenas de la ONIC, 2012-2016*. Disponible en https://searchworks.stanford.edu/view/11366422.

Organización Nacional Indígena (ONIC) (2014). Balance de implementación Decreto Ley 4633 de 2011. Disponible en https://www.wola.org/sites/default/files/downloadable/Andes/Colombia/2012/Bulletin/Balance_ONIC_Decreto_ley_4633_y_Ley_de_Victimas.pdf.

Ots Capdequí, J. M. (1958). *Las instituciones del Nuevo Reino de Granada al tiempo de la independencia*. Madrid: Instituto

Gonzalo Fernández de Oviedo e Instituto Colombiano de Cultura Hispánica.

Ots Capdequí, J. M. (1959). *España en América: el régimen de tierras en la época colonial*. México: Fondo de Cultura Económica.

Palacios, M. y Safford, F. (2002). *Colombia, país fragmentado, sociedad dividida: su historia*. Bogotá: Norma.

Pineda, R. (1995). Pueblos indígenas de Colombia: una aproximación a su historia, economía y sociedad. En Disloque (ed.), *Tierra profanada: grandes proyectos en territorios indígenas de Colombia* (pp. 154-175). Bogotá: ONIC, Cecoin, GhK.

Procuraduría General de la Nación (2009). *El derecho al territorio: garantía para la pervivencia de los grupos étnicos*. Bogotá: Procuraduría General de la Nación.

Quinche, M. (2010). *Derecho constitucional colombiano: de la Carta de 1991 y sus reformas* (4.ª ed.). Bogotá: Ediciones Doctrina y Ley.

Ramos, M., (2001). Reforma Agraria: un repaso a la historia. En A. Uribe, G. Ramírez y E. Giraldo (eds.), *Colombia, tierra y paz: experiencias y caminos para la reforma agraria. Alternativas para el siglo XXI, 1961-2001*. Bogotá: Instituto Colombiano de la Reforma Agraria (Incora).

Rodríguez, A., Pulido, C., Prada, E. y Rojas, A. (mayo de 2005). Resistir para vivir: una mirada histórica al movimiento indígena del Cauca, 1970-2000. *Polémica* (4). Bogotá: Escuela Superior de Administración Pública.

Rodríguez, Becerra, M. (6 de enero de 2013). Una política ambiental gris. *El Tiempo*. Disponible en http://www.eltiempo.com/opinion/columnistas/manuelrodriguezbecerra/ARTICULO-WEB-NEW_NOTA_INTERIOR-12493910.html.

Rodríguez, C., Morris, M., Orduz, S. y Buriticá, P. (2010). *La consulta previa a pueblos indígenas: los estándares del derecho internacional*. Bogotá: Universidad de los Andes.

Rodríguez, G. A. (2004). La función ecológica de la propiedad en la ampliación, reestructuración y saneamiento de resguardos indígenas. En B. Londoño Toro (ed.), *Propiedad, conflicto y medio ambiente*. Bogotá: Universidad del Rosario.

Rodríguez, G. A. (2009). El papel de la consulta previa en la pervivencia de los pueblos indígenas y demás grupos étnicos en Colombia. En *El otro derecho* (40), 55-74. Bogotá: ILSA.

Rodríguez, G. A. (2011). *Las licencias ambientales y su proceso de reglamentación en Colombia*. Bogotá: Foro Nacional Ambiental.

Rodríguez, G. A. (2014). *De la consulta previa al consentimiento libre, previo e informado a pueblos indígenas en Colombia*. Bogotá: Cooperación Alemana, GIZ, Universidad del Rosario.

Rodríguez, G. A., Peña E., Rodríguez, G. y Santamaría, A. (2010). *Conflictos y judicialización de la política en la Sierra Nevada de Santa Marta*. Bogotá: Universidad Colegio Mayor de Nuestra Señora del Rosario.

Roldán, R. y Sánchez, E. (2013). La problemática de tierras y territorios indígenas en el desarrollo rural. En VV. AA., *Reflexiones sobre la ruralidad y el territorio en Colombia. Problemáticas y retos actuales*. (pp. 189-273). Bogotá: Oxfam.

Sánchez Bella, I. (1992). Las fuentes del derecho indiano. En I. Sánchez Bella, A. de la Hera y C. Díaz Rementería, *Historia del derecho indiano* (pp. 91-108) .Madrid: Mapfre.

Sánchez, E. (2010). *Justicia y pueblos indígenas de Colombia*. Bogotá: Universidad Nacional de Colombia.

Santamaría, A, (2008). *Redes transnacionales y emergencia de la diplomacia indígena: un estudio del caso colombiano*. Bogotá: Universidad del Rosario.

Santos, Boaventura de Sousa (2010). *Refundación del Estado en América Latina: perspectivas desde una epistemología del Sur*. Bogotá: Siglo del Hombre Editores, Universidad de los Andes, Siglo Veintiuno Editores.

Segura, C. (23 de noviembre de 2014). Los reparos a un decreto presidencial. *El Espectador*. Disponible en http://www.elespectador.com/noticias/politica/los-reparos-un-decreto-presidencial-articulo-529165.

Sepúlveda, J. G. (1996). *Tratado de las justas causas de la guerra contra los indios.* México: Fondo de Cultura Económica.

Suescún, A. (2001). *Derecho y sociedad en la historia de Colombia,* tomo II: *El derecho español colonial, siglo XVI-siglo XIX.* Tunja: Universidad Pedagógica y Tecnológica de Colombia.

Tirado, A. (1988). *Introducción a la historia económica de Colombia.* Bogotá: Áncora Editores.

Uprimny, R. (2001). El bloque de constitucionalidad en Colombia: un análisis jurisprudencial y un ensayo de sistematización doctrinal. En Oficina en Colombia del Alto Comisionado de las Naciones Unidas para los Derechos Humanos (ed.), *Compilación de jurisprudencia y doctrina nacional e internacional* (vol. 1) (pp. 97-154). Bogotá.

Valero, D. (26 de febrero de 2012). Consulta previa enreda proyectos de desarrollo. *El Tiempo.* Disponible en http://www.eltiempo.com/archivo/documento/MAM-5227116.

Yrigoyen, R. (2009). De la tutela indígena a la libre determinación del desarrollo, la participación, la consulta y el consentimiento. El derecho a la consulta previa en América Latina: del reconocimiento formal a la exigibilidad de los derechos de los pueblos indígenas. En L. G. Uscátegui G. (ed.), *El otro derecho* (40) (pp. 11-53). Bogotá: ILSA.

JURISPRUDENCIA

Corte Constitucional, República de Colombia (1996), Sentencia C-139 de 1996 M. P.: Carlos Gaviria Díaz.

Corte Constitucional, República de Colombia (1998), Sentencia T-652 de 1998 M. P.: Carlos Gaviria Díaz.

Corte Constitucional, República de Colombia (2003), Sentencia SU-383 de 2003 M. P.: Álvaro Tafur Galvis.

Corte Constitucional, República de Colombia (2006), Sentencia T-880 de 2006 M. P.: Álvaro Tafur Galvis.

Corte Constitucional, República de Colombia (2009), Sentencia T-175 de 2009 M. P.: Luis Ernesto Vargas Silva.

Corte Constitucional, República de Colombia (2011), Sentencia C-366 de 2011 M. P.: Luis Ernesto Vargas Silva.

Corte IDH (Corte Interamericana de Derechos Humanos) (1993), *Caso Aloeboetoe y otros vs. Surinam*. Sentencia de 10 de septiembre.

Corte IDH (Corte Interamericana de Derechos Humanos) (2001), *Caso Comunidad Mayagna (Sumo), Awas Tingni vs. Nicaragua*. Sentencia de 31 de agosto.

Corte IDH (Corte Interamericana de Derechos Humanos) (2005), *Caso Comunidad Moiwana vs. Surinam*. Sentencia de 15 de junio.

Corte IDH (Corte Interamericana de Derechos Humanos) (2005), *Caso Comunidad Yakye Axa vs. Paraguay*. Sentencia de 17 de junio.

Corte IDH (Corte Interamericana de Derechos Humanos) (2006), *Caso Comunidad Indígena Sawhoyamaxa vs. Paraguay*. Sentencia de 29 de marzo.

Corte IDH (Corte Interamericana de Derechos Humanos), (2007), *Caso del Pueblo Saramaka vs. Surinam*. Sentencia de 28 de noviembre.

NORMATIVIDAD

Organización Internacional del Trabajo (OIT) (1957). Convenio 107, "Relativo a la protección e integración de las poblaciones indígenas y de otras poblaciones tribales y semitribales en los países independientes".

Organización Internacional del Trabajo (OIT) (1957). Recomendación 104, "Relativa a la protección e integración de las poblaciones indígenas y de otras poblaciones tribales y semitribales en los países independientes".

Organización Internacional del Trabajo (OIT) (1989). Convenio 169, "Sobre pueblos indígenas y tribales en países independientes".

Presidencia de la República (2010). Directiva n.° 1 de 2010. "Asunto: garantía del derecho fundamental a la consulta previa de los grupos étnicos nacionales", Colombia.

República de Colombia (1890). Ley 89 de 1890, "Por la cual se determina la manera como deben ser gobernados los salvajes que vayan reduciéndose a la vida civilizada", Colombia.

República de Colombia (1958). Ley 81 de 1958, "Sobre fomento agropecuario de las parcialidades indígenas", Colombia.

República de Colombia (1961). Ley 135 de 1961, "Sobre reforma social y agraria", Colombia.

República de Colombia (1967). Ley 31 de 1967, "Por la cual se aprueba el Convenio Internacional del Trabajo, relativo a la protección e integración de las poblaciones indígenas y tribales en los países independientes, adoptado por la cuadragésima reunión de la Conferencia Internacional de la Organización Internacional del Trabajo (Ginebra, 1957)", Colombia.

Presidencia de la República (1969). Decreto 2117 de 1969, "Por el cual se reglamenta parcialmente la Ley 135 de 1961, para la dotación de tierras, división y distribución de los resguardos e integración de las parcialidades indígenas a los beneficios de la reforma social y agraria", Colombia.

Presidencia de la República (1988). Decreto 2001 de 1988, "Por el cual se reglamenta el inciso final del artículo 29, el inciso 3.° y el parágrafo 1.° del artículo 94 de la Ley 135 de 1961 en lo relativo a la constitución de resguardos indígenas en el territorio nacional", Colombia.

República de Colombia (1991). Ley 21 de 1991, "Por medio de la cual se aprueba el Convenio n.° 169 sobre pueblos indígenas y tribales en países independientes, adoptado por la 76.ª reunión de la Conferencia General de la OIT, Ginebra, 1989", Colombia.

República de Colombia (1993). Ley 99 de 1993, "Por la cual se crea el Ministerio del Medio Ambiente, se reordena el sector público encargado de la gestión y conservación del medio ambiente y los recursos naturales renovables, se organiza el Sistema Nacional Ambiental (SINA) y se dictan otras disposiciones", Colombia.

República de Colombia (1994). Ley 160 de 1994, "Por la cual se crea el Sistema Nacional de Reforma Agraria y Desarrollo Rural Campesino, se establece un subsidio para la adquisición de tierras, se reforma el Instituto Colombiano de la Reforma Agraria y se dictan otras disposiciones", Colombia.

Presidencia de la República (1995). Decreto 2164 de 1995, "Por el cual se reglamenta parcialmente el capítulo XIV de la Ley 160 de 1994 en lo relacionado con la dotación y titulación de tierras a las comunidades indígenas para la constitución, reestructuración, ampliación y saneamiento de los resguardos indígenas en el territorio nacional", Colombia.

Presidencia de la República (1996). Decreto 1397 de 1996, "Por el cual se crea la Comisión Nacional de Territorios Indígenas y la Mesa Permanente de Concertación con los pueblos y organizaciones indígenas, y se dictan otras disposiciones", Colombia.

Presidencia de la República (1998). Decreto 1320 de 1998, "Por el cual se reglamenta la consulta previa con las comunidades indígenas y negras para la explotación de los recursos naturales dentro de su territorio", Colombia.

Presidencia de la República (2003). Decreto 1300 del año 2003, "Por el cual se crea el Instituto Colombiano de Desarrollo Rural (Incoder) y se determina su estructura", Colombia.

República de Colombia (2007). Ley 1152 de 2007, "Por la cual se dicta el Estatuto de Desarrollo Rural, se reforma el Instituto Colombiano de Desarrollo Rural (Incoder), y se dictan otras disposiciones", Colombia.

República de Colombia (2011). Ley 1454 de 2011, "Por la cual se dictan normas orgánicas sobre ordenamiento territorial y se modifican otras disposiciones", Colombia.

República de Colombia (2013). Ley 1448 de 2013, "Por la cual se dictan medidas de atención, asistencia y reparación integral a las víctimas del conflicto armado interno y se dictan otras disposiciones", Colombia.

Presidencia de la República (2013). Decreto 463 del año 2013, "Por medio del cual se dictan medidas de asistencia, atención, reparación integral y de restitución de derechos territoriales a las víctimas pertenecientes a los pueblos y comunidades indígenas", Colombia.

Presidencia de la República (2013). Directiva n.º 10 de 2013, "Guía para la realización de consulta previa", Colombia.

Presidencia de la República (2013). Decreto 463 del año 2013, "Por el cual se adopta el Protocolo de Coordinación Interinstitucional para la consulta previa", Colombia.

Presidencia de la República (2014). Decreto 1953 del año 2014, "Por el cual se crea un régimen especial con el fin de poner en funcionamiento los territorios indígenas respecto de la administración de los sistemas propios de los pueblos indígenas hasta que el Congreso expida la ley de que trata el artículo 329 de la Constitución Política", Colombia.

Presidencia de la República (2014). Decreto 2333 del año 2014, "Por el cual se establecen los mecanismos para la efectiva protección y seguridad jurídica de las tierras y territorios ocupados o poseídos ancestralmente y/o tradicionalmente por los pueblos indígenas, acorde con lo dispuesto en los artículos 13 y 14 del Convenio 169 de la OIT, y se adicionan los artículos 13, 16 y 19 del Decreto 2664 de 1994", Colombia.

www.ingramcontent.com/pod-product-compliance
Lightning Source LLC
Chambersburg PA
CBHW070348200326
41518CB00012B/2170